东北财经大学出版社
Dongbei University of Finance & Economics Press
大连

图书在版编目(CIP)数据

企业经营决策模拟实训 / 田芬主编. —大连：东北财经大学出版社，2016.6

（21世纪高等教育会计通用教材）

ISBN 978-7-5654-2297-3

Ⅰ. 企… Ⅱ. 田… Ⅲ. 企业管理-经营决策-高等学校-教材 Ⅳ. F272.3

中国版本图书馆CIP数据核字(2016)第089490号

东北财经大学出版社出版

(大连市黑石礁尖山街217号 邮政编码 116025)

教学支持：（0411）84710309

营 销 部：（0411）84710711

总 编 室：（0411）84710523

网　　址：http：//www.dufep.cn

读者信箱：dufep@dufe.edu.cn

大连东泰彩印技术开发有限公司印刷　　东北财经大学出版社发行

幅面尺寸：170mm×240mm　　字数：279千字　　印张：14　　插页：1

2016年6月第1版　　2016年6月第1次印刷

责任编辑：王 莹 吉 扬　　责任校对：那 欣

封面设计：冀贵收　　版式设计：钟福建

定价：30.00元

前 言

企业经营决策模拟实训课程是以企业经营沙盘为载体，让学生在了解企业经营流程的基础上，进一步掌握进行企业经营决策的方式、方法和基本理念，从而培养学生进行企业经营决策的能力。

沙盘最初源于军事作战指挥的沙盘，沙盘模拟真实的地形地貌，使作战指挥员不需要亲临现场就能清晰地总览全局，从而运筹帷幄并做出最优的决策。有鉴于此，瑞典皇家工学院的科拉斯·梅兰（Klas Mellan）基于军事战场和商业战场的某些共性，于1978年开发了一种企业经营决策沙盘，模拟一个企业的整体运作，包括战略规划、资金筹集、市场开拓、产品研发、生产组织、物资采购、设备投资及改造、财务核算及管理等，使受训学生在模拟的市场竞争中感受实际管理活动对企业价值创造的重要性，获得企业竞争的真实体验，包括失败带来的思考和胜利带来的惊喜，从而达到提高学生综合素质及创新能力的目的。

本书包括8章和附录。第1章首先介绍了制造业企业的基本概念和经营过程，然后对企业经营决策沙盘的概念、结构及课程性质进行了讲解。第2章讲解了本书所使用的企业模拟运营规则，基于规则给出了模拟运营的演示方案，并结合演示方案讲解了模拟运营过程中使用的各种报表的编制方法。第3章主要介绍了模拟经营的沙盘企业的投资内容和投资策略。第4章讲解了模拟经营的沙盘企业的筹资内容和筹资策略。第5章讲解了沙盘企业的生产组织的主要环节、生产计划的制订、生产过程的控制、生产策略和交付订单等内容。第6章从市场预测表入手，对广告投放、选单、竞单等内容进行了详细的讲解。第7章讲述了进行企业经营分析，首先介绍了本量利分析在经营决策中的应用，然后对企业偿债能力、运营能力、盈利能力等的分析方法和指标进行了讲解。第8章介绍了几个沙盘模拟实训中的典型案例，旨在对读者的企业经营沙盘模拟实训进行启发和引导。附录包括两部分内容，附录1是针对本书使用的经营规则的测试题，帮助读者更好地理解和掌握规则，附录2是专门为企业经营决策模拟实战设计的用于表达决策思想、记录经营过程和结果的各种表格。

本书由田芬主编，负责全书的策划、制定框架、确定写作宗旨、审阅书稿和最后的统稿，并撰写第1章、第3章、第7章和附录2；黄婉秋撰写第2章和附录1；徐凤撰写第4章；王滢撰写第5章；周付安撰写第6章和第8章。

本书既紧扣基本理论知识，又突出实践操作技能，内容丰富、实用性强，既可作为高等院校ERP沙盘模拟课程的教材，也可作为企业管理人员经营沙盘培训的学习参考书。本书在写作过程中，得到了北京工商大学历届参加“用友杯”ERP沙盘大赛的校队队员的大力支持，还得到了ERP沙盘教学课程组老师的支持和帮助，在此一并表示感谢。另外，本书参考了大量公开出版的教材、论文、著作以及用友公司的经营沙盘使用的表格，在此向原作者表示诚挚的谢意！

由于时间仓促，加之作者水平有限，书中难免有不妥之处，恳请广大读者批评指正。有关意见和建议可发送至邮箱：tianfen610@sina.com。谢谢大家！

编 者

2016年1月于北京

目　录

第1章 绪 论

学习目标

（1）了解制造业企业的基本概念；

（2）了解企业经营决策沙盘的结构及各模块的主要职能；

（3）了解沙盘模拟课程的性质、特色及教学模式。

企业经营决策模拟通过将经营管理的基本理论与企业经营管理的实践有机结合起来，让学生综合运用所学的战略管理、财务管理、营销管理和生产运作管理等各方面的知识，从而提高学生的管理决策能力及团队沟通与合作能力。本教材将基于一个制造业企业的电子沙盘，使学生了解和学习企业管理的基本思想和方法。

1.1 制造业企业概述

1.1.1 企业的含义

企业是指运用各种生产要素（物料、设备、劳动力、资本和技术等）从事生产、流通、服务等经济活动，以产品或服务满足社会需要，实行自主经营、独立核算、依法设立、具有经济法人资格的一种营利性的经济组织。简言之，企业就是指依法设立的以营利为目的、从事商品的生产经营和服务活动的独立核算经济组织。现代经济学理论认为，企业本质上是“一种资源配置的机制”，其能够实现整个社会经济资源的优化配置，降低整个社会的“交易成本”。

企业是从法律角度对营利性组织的称谓。企业的基本特征有：

1）社会性

企业需要采取一定的组织形式，将各种生产要素有机地结合起来，以便进行组织生产、提供服务等活动。

2）营利性

企业为社会提供产品或服务的目的在于追求自身的经济效益，实现利润最大化，使投资人和利益相关者获得经济利益。

3）独立性

企业是在工商行政管理部门依法登记注册的独立法人，独立地对其生产经营过程及其结果进行全面的会计核算，独立计算盈亏。

1.1.2 制造业企业的概念

制造业企业是指按照市场要求，通过制造过程，将原材料转化为可供人们使用和利用的工业品与生活消费品的企业。

对于制造业企业而言，其获得利润的前提有两个：一是产品能够在功能质量、款式花色、价格等方面满足消费者的需要，有市场需求；二是产品销售价格P大于产品成本C，这个差价就是企业提供单位产品获得的利润，企业的利润总额R就是单位产品利润乘以销量Q，即R=（P-C）×Q。据此可以推出，企业提高利润的根本途径是提高售价（在消费者可以接受的范围内）、降低成本、扩大销量。一般而言，成本的高低取决于企业内部的管理水平，而销售价格和销售量取决于企业在市场上的地位和营销力度。

1.1.3 制造业企业经营过程分析

制造业企业经营的主要过程由三部分组成，即供应过程、生产过程和销售过程，同时伴随着资金形态的转化。因此要分析制造业企业的经营过程，就要从供应过程、生产过程和销售过程入手，如图1-1所示。

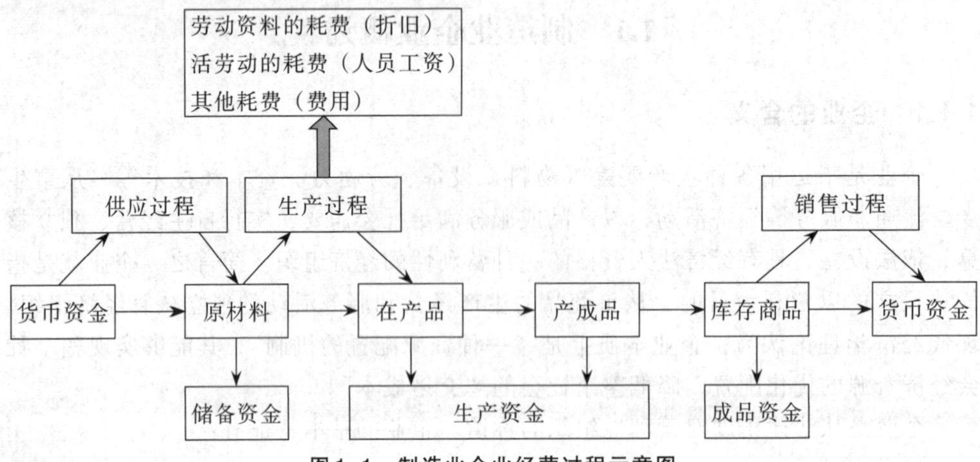

图1-1 制造业企业经营过程示意图

1）供应过程

供应过程的主要工作是用货币资金购买各种劳动对象（主要指材料物资）作为生产储备。在这个过程中，采购原材料这项经济业务使资金的实物形态和价值形态发生了以下两个方面的转化：

- 实物形态转化：银行存款⟶原材料
- 价值形态转化：货币资金⟶储备资金

2）生产过程

生产过程既是产品的制造过程，又是生产的消耗和新价值的创造过程。既是生产资金的形成过程，同时也是各种资金转化为成品资金的过程。在这一过程中，资金形态发生如下两个方面的转化：

- 实物形态转化：原材料⟶在产品⟶产成品⟶库存商品

另外，在这个过程中还要支付工资，提取固定资产折旧，还会发生其他费用。

- 价值形态转化：储备资金
　　　　　　　　货币资金 }——→生产资金——→成品资金
　　　　　　　　固定资金

3）销售过程

销售过程是指企业把生产的产成品销售给购买单位，并取得销售收入，收回货币资金。在这个过程中，销售产品的经济业务，引起资金发生了如下变化：

- 实物形态转化：库存商品——→应收账款——→银行存款
- 价值形态转化：成品资金——→结算资金——→货币资金（产品价值的实现）

1.2　企业经营决策沙盘

1.2.1　企业经营决策沙盘的概念

沙盘最初源于军事作战指挥的沙盘，沙盘模拟真实的地形地貌，使作战指挥员不需要亲临现场就能清晰地总览全局，从而运筹帷幄并做出最优的决策。有鉴于此，瑞典皇家工学院的科拉斯·梅兰基于军事战场和商业战场的某些共性，于1978年开发了一种企业经营决策沙盘，模拟一个企业的整体运作，包括战略规划、资金筹集、市场开拓、产品研发、生产组织、物资采购、设备投资及改造、财务核算及管理等，使受训学生在模拟的市场竞争中感受实际管理活动对企业价值创造的重要性，获得企业竞争的种种体验，包括失败带来的思考和胜利带来的惊喜，从而达到提高学生综合素质及创新能力的目的。

1.2.2　企业经营决策沙盘的结构

企业经营决策沙盘作为模拟企业经营管理的道具，需要系统和概括地体现企业的主要业务流程和组织架构。一般的企业管理沙盘包括企业的财务资金运作过程、生产设施和生产过程、市场营销和产品销售、原材料供应、产品开发等主要内容。为了在沙盘中展现这些内容，企业沙盘的构成要素应包括财务中心、生产中心、营销中心、采购中心、研发中心等主要职能部门，如图1-2所示。

1）财务中心

财务中心模拟企业的资金运作过程，包括资金筹措、资金运用和资金核算。

资金筹措的主要任务是以企业战略目标为基础，利用最佳筹集方式筹集企业所需的资金，实现资金筹集的合理化。资金运用的主要任务是根据企业战略计划的要求有效分配和调度资金，确定合理的资金结构，确保资金调度的合理化和财务结构的健全化。资金核算的主要任务是对企业日常收支和各项费用的记账、核算，生产成本数据的收集、分析整理和计算，财务报表的编制，并在此基础上进行财务分析和经营成果分析。

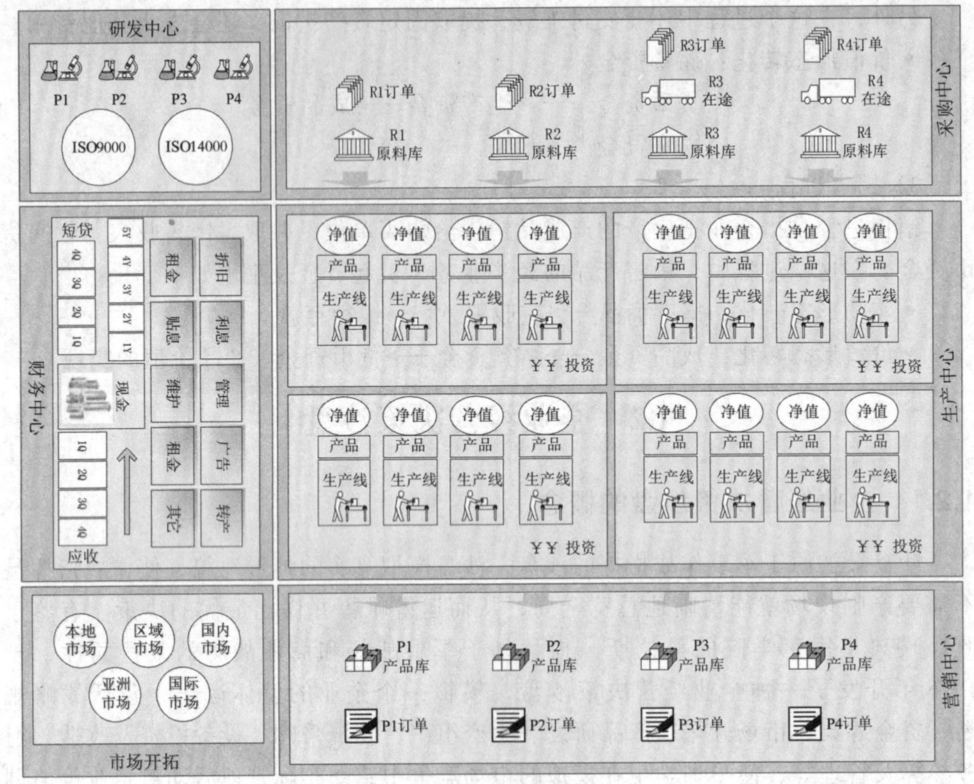

图1-2 企业沙盘结构图

2）生产中心

生产中心模拟企业的生产运作过程，在这个模拟过程中，需要设置厂房、生产线和在产品三个模拟要素。

厂房是生产企业的主要建筑物，是生产设备的设置场所，也是产品的制造场所。

生产线是制造具体产品的生产设备，不同生产设备的技术水平和生产效率各不相同，因此在投资大小、建造时间、生产能力、转产费用、维护费用、折旧和残值等方面都是不同的，在建设生产线时必须根据具体需求选择不同的生产线类型。

在产品（work-in-process）亦称在制品，是指从原材料投入生产到制成成品出厂前，存在于生产过程的各个阶段、各个环节上需要继续加工的产品，或者说是企业正在制造、尚未完工的生产物，包括正在各个生产工序加工的产品和已经加工完毕但尚未检验或已检验但尚未办理入库手续的产品。

3）营销中心

营销中心主要模拟企业的市场营销运作过程，包括市场开拓、销售订单获取、销售发货等工作。企业要销售产品，必须投入一定的资金和时间进行市场开发推广，然后才能在该市场获得客户订单，完成产品的销售，实现企业的利润。企业沙盘的模拟市场通常都设置五个，包括本地、区域、国内、亚洲和国际市场，不同的市场，在进行开拓时所需的资金投入和时间投入是不同的，需要根据具体情况进行选择。

4）采购中心

采购中心主要模拟企业的原料采购运作过程，包括制订原材料采购计划、下原材料采购订单、原材料到货确认及原材料库存管理等工作。在企业沙盘中，产品生产所需要的原材料需要预先订购，有提前1个季度订货的，有提前2个季度订货的，因此必须制订好准确无误的采购计划，才能保证生产的顺利进行。

5）研发中心

研发中心主要模拟企业的产品研发及质量认证的运作过程。在企业沙盘中，每种产品必须先研发后生产，研发中心在选择研发产品的品种时应当考虑两个因素：一个是产品的市场潜力，即该种产品的市场需求；一个是产品的收益性，即该种产品给企业带来的利润。同时为了表现企业在质量管理和环境保护方面的水平，企业沙盘中还设计了ISO9000质量认证和ISO14000环境认证资格，获得这两项认证，需要花费一定的时间和费用。

各个职能中心分别负责不同的企业运营环节，完成各自工作岗位上的相关工作，每个职能部门的主要职责及简要说明见表1-1。

表1-1　**沙盘企业各个职能部门的主要职责及简要说明**

职能中心的划分	企业运营的关键环节	主要职责	简要说明
研发中心	战略规划	产品研发	确定企业需要研发哪种产品
		ISO认证	确定企业需要获得哪些国际认证
采购中心	物资采购	采购订货	根据原材料需求计划及各种原材料的订货提前期（R1、R2需要提前1个季度订货，R3、R4、R5需要提前2个季度订货）制订原材料的采购计划并向供应商订货
		原材料库的管理	每季度结束时清点原材料库存数量，如果库存不为零，则应据此及时调整采购计划，争取实现每季度末原材料的“零库存”
生产中心	生产组织	厂房建设	确定厂房的规模和取得方式（购买、租赁）
		生产线建设	确定生产线的种类（手工线、自动线、柔性线、租赁线）及其所生产的产品类型（P1、P2、P3、P4、P5）
		生产活动的组织	确定产品生产计划并提出相应的原材料需求计划以及生产所需人工费的资金需求量

续表

职能中心的划分	企业运营的关键环节	主要职责	简要说明
营销中心	产品营销	市场开拓	确定企业需要开发哪些市场
		获取订单	每年年初需要根据企业的可供销售产品数量，投放适当的广告，获取客户订单
		按订单交货	根据客户订单交货期的要求，提前或按时交货
		产成品库的管理	每季度结束时清点产成品库存数量
财务中心	会计核算 财务管理	现金收支管理	根据企业发生的各项业务计算现金收入和支出的金额
		银行借款	根据资金需求量进行银行借款方式（短期借款、长期借款）和借款金额的决策
		资金贴现	确定应收账款贴现的具体数额和时点
		应收账款收回	收回到期的应收账款
		综合费用的核算	记录企业经营过程中发生的各项费用
		报表编制	每个经营年度结束后编制综合费用表、利润表、资产负债表

1.3 沙盘模拟课程

沙盘模拟课程不同于一般的以理论和案例为主的管理课程，是一种突出直接参与性与体验式的互动式学习课程，是一种融角色扮演、案例分析和专家诊断为一体，充分体现学生学为主、教师教为辅的全新教学模式。与传统教学模式相比，沙盘模拟课程不仅具有鲜明的特色，而且在教学目的、教学内容、教学手段等方面实现了突破和创新。

1.3.1 课程描述

沙盘模拟课程以直观形象的沙盘为教学工具，构建仿真企业经营环境，将企业人、财、物、产、供、销等经营要素直观呈现，让学生以企业管理者的角色进入教学场景，并在动态的竞争中模拟企业实际运营的过程，实现企业资源的有效配置与协调。参加课程的学生被分成若干个小组，分别进入若干个相互竞争的虚拟企业里，小组里的每个学生分别担任企业里不同职能部门的主要管理者，如总经理、营销总监、生产总监、采购总监、财务总监等。学生可以在市场竞争的压力下亲身体验企业运作的完整流程，亲自操作企业的资金流、物流、信息流，理解企业实际运作中各个部门的相互配合，并在虚拟的市场竞争环境中运筹帷幄、决战商场。

具体来说，该课程涉及的教学内容包括：整体战略方面有评估内部资源与外部环境，预测市场趋势，制定长中短期经营策略；生产运作方面有获取生产能力的方式，设备维护，产销配合等；采购管理方面有根据生产计划制订材料采购计划，确定订货点和订货数量，供应商下订单，到货入库、支付货款以及材料库存管理等；市场营销方面有市场分析与开发新产品决策，市场定位策略，市场地位的建立，不同市场盈利机会的研究；财务管理方面有制定筹资策略与投资计划，现金流量的管理与控制，财务报表编制，财务分析与诊断，制定管理决策，评估决策效益等。

沙盘模拟课程的功能主要体现在两个方面：一是引导功能，即帮助学生找到知识缺口，激发学习兴趣，树立学习目标；二是总结功能，即对学生理论知识的检验作用，帮助学生更深刻体会所学知识的意义和用途。

1.3.2　课程目标

企业经营沙盘模拟课程的教学目标主要有：

1）激发学生的学习潜能①

沙盘模拟将企业结构和管理的操作过程全部展示在沙盘上，将复杂、抽象的管理理论以直观的方式展现出来，让学生通过“做”来“学”，学生通过观察、体验、开发，最终可以牢固掌握经营管理知识。这种教学模式增强了娱乐性，使枯燥的课程变得生动有趣，可以激发学生的竞争热情和学习兴趣，激发学生的学习潜能。在模拟过程中，学生要积极思考企业下一步怎么发展，是长期贷款还是短期贷款，广告费出多少比较合适，开拓哪个市场，新产品开发选择哪种产品，生产什么产品，生产几种产品，何时开发，购买什么样的生产线，何时购买，厂房是买还是租，是大厂房、中厂房还是小厂房等一系列关系企业存亡的问题，需要马上做出决断。这种训练可以使学生对所学内容理解更透彻，记忆更深刻。

2）培养学生统观全局的能力和共赢的观念

尽管市场竞争是激烈的，也是不可避免的，每个学生都有各自的个性，有保守型的，有激进型的，更有冒险型的，但竞争并不意味着你死我活，寻求与合作伙伴之间的共赢才是企业发展的长久之道，这就要求企业知彼知己，在市场分析、竞争对手分析上做足文章，在竞争中寻求合作，企业才会有无限的发展机遇。每个企业在经营过程中总是避免不了出现这样或那样的困难，相互帮助就有渡过危机的可能，所以做市场不是独赢而是共赢。

3）培养学生沟通技能和团队协作精神

沙盘模拟经营是互动的，当学生对企业经营过程中产生的不同观点进行分析时，需要和不同的角色进行交流，这使他们既学习了商业规则和财务语言，又增强

① 王桂华. ERP沙盘模拟教学与大学生创新能力培养［J］. 中国管理信息化，2010（8）.

了沟通技能。同时沙盘模拟经营是“见木又见林”，在企业运营这样一艘大船上，总经理是舵手，财务总监保驾护航，营销总监冲锋陷阵……在这里，每一个角色都要以企业总体最优为出发点，各负其责，相互协作，才能赢得竞争，实现企业利润最大化，实现企业经营目标。

4）培养学生的综合应用能力

沙盘模拟经营涉及整体战略、产品研发、设备投资、厂房建设、市场开拓、物料需求、资金规划、产品销售等，涉及经济学、会计学、财务学、生产管理、市场营销、信息管理等知识体系，通过对企业经营管理的模拟体验，学生在模拟实训中扮演不同的角色，从而获得不同的知识，将单科知识互相联系起来，将书本知识运用于实际问题，更加注重学生综合应用能力的培养。

1.3.3 课程特色

企业经营沙盘模拟实践遵循在参与中学习知识、在实训中提升能力的教育理念，通过参与、体验、实践的教学模式，引发学生的学习兴趣，让学生在亲身实践中领悟管理精髓，增强管理能力，掌握管理技能，从而培养出符合社会需要的实用型人才。该课程的特色主要体现在如下几个方面：[①]

1）体验式学习，实践性强

企业经营沙盘模拟课程把复杂的企业结构和管理模式以最直观的方式展现在学生面前，将复杂、抽象的管理理念简单化、透明化，让学生身临其境，通过“做”来真实感受企业管理的整个流程及具体运作，因此，是一种体验式学习方式。该课程融理论和实践于一体，集角色扮演和岗位体验于一身，训练学生的全局决策思想，学会从企业整体运作的角度审视经营，处理企业战略决策问题，亲自体验企业战略决策中的酸、甜、苦、辣，并从各种决策成功和失败的亲身体验中，学习管理知识，掌握管理技巧，达到对管理工作的感性认识，进而形成理性的思维习惯，培养其综合运用专业知识的能力。

2）综合性训练，内容丰富

企业经营沙盘模拟课程浓缩了企业若干年的经营活动，涉及企业战略、生产管理、市场营销、财务管理等多方面内容，在课程学习过程中学生可能会遇到企业经营中经常出现的各种问题，从而体会在不同的市场竞争环境下企业的应对策略，因此，对学生来说是一种综合性的训练，学生通过模拟决策，全方位提高发现问题、分析问题、解决问题、制定决策并组织实施的能力。

3）竞争性互动，追求共赢

企业经营沙盘模拟课程以沙盘作为教学模具，具有鲜明直观的视觉特点，能大大提高学生的兴趣和学习效果，使学生在积极参与中感受策略制定、实施、检

① 杨月坤．ERP沙盘模拟实践的特色与创新［J］．科技信息，2009（2）：68-69．

验、调整的完整过程，在愉悦的氛围中体会决策是如何影响结果的，进而掌握核心管理技能，其互动式的教学方式具有极强的体验性、实践性及有效性，尤其是当学生在实践过程中产生不同观点时，需要不断地进行沟通和协调，既有利于增强学生的沟通技能，也让学生亲身体验到职能部门间沟通合作的重要性，有利于培养学生的团队精神。同时，在模拟企业运作实践中，各小组之间的竞争会非常激烈，就像现实社会中企业间的竞争一样，具有很强的竞争性和挑战性。企业经营沙盘模拟的游戏规则是根据现实社会中的商业规则而设定的，经过学生的亲身体验，每一个环节、角色间的相互协调、合作都会不断明确和熟悉，而且在激烈的市场竞争中，学生通过自己的亲身实践会认识到企业间相互协作追求共赢的必要性。

1.3.4 课程组织

"ERP沙盘模拟"课程的展开分为四个阶段：

1）设置情景角色

该项工作是沙盘模拟课程的首要环节。首先将受训学生分成若干个小组，分别组成一家处于制造类行业、规模相当、起点一致的企业。每个小组一般为5人左右，分别担任企业管理层的首席执行官、财务总监、营销总监、生产总监、采购总监等角色。

2）讲解规则与经营演示

沙盘规则是该课程的基础，学生只有在熟练掌握规则的基础上才能有效展开企业经营模拟活动，教师有必要基于案例对规则进行必要的讲解。所谓基于案例就是要设计一个典型的教学演示方案，如本书第2章所示，让学生在案例中学习沙盘经营规则，同时掌握沙盘企业的经营流程和教学软件系统的操作方法。

3）模拟企业经营

企业经营竞争模拟是该课程的主体部分，按企业经营年度展开。在模拟运营前，每个小组要根据市场预测资料，对相关市场的每种产品的总体需求量、单价、发展趋势做出判断，并制定出企业的运营规划。在模拟运营中，企业要按照运营规则，制订出当年具体的经营方案，开展全年的企业经营活动。首先，营销总监根据产能分析数据，投入广告费，取得产品订单；其次，采购总监根据生产总监的生产计划进行材料采购；再次，生产总监使用原材料和设备开展生产活动；最后，由营销总监按订单将产品交付给客户，而生产活动、采购活动和营销活动所发生的各项收入和支出均由财务总监进行核算和管理。CEO在很大程度上影响着企业的风格，其日常职责主要是考虑企业的发展战略，从企业全局的视角协调各个岗位的决策和工作思路，从总体上对整个企业运营进行控制和掌握。

教师在企业经营模拟过程中担任双重角色：一方面扮演市场和执法的角色；另

一方面是在教学活动中通过指导学生演练并根据学生在教学现场的实际操作数据，动态地分析成败的原因和关键因素，促使学生将操作过程中获得的感性体验上升到理性认识。

模拟企业经营环节根据课时多少可以重复2~3轮，这种重复是非常必要的，学生在每一轮的模拟过程中都会获得不同体会和感受，同时还学会对上一轮模拟经营中出现的问题和缺陷做必要的修正和完善，最终达到一个满意的经营结果。

4）总结与点评

每一轮经营结束后，各小组要提交各种经营报表和财务报表并进行互动讨论，与先前的规划对比，分析存在的问题并结合竞争对手的情况对企业战略进行必要的调整；同时，由教师对各组学生的表现进行评析，指出其优势与不足。

现场案例解析是沙盘模拟课程的重要组成部分。根据每年的经营结果，企业管理者要具体分析自己企业经营的成败得失，考察竞争对手的情况，对企业战略进行必要的调整。教师结合课堂整体情况，找出大家普遍困惑的问题，对现场出现的典型案例进行剖析，透过现象深入分析企业的经营，用数据说话，从中找出薄弱环节或症结所在，再提出切实有效的解决之道。比如如何安排团队中男女员工的分工与协作，如何评估企业的内部资源与外部资源，如何编制预算，如何制订细分市场的广告方案，如何安排采购计划和生产流程，如何分析企业的财务状况和经营成果，如何处理风险和收益的关系等。通过案例分析，使学生不仅知其然，而且知其所以然。

企业经营沙盘模拟按照“情景设置—经营演示—模拟经营—对抗演练—教师点评—学生感悟”这样一个基本逻辑线条进行教学过程的组织，基本流程如图1-3所示。

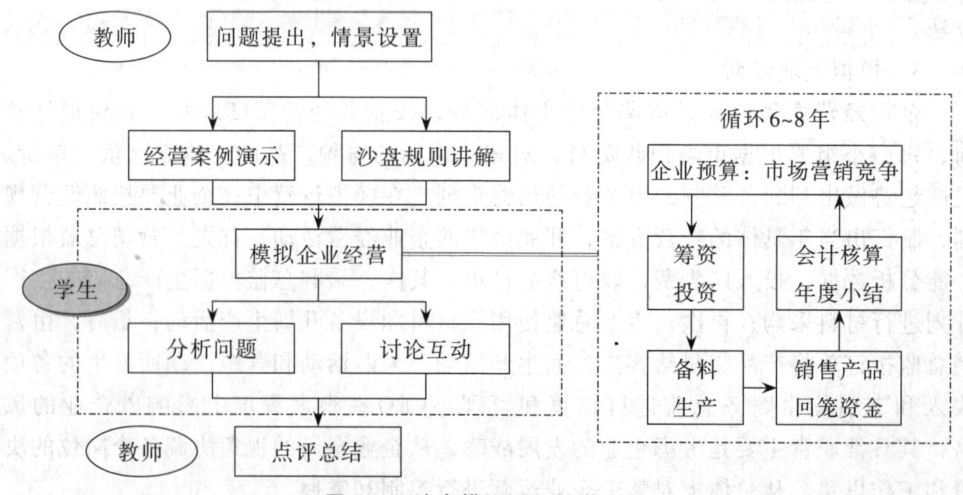

图1-3　沙盘模拟课程教学流程

1.3.5 课程优势

大量研究和实践证明，沙盘模式相较于传统教学模式，表现出诸多优势：

1）创新教学模式

沙盘模式突破了传统教学模式以老师为中心的授课方式，代之以学生为中心、老师为辅助，并引入竞争机制。采用情景教学的手法，以角色扮演的方式，达到寓教于乐的效果，最大限度地调动起学生主动学习和应用知识的积极性。

2）激发学习热情

每个模拟经营回合结束后，学生会以小组为单位思考本回合业绩上升或下降的原因，尝试探寻本小组在经营决策、财务决策等方面出现的问题。在这个过程中，学生不再坐等老师提出问题并给出充分必要的题设，而是开始自主提出问题，并收集相关数据进行计算验证。

3）树立全局观念

在经营企业的过程中，学生面临的不再是解决某项孤立的问题，企业各个流程的决策都彼此相关，相辅相成，在客观上要求学生在进行每一项决策时建立大局观，从企业整体利益的角度出发制定策略。书本上各章节独立的知识，也在模拟经营的过程中系统地融合为一个整体，从而帮助学生将原先孤立、零散的知识串联成清晰的学科知识体系。

4）拓展知识体系

沙盘模拟经营过程要求学生掌握财务管理学、市场营销学、会计学、人力资源管理学、物流管理学等多学科知识，并加以综合应用。学生在自主学习的过程中，进一步完善知识结构，并在角色扮演的过程中，了解企业经营的基本业务流程。

本章小结

本章首先讲授了制造业企业的基本概念，使学生了解制造业企业基本流程，包括供应、生产、销售等三个主要方面，在此基础上更好地学习基于制造业的企业经营沙盘；然后介绍了企业经营沙盘的构成要素，包括财务中心、生产中心、营销中心、采购中心、研发中心等及各个模块的主要职能；最后讲述了沙盘课程的特点及教学方式。沙盘模拟课程不同于一般理论课，该课程以直观形象的沙盘为教学工具，构建仿真企业经营环境，将企业人、财、物、产、供、销等经营要素直观呈现，让学生以企业管理者的角色进入教学场景，并在动态的竞争中模拟企业实际运营的过程，实现企业资源的有效配置与协调。参加课程的学生被分成若干个小组，分别进入若干个相互竞争的虚拟企业里，小组里的每个学生分别担任企业里不同职能部门的主要管理者，如总经理、营销总监、生产总监、采购总监、财务总监等。学生可以在市场竞争的压力下亲身体验企业运作的完整流程，亲自操作企业的资金流、物流、信息流，理解企业实际运作中各个部门的相互配合，并在虚拟的市场竞争环境中运筹帷幄、决战商场。

练习题

1. 简述制造业企业的经营过程。

2. 企业经营沙盘各职能模块的主要功能是什么？

3. 沙盘模拟课程的主要特点有哪些？

习题答案

1. 制造业企业经营的主要过程由三部分组成，即供应过程、生产过程和销售过程，同时伴随着资金形态的转化。供应过程的主要工作是用货币资金购买各种劳动对象（主要指材料物资）作为生产储备。生产过程既是产品的制造过程，又是生产的消耗和新价值的创造过程。既是生产资金的形成过程，同时也是各种资金转化为成品资金的过程。销售过程是指企业把生产的产成品销售给购买单位，并取得销售收入，收回货币资金。

2. 企业沙盘的构成要素应包括财务中心、生产中心、营销中心、采购中心、研发中心等。财务中心模拟企业的资金运作过程，包括资金筹措、资金运用和资金核算。生产中心模拟企业的生产运作过程，在这个模拟过程中，需要设置厂房、生产线和在产品三个模拟要素。营销中心主要模拟企业的市场营销运作过程，包括市场开拓、销售订单获取、销售发货等工作。企业要销售产品，必须投入一定的资金和时间进行市场开发推广，然后才能在该市场获得客户订单，完成产品的销售，实现企业的利润。采购中心主要模拟企业的原料采购运作过程，包括制订原材料采购计划、下原材料采购订单、原材料到货确认及原材料库存管理等工作。在企业沙盘中，产品生产所需要的原材料需要预先订购，有提前1个季度订货的，有提前2个季度订货的，因此必须制订好准确无误的采购计划，才能保证生产的顺利进行。研发中心主要模拟企业的产品研发及质量认证的运作过程。

3. 沙盘模拟课程的主要特点表现在如下几个方面：①体验式学习，实践性强。让学生身临其境，通过“做”来真实感受企业管理的整个流程及具体运作，训练学生的全局决策思想，学会从企业整体运作的角度审视经营，处理企业战略决策问题，达到对管理工作的感性认识，进而形成理性的思维习惯，培养其综合运用专业知识的能力。②综合性训练，内容丰富。该课程浓缩了企业若干年的经营活动，涉及企业战略、生产管理、市场营销、财务管理等多方面内容，对学生来说是一种综合性的训练。学生通过模拟决策，全方位提高发现问题、分析问题、解决问题、制定决策并组织实施的能力。③竞争性互动，追求共赢。在模拟企业运作实践中，各小组之间的竞争会非常激烈，就像现实社会中企业间的竞争一样，具有很强的竞争性和挑战性。企业经营沙盘模拟的游戏规则是根据现实社会中的商业规则而设定的，经过学生的亲身体验，每一个环节、角色间的相互协调、合作都会不断明确和熟悉，而且在激烈的市场竞争中，学生通过自己的亲身实践会认识到企业间相互协作追求共赢的必要性。

第2章 运营规则与演示方案

学习目标

(1) 熟练掌握模拟运营规则;

(2) 在掌握规则的基础上熟悉模拟运营的演示方案;

(3) 理解并学会设计企业运营方案;

(4) 熟练掌握企业运营报表的填写方法，并且能够正确填写企业运营报表。

2.1 企业模拟运营规则

2.1.1 企业模拟运营方式

企业模拟运营采取团队方式，每个运营团队有5名选手。每个运营团队模拟一家生产制造型企业，与其他运营团队模拟的同质企业在同一市场环境中展开企业运营竞争。每个运营团队中的5名选手分别担任如下角色：首席执行官(CEO)、财务总监（CFO)、营销总监（CMO)、采购总监（CPO)、生产总监(COO)

每个运营团队模拟企业连续6~8年运营，并以最后一年的最终运营得分减去罚分，计算运营团队名次，比赛按团队计分，不计算个人得分。

2.1.2 企业模拟运营平台

企业运营模拟以用友公司的“商战”电子沙盘（以下简称系统）和手工沙盘为教学平台，模拟制造型企业的财务运作和企业运营。所有运作必须在商战平台上记录，系统界面如图2-1所示。所有参与模拟运营的队伍根据运营规则的要求，在规定时间内，通过预算管理、资金管理、成本管理、会计核算，以及企业战略和运营管理，完成企业模拟运营。所有运营操作都通过“商战”电子沙盘执行手工沙盘只作为辅助运营工具，在运营结束后用盘面直观呈现出当年的运营状态。

每个模拟运营企业运营团队应具备至少一台具有RJ45网卡的台式或笔记本电脑（并自带纸、笔、橡皮、运营表格)，通过电脑连接商战服务器，IE浏览器版本在6.0以上（包括6.0)，IE8以上浏览器请使用兼容性视图模式，同时需要安装Flash Player插件。

每个模拟运营企业登录账号分别为：U01、U02……（U为大写字母)，所有模拟运营企业的初始登录密码统一为1，在企业登录后务必修改密码，以免企业运营信息泄露。

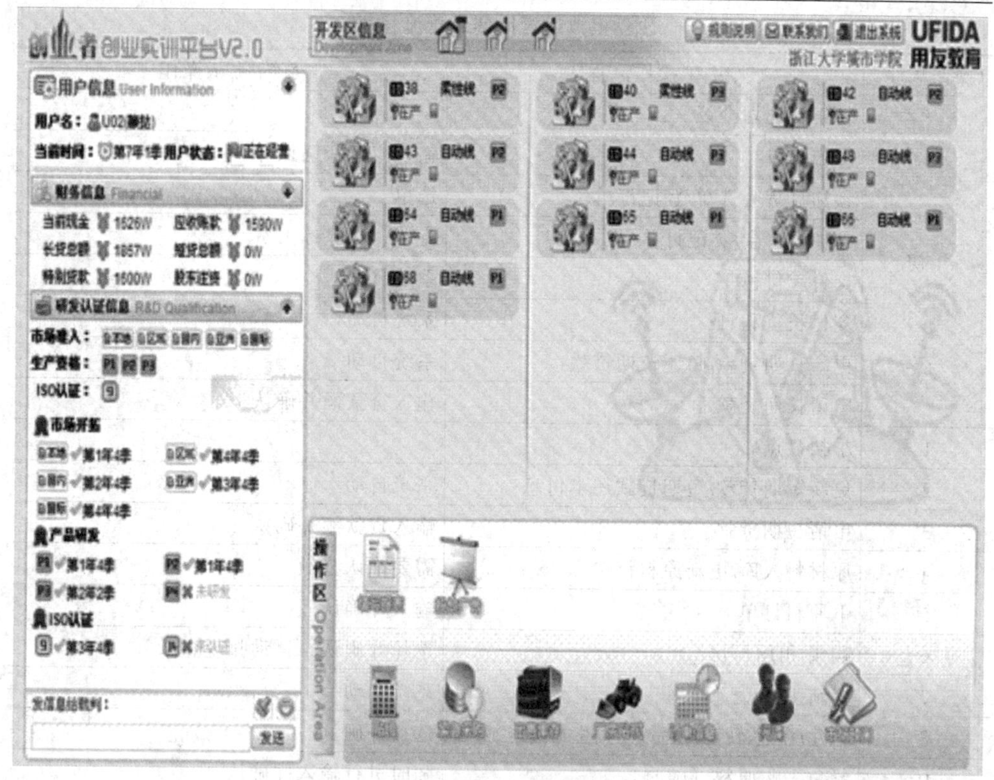

图2-1　商战平台界面

登录平台后界面的左侧为企业用户的信息栏，所有和登录用户相关的信息均在此显示，包括用户信息、企业财务信息、研发认证信息三个模块。在界面的右侧分为两大模块：上方为企业的开发区信息，包括企业的厂房信息和生产线信息；下方则为整个电子模拟沙盘关键部分——系统操作区。

系统规则说明在商战平台界面的右上角，在裁判或教师确定完比赛方案后，整个模拟运营的过程中所有的规则以此为准。

市场的预测在商战平台界面操作区内的右下角，在企业进行战略决策前，大家应对市场预测进行细致的分析。

2.1.3　企业模拟运营流程

企业在运营的过程中，应按照运营流程表中列示的流程顺序严格执行。企业模拟运营期间不做运营还原。沙盘模拟运营比赛运营流程表见表2-1。

每年运营结束后，各参赛队需要在系统中填制“资产负债表”“利润表”。如果不填，则视同报表错误一次，并扣分（详见罚分规则），但不影响运营。注：数值为0时必须填写阿拉伯数字“0”。如果不填数字，系统也视同填报错误。

表2-1　　沙盘模拟运营比赛运营流程表

操作顺序	手工操作流程	系统/手工操作
年初	新年度规划会议	
	广告投放	输入广告费确认
	参加订货会选单/登记订单	选单
	参加竞单会/登记订单	竞单，扣除标书费
	支付应付税	系统自动
	支付长贷利息	系统自动
	更新长期贷款/归还长期贷款	系统自动
	申请长期贷款	输入贷款额并确认
1	季初盘点	
2	更新短期贷款/短期贷款还本付息	系统自动
3	申请短期贷款	输入贷款额并确认
4	原材料入库/更新原料订单	需要确认金额
5	下原料订单	输入并确认
6	购买/租用厂房	选择并确认，自动扣现金
7	更新生产/完工入库	系统自动
8	新建/在建/转产/租赁/变卖生产线	选择并确认
9	紧急采购原料（随时）	随时进行输入并确认
10	开始下一批生产	选择并确认
11	更新应收款/应收款收现	系统自动
12	紧急采购产成品（随时）	随时进行输入并确认
13	按订单交货	选择交货订单确认
14	产品研发投资	选择并确认
15	厂房-出售（买转租）/退租/租转买	选择确认，自动转应收款
16	新市场开拓/ISO资格投资	仅四季度允许操作
17	支付管理费/更新厂房租金	系统自动
18	出售库存	输入并确认（随时进行）
19	厂房贴现	随时
20	应收款贴现	输入并确认（随时进行）
21	季末盘点	
年末	缴纳违约订单罚款	系统自动
	支付设备维护费	系统自动
	计提折旧	系统自动
	新市场/ISO资格换证	系统自动
	结账	

2.1.4　企业模拟运营规则

在现实生活中，企业经营、企业之间的竞争必须遵循一定规则的约束，如各项法律、法规。企业经营沙盘虽然不能够完全遵照现实生活的各种规则，但也必须设置一定的规则才能实现模拟企业经营全过程的任务。

为了表述方便，本规则中的金额以“万元”为单位，简写为“W”，时间以“个季度”为最小单位，简写为“Q”。

1）生产线规则

本规则主要规定了生产线的种类、购置费、安装周期、生产周期、转产所需费用和时间、每年支付的维修费用及每种生产线的残值等内容，见表2-2。

表2-2　**生产线规则**

生产线	购置费	安装周期	生产周期	总转产费	转产周期	维修费	残值
手工线	50W	1Q	2Q	0W	无	10W/年	10W
租赁线	0W	无	1Q	20W	1Q	55W/年	-55W
自动线	150W	3Q	1Q	20W	1Q	20W/年	30W
柔性线	200W	4Q	1Q	0W	无	20W/年	40W

几点说明：

（1）购置费：即购置每种生产线所需支付的现金，购置费根据生产线的安装周期分期付款，安装周期无表示一次性付完生产线购置费，安装周期为nQ，则每季度（Q）所支付的现金为：购置费/n。

（2）周期：建立“周期”的概念，安装生产线、生产、转产均有周期，即进行这些活动需要经过一段时间，只有经历过当所需要的时间以后，才算这一活动结束。例如，生产线安装周期为无，表示即买即用；生产线开始安装建设及建成后，不能在不同厂房间移动；自动线的安装周期为3Q，表示必须经过完整的3个季度，即从安装的那一季度开始计算，第4个季度初该自动线建成，建成当年开始交维修费和计提折旧。又例如，自动线的生产周期为1Q，若第二年一季度开始生产，则二季度初产品生产完并入库，之后才可出售。

（3）转产：只有是已经建成的生产线并且当前生产线空闲方可转产。

（4）维修费：当年建成生产线、转产中生产线都需要交维修费。

（5）残值：不论何时出售生产线，从生产线净值中取出相当于残值的部分计入现金，价格为残值，净值与残值之差计入损失。

（6）租赁线：不需要购置费，没有安装周期，不提折旧，维修费可以理解为租金。其在出售时（可理解为退租），系统将扣55W/条的清理费用，计入损失；每年年末扣租赁费用。

(7) 计分：租赁线、手工线不计分。

2) 生产线折旧规则（平均年限法）

本规则主要规定了生产线在企业运营年限中折旧的规则，生产线按照平均年限法计提折旧，每年的折旧额为：（固定资产原值-预计净残值）÷固定资产预计使用年限，见表2-3。

表2-3 **生产线折旧规则**

生产线	购置费	残值	建成第一年	建成第二年	建成第三年	建成第四年	建成第五年
手工线	50W	10W	0	10W	10W	10W	0W
自动线	150W	30W	0	30W	30W	30W	30W
柔性线	200W	40W	0	40W	40W	40W	40W

几点说明：

(1) 建成第一年不进行折旧。

(2) 折旧方法：例如，自动线固定资产原值为购置费150W，残值为30W，固定资产预计使用年限为4年，则从建成第二年至建成第五年，每年计提折旧费为：(150-30) ÷4=30 (W/年)。

(3) 当净值等于残值时，生产线不再计提折旧，但可以继续使用；注意区分“建成”与“在建”概念的区分。

(4) 租赁线不提折旧。

3) 融资规则

本规则主要规定了企业在运营过程中可以融资的类型，不同类型融资的时间点、利息、额度以及还款方式等内容，见表2-4。

表2-4 **融资规则**

贷款类型	贷款时间	贷款额度	年息	还款方式
长期贷款	每年年初	所有长贷和短贷之和不能超过上年权益的3倍	10%	年初付贷款利息，到期还本；每次贷款额不小于10的整数
短期贷款	每季度初		5%	到期一次还本付息；每次贷款额不小于10的整数
资金贴现	任何时间	视应收账款额	10%(1Q,2Q)，12.5%(3Q,4Q)	变现时贴息，可单笔应收款贴现，也可对1账期和2账期的应收款联合贴现。(3账期和4账期的同理)
库存拍卖	原材料9折，成品按成本价			

几点说明：

（1）“所有长贷和短贷之和不超过上年权益3倍”：指当年的长、短贷及以前各年未偿还的长短贷之和。

（2）“长期贷款”：每年年初进行长贷操作，贷款时间可以为1~5年，每年年初付息，到期还本。例如，第一年年初长贷100W，时间选择4年，则前四年每年年初扣利息，第五年年初扣利息和本金。

（3）长贷利息计算：所有不同年份长贷加总再乘以利率，然后四舍五入计算利息。

（4）“短期贷款”：每季度初进行短贷操作，贷款时间固定为1年，到期还本付息。例如，第一年二季度借短贷200W，则第二年二季度还本付息共210W。

（5）短贷利息计算：按每笔短贷分别计算，然后四舍五入计算利息。

（6）“资金贴现”：未到期的应收账款可以贴现提取，贴现须付贴现息。一、二季度到期的账款需扣10%的贴现息，三、四季度到期的账款需扣12.5%的贴现息。基于此，以8或10的倍数贴现比较节约费用。0账期应收账款系统自动收款。

（7）贴息计算：

一、二季度联合贴现贴息=（一季度金额+二季度金额）×10%，小数位向上取整；

三、四季度联合贴现贴息=（三季度金额+四季度金额）×12.5%，小数位向上取整。

（8）“库存拍卖”：拍卖剩余库存可以得到现金，拍卖价格分别为：产品以直接成本进行拍卖；原材料以原价90%的价格进行拍卖。原材料的紧急出售是折价出售，每个原材料的购买价是10W，紧急出售价格是9W，出售后会收到9W的现金，差额1W计入综合费用表“损失”一栏。

4）厂房规则

厂房是企业运营过程中容纳生产线的场所，本规则主要规定了企业取得厂房的方式、种类，不同类型厂房的购买价格、相应的生产线容量、买租售价格以及厂房出售时回款等内容，见表2-5。

表2-5 **厂房规则**

厂房	买价	租金	售价	容量	
大厂房	450W	45W/年	450W（4Q）	5条	厂房出售得到4个账期的应收款，紧急情况下可将厂房贴现（4Q贴现），直接得到现金，如厂房中有生产线，同时要扣租金
中厂房	400W	40W/年	400W（4Q）	4条	
小厂房	330W	33W/年	330W（4Q）	3条	

几点说明：

（1）购买/租用：每季度均可进行租用或购买。

（2）厂房出售：厂房买入后，当年当季度即可卖掉。若厂房中有生产线，则卖掉厂房后系统自动处理为买转租，厂房出售得到4个账期的应收款，同时系统自动扣除当年租用厂房的租金；若厂房中无生产线，则卖掉厂房后系统直接将厂房出售的钱转为4个账期的应收款。卖掉厂房可以点击系统中“厂房处理”按钮，若直接希望将厂房卖掉同时将卖掉的钱贴现，可以直接点击“厂房贴现”按钮，“厂房处理”按钮只有当“应收账款”按钮变亮后，才可以进行操作，而“厂房贴现”按钮随时可以操作。

（3）租用处理：厂房租期为1年；厂房当季度租入，当季度末扣除租金，租满1年（4个季度）的厂房在满年的季度（如第一年二季度租的，则第二年二季度到期，在以后各年二季度为满年），可进行处理，厂房到期后可在“厂房处理”中进行“租转买”“退租”（退租要求厂房中没有任何生产线时）等处理。

（4）续租：如果租用到期，未对厂房进行“厂房处理”，则原来租用的厂房在季末自动续租。

（5）折旧：为简化起见，厂房不计提折旧。

（6）注释：各类厂房可以任意组合使用，但总数不能超过4个；如：租4个小厂房或买4个大厂房或租1个大厂房买3个中厂房均可。

5）市场准入规则

市场是一个企业对产品进行营销的场所，标志着企业产品的销售潜力。企业的生存和发展都离不开市场这个大环境，谁赢得了市场，谁就赢得了竞争。在企业进入某个市场之前，一般需要进行诸如市场调研、选址办公、招聘人员、公共关系、策划市场活动等一系列工作和活动，而这些工作均需要消耗资源——资金及时间。而且由于不同市场所处的地理位置不同，因此开发不同市场所需要的时间和资金投入也不同，在市场开发完成之前，企业没有进入该市场销售的权利。当企业对某个市场开发完成之后，该企业就取得了相应的市场准入证，即取得了在该市场上运营的资格，此后就可以在该市场进行广告宣传，争取客户订单了。本规则制定了针对P系列产品可以销售的市场、不同市场开发的时间、费用以及开发市场过程中特殊的注意事项等内容，见表2-6。

表2-6　　市场准入规则

<table>
<tr><th>市场</th><th>开发费</th><th>时间</th><th rowspan="6">开发费用按开发时间在年末支付，不允许加速投资；
资金短缺时可中断投资；
市场开发完成后，领取相应的市场准入证</th></tr>
<tr><td>本地</td><td>10W/年</td><td>1年</td></tr>
<tr><td>区域</td><td>10W/年</td><td>1年</td></tr>
<tr><td>国内</td><td>10W/年</td><td>2年</td></tr>
<tr><td>亚洲</td><td>10W/年</td><td>3年</td></tr>
<tr><td>国际</td><td>10W/年</td><td>4年</td></tr>
</table>

几点说明：

（1）投资市场的操作时间：市场开拓，只有在四季度才可以操作。

（2）投资市场资金的有效时间：投资中断，已投入的资金依然有效。

（3）使用有效时间：开发完成后，无须交维护费，中途停止使用，也可继续拥有资格并在以后年份使用。

（4）只有取得了市场准入后，才可以在该市场上出售产品。五个市场是相互独立的，开发可同时进行，不存在包含的关系。如果一家公司只开发了国际市场，并不代表它可以在其他任何一个市场进行销售，如果它还想在亚洲市场进行销售的话，那么它必须开发亚洲市场，取得亚洲市场的准入证；市场开发费用计入当期的综合费用。

6）资格认证规则

企业ISO质量体系标准明确了质量管理和质量保证体系，为从事和审核质量管理和质量保证体系提供了指导方针。本规则规定了企业获取认证的类型、所需时间及费用等内容。企业进行ISO认证，在认证完成后，企业将获取到相应的认证资格，同时企业可以在订单选择时选择有ISO认证要求的订单，见表2-7。

表2-7 **资格认证规则**

认证	ISO9000	ISO14000	开发费用按开发时间在年末平均支付，不允许加速投资，但可中断投资
时间	2年	2年	
费用	10W/年	20W/年	

几点说明：

（1）投资资格认证的操作时间：ISO9000/14000的认证，只有在四季度末才可以操作。

（2）使用有效时间：认证完成后无须交维护费，即使中途停止使用，也可继续拥有资格并在以后年份使用。

7）产品规则

本规则规定了企业生产产品的种类、开发的周期、相关的加工费用以及产品的BOM组成及直接成本费用等内容，见表2-8。

表2-8 **产品规则**

名称	开发费用	开发周期	加工费	直接成本	产品组成
P1	10W/Q	2Q	10W/个	20W/个	R1
P2	10W/Q	3Q	10W/个	30W/个	R2+R3
P3	10W/Q	4Q	10W/个	40W/个	R1+R3+R4
P4	10W/Q	5Q	10W/个	50W/个	R2+R3+2R4

几点说明：

(1) 在此平台上，简化了产品成本的内容，只包含了原材料成本和加工费两项直接成本。

(2) 产品生产许可：只有当产品开发完成后才可生产该产品。

8) 原材料规则

本规则规定了企业生产产品所需要的原材料的名称、购买价格以及原材料采购的提前期等内容，见表2-9。

表2-9 原材料规则

名称	购买价格	提前期
R1	10W/个	1Q
R2	10W/个	1Q
R3	10W/个	2Q
R4	10W/个	2Q

几点说明：

(1) 原材料预订有提前期，需要提前订货。

(2) 原材料实行货到付款，现金支付货款，不允许赊账。

9) 紧急采购规则

紧急采购包括紧急采购原材料和紧急采购产成品，紧急采购的规则规定紧急采购原材料价格为购买价格的2倍，紧急采购产成品价格为直接成本的3倍，付款即到货。

紧急采购原材料和产成品时，直接扣除现金。上报报表时，成本仍然按照标准成本记录，紧急采购多付出的成本计入费用表中的损失项。

10) 选单规则

投5W广告有一次选单机会，每增加10W多一次机会，如果投小于5W广告，则广告费仍会被扣除，但无选单机会，对计算该市场广告总额有效。广告投放可以投6W、7W等。

投放广告，只规定最晚时间，没有最早时间。即当年结束后可以马上投放广告。

(1) 选单顺序

①市场老大在该市场所有产品有优先选单权（市场地位是针对每个市场而言的。企业的市场地位根据上年各企业在该市场的销售额排列，销售额最高的企业称该市场的“市场领导者”，俗称“市场老大”）；

②市场老大之后，以本市场、本产品广告额投放大小顺序依次选单；

③如果两队本市场本产品广告额相同，则看本市场所有产品广告投放总额；

④如果本市场所有产品广告投放总额也相同，则看上年本市场销售排名；

⑤如仍无法决定，先投放广告者先选单，依据系统时间决定；

⑥第一年无订单。

（2）开单顺序

①选单时，如果两个市场同时开单，各运营企业需要同时关注两个市场的选单进展；

②当其中一个市场先结束，则第三个市场立即开单，即任何时候会有两个市场同开，直到最后只剩下一个市场选单未结束；

③市场开放顺序：本地+区域、国内、亚洲、国际；

④各市场内产品按P1、P2、P3、P4顺序独立放单；

⑤选单时各队需要点击相应“市场”按钮，一个市场选单结束，系统不会自动跳到新开放的市场。

举例：假设有本地、地区、国内、亚洲4个市场进行选单：

首先本地和区域市场同时开单，各市场按P1、P2、P3、P4顺序独立放单，当本地市场选单结束，则国内市场立即开单，此时区域、国内两个市场保持同开，当区域结束选单后，则亚洲市场立即放单，即国内、亚洲两个市场同开，直至选单结束。

（3）注意事项

①企业在选取订单时，要在倒计时大于5秒时按下确认按钮，否则可能造成选单无效；

②在某细分市场（如本地、P1）有多次选单机会，只要放弃一次，则视同放弃该细分市场所有选单机会；

③有市场老大；

④破产队可以参加选单，并且市场老大有效；

⑤市场老大指在该市场上年销售额最高且无违约，若有多个队满足，则老大随机或者没有。

11）竞单会规则

在本系统中，一般一次同时放3张订单竞单，并显示所有订单，具体时间以市场预测发布为准。

（1）投标资质

参与投标的公司需要有相应市场、ISO认证的资质，但不必有生产资格。

中标的公司需为该单支付5W中标服务费，在竞标会结束后一次性扣除，计入广告费。

（如果已竞得单数+本次同时竞单数）×5>现金余额，则不能再竞。即必须有一定现金库存作为保证金。如同时竞3张订单，库存现金为28W，已经竞得3张订单，扣除了15W标书费，还剩余13W库存现金，则不能继续参与竞单，因为万一再竞得3张，13W库存现金不足支付标书费15W。

为防止恶意竞单，对已竞得单数进行限制，如果某企业已竞得单数>ROUND（3×该年竞单总数÷参赛公司总数），则不能继续竞单。

注意事项：

①ROUND表示四舍五入；

②如果等于，可以继续参与竞单；

③参赛公司总数指运营中的队伍数，若破产继续运营也算在其内，破产退出运营则不算在其内。

如某年竞单，共有40张，20队（含破产继续运营）参与竞单，当1队已经得到7张单，因为7>ROUND（3×40÷20），所以不能继续竞单；但如果已经竞得6张，可以继续参与。

（2）竞单说明

参与竞标的订单标明了订单编号、市场、产品、数量、ISO要求等，而总价、交货期、账期三项为空。竞标订单的相关要求说明如下：

竞拍会的单子上，价格、交货期、账期都是每家公司根据公司运营的情况自己填写选择的，系统默认的总价是成本价，交货期为1期交货，账期为4个账期，如要修改需要手工修改。

（3）投标说明

参与投标的公司须根据所投标的订单，在系统规定时间（90秒，以倒计时秒形式显示）填写总价、交货期、账期三项内容，确认后由系统按照：

得分=100+（5−交货期）×2+应收账期−8×总价÷（该产品直接成本×数量）

以得分最高者中标。如果计算分数相同，则先提交者中标。

注意事项：

①总价不能低于（可以等于）成本价，也不能高于（可以等于）成本价的三倍；

②必须为竞单留足时间，如在倒计时小于等于5秒时再提交，可能无效；

③竞得订单与选中订单一样，算市场销售额，对计算市场老大有效；

④竞单时不允许紧急采购，不允许出现市场间谍；

⑤破产队不可以参与投标竞单。

12）按订单交货规则

（1）交货：订单必须在规定季交货，可以提前交货。

（2）应收账款：企业按订单交货后，大多产生应收账款，应收账期的账期从交货季开始算起，款项到期时由系统自动收回。

（3）违约：订单必须在规定季度或提前交货，如果在订单规定交货季度未交货，系统收回订单，同时按照订单销售金额的20%罚款。罚款在当年结束时以现金形式扣除。罚款计入损失。

13）取整规则（均精确或四舍五入到个位整数）

（1）违约金扣除——四舍五入（每张单分开算）；

例子：

若仅违约一张金额为104W的订单，那么违约金为104×20%=20.8（W），四舍五入为21W；

若仅违约一张金额为58W的订单，那么违约金为58×20%=11.6（W），四舍五入为12W；

若同时违约一张金额为104W和一张金额为58W的订单，那么违约金并不是（104+58）×20%=32.4（W），四舍五入为32W，而是两张订单违约金分别计算，合计为21+12=33（W）。

（2）库存拍卖所得现金——四舍五入；

（3）贴现费用——向上取整；

（4）扣税——四舍五入；

（5）长短贷利息——四舍五入。

14）特殊项目

当企业现金断流或权益为负时给企业注入的资金计入股东资本或特别贷款。

15）关于所得税的规则

所得税，在沙盘模拟运营中是一个综合概念，大致可以理解为模拟的企业运营盈利部分所要交的税费。交税满足的条件是：运营当年盈利（税前利润为正）；连续弥补了以前年度的亏损后仍盈利。

具体计算在2.3节利润表编制所得税计算范例中有详细的解释。

16）竞赛排名规则

企业完成预先规定的运营年限，系统将根据各企业运营状况进行最后评分，分数高者为优胜。

评分公式：

总成绩 = 所有者权益×（1 + 企业综合发展潜力÷100）–罚分+市场老大得分

企业综合发展潜力计分表如表2-10所示。

表2-10　**企业综合发展潜力计分表**

项　目	综合发展潜力系数
自动线	+8/条
柔性线	+10/条
本地市场开发	+7
区域市场开发	+7
国内市场开发	+8
亚洲市场开发	+9
国际市场开发	+10
ISO9000	+8
ISO14000	+10
P1产品开发	+7
P2产品开发	+8
P3产品开发	+9
P4产品开发	+10

几点说明：

(1）如有多支队伍分数相同，则最后一年在系统中先结束运营（而非指在系统中填制报表）者排名靠前。

(2）生产线建成即加分，无须生产出产品，也无须有在制品。手工生产线、租赁生产线、厂房均无加分。

(3）市场老大不计入综合发展潜力系数，单独计算分数，得一个第二、三、四、五年市场老大加50分，得一个第六年市场老大加100分。

17）罚分规则

(1）运行超时扣分

运行超时有两种情况：一是指不能在规定时间完成广告投放（可提前投放广告）；二是指不能在规定时间完成当年运营（以点击系统中“当年结束”按钮并确认为准）。

处罚：运行超时按1分钟罚20分计算，不满1分钟按1分钟计算罚分，最多不能超过10分钟。如果到10分钟后还不能完成相应的运行，将取消其参与运营的资格。

提请注意：投放广告时间、完成运营时间及提交报表时间系统均会记录，作为扣分依据。

(2）报表错误扣分

必须按规定时间在系统中填制资产负债表，如果上交的报表与系统自动生成的报表对照有误，在总得分中扣罚50分/次，并以系统提供的报表为准修订。

注意：对上交报表时间会作规定，延误交报表即视为一次错误，即使后来在系统中填制正确也要扣分。由运营超时引发延误交报表视同报表错误并扣分。

(3）盘面不实扣分

考虑到商业情报的获取，每年运行完成后，必须按照当年末结束状态，将运作结果摆在手工沙盘上，以便现场各队收集情报用。如果盘面与报表不符，经裁判核实扣50分/次。

摆盘情况由裁判或教师每年结束时，随机抽取队伍进行核对，发现错误后予以扣分。但不接受各队举报。

(4）其他违规扣分

在企业运营过程中下列情况属违规：

①对教师或裁判正确的判罚不服从；

②在上课或比赛期间擅自到其他企业走动；

③其他严重影响上课及比赛正常进行的活动。

如有以上行为者，视情节轻重，扣除该队总得分的200~500分。

18）破产处理规则

当企业在运营过程中出现权益为负（指当年结束系统生成资产负债表时为负）

或现金断流时（权益和现金可以为零），企业宣布破产。

参赛队破产后，由裁判视情况适当增资后继续运营。破产队不参加有效排名。

为了确保破产队不过多影响比赛的正常进行，限制破产队每年用于广告投放总和不能超过30W。不允许参加竞单。

19）重要参数

在企业运营开始之前，会对运营过程中的部分重要参数进行约定并确认，运营开始之后，该参数是不可改变的，见表2-11。

表2-11 运营过程中的部分重要参数

违约金比例	20 %	贷款额倍数	3倍
产品折价率	100 %	原料折价率	90 %
长贷利率	10 %	短贷利率	5 %
1、2期贴现率	10 %	3、4期贴现率	12.5 %
初始现金	700 W	管理费	10 W
信息费	1 W	所得税率	25 %
最大长贷年限	5年	最小得单广告额	10 W
原料紧急采购倍数	2倍	产品紧急采购倍数	3倍
选单时间	50秒	首位选单补时	25秒
市场同开数量	2	市场老大	有
竞拍时间	90秒	竞拍同拍数	3

（1）每个市场每种产品选单时第一个队选单时间为65秒，自第二个队起，选单时间设为40秒。

（2）信息费1W/次/队，即交1W可以查看一队企业信息，交费企业以Excel表格形式获得被间谍企业详细信息。

（3）间谍无法看到对手的选单情况。

20）操作要点

生产线转产、下一批生产、出售生产线均在相应生产线图标上直接操作；

应收款收回由系统自动完成，不需要填写收回金额；

系统只显示当前可以操作的运行图标；

选单时必须注意各市场状态（正在选单、选单结束、无订单），选单时各队需要点击相应“市场”按钮，一市场选单结束，系统不会自动跳到其他市场。界面如

图2-2所示。

图2-2 选单时各市场状态

2.2 沙盘模拟运营演示方案

企业运营竞争模拟是沙盘模拟的主体部分，按企业经营年度展开。沙盘模拟运营平台预先设置了企业运营参数和企业运营等各项规则，因此对于每一个模拟运营企业，需要在企业经营伊始对企业的基本状况，包括股东资本、市场产品需求、生产基础设施等有一个基本的了解；需要对企业经营的产品和市场有一个清晰的定位；需要本着利润最大化的原则，在企业未来产品发展、趋势、盈利能力等方面制定、调整企业战略规划。

模拟运营开始之前，每个企业需要根据市场预测和市场调研，对每个市场每种产品的总体需求量、单价、发展趋势做出有效预测。每一个运营企业在市场预测的基础上讨论企业战略，依据企业的战略规划，做出模拟经营6~8年的经营决策及各项运营方案，方案的内容包括生产建设方案、融资方案、市场方案、采购方案、市场开发投资方案等。根据企业制订的运营方案，在CEO的领导下按一定程序开展经营，做出所有重要事项的经营决策，在变化的市场和竞争对手环境中，进行方案的调整，以期达到企业预期经营目标。战略决策的最终结果会从企业模拟运营的结果中得到直接体现。

本节笔者给出一套某公司沙盘模拟运营3年的演示方案，但此方案不具备示范性和引导性，目的只是为了让大家尽快熟悉平台系统和经营的各项规则，以及掌握在运营中的一些小技巧。

某公司通过对市场6~8年产品需求预测的分析，企业的战略规划如下：(1)产品方面：前两年以P1和P2产品为主，同时进行P3和P4产品的研发，在经营的后期，企业根据市场需求和竞争对手的情况进行随时的调整，以利润高的产品为主。(2)市场方面：为了销售的可控性，五个市场和两个认证均进行了研发和认证，以便企业在市场竞争激烈的情况下，能够在不同的市场上获得机会。

第一年：公司战略前两年以P1、P2产品为主进行过渡。前期在现金流较紧张的情况下，通过对4条生产线购置费和产能的比较，选择建设全自动生产线。在二至四季度建设4条全自动生产线，其中包括2条P1、2条P2产品的生产线；二季度购买中厂房1座；为了保证在生产线建成后即可开始生产产品，必须在生产线建成的同时也完成产品的研发和生产产品原材料的预订，因此根据产品研发和原材料预订的规则，在二至四季度研发P2，三、四季度研发P1；在三季度进行R3、四季度进行R1和R2原材料的采购；最后在年末时开拓本地、区域、国内、亚洲、国际五个市场，进行ISO9000和ISO14000的认证；现金流方面选择短贷弥补资金缺口。

第二年：第二年的运营过程中，增加了产品新生产的过程。4条自动线每季度不停产不转产，本年共计有6个P1和6个P2可在订货会售出，二至四季度各有2个P1和2个P2；P1、P2广告投放选择15W和10W；本年一季度租大厂房1座；生产线方面因为年初订单选择情况良好，因此继续扩大生产，且为了生产的灵活性，建设了1条P3的柔性线和1条P3的自动线；一至四季度研发P3且四季度开始研发P4，以便第三年一季度和第四年一季度可分别生产P3和P4；年末继续开拓国内、亚洲和国际三个市场，进行ISO9000和ISO14000认证；同时现金流方面继续保持短贷来弥补资金缺口。

第三年：现金流方面本年年初选择长贷以偿还上年一季度短贷，其余资金缺口继续以短贷弥补；为了继续扩大生产，新建两条自动线生产P4，本年度所有生产线不停产不转产；本年共计有8个P1、8个P2和6个P3可在订货会售出，广告投放P1、P2、P3各需要3次、3次、2次的选单机会以便完全售出；本年二至四季度新建2条P4自动线用于第四年一季度生产；一至四季度继续研发P4；年末继续开拓亚洲和国际市场。

2.2.1 模拟运营第一年

运营第一年的公司年度报表见表2-12至表2-17。

2.2.2 模拟运营第二年

运营第二年的公司年度报表见表2-18至表2-23。

表2-12　**公司年度报表——操作流程明细表**　第一年 第U06公司

	序号	项目	一季度	二季度	三季度	四季度
年初操作	1	投放广告				
	2	支付应交税金				
	3	长期贷款（本/息）还款				
	4	申请长期贷款				
	5	应收账款贴现（随时）				
年中操作		时间	一季度	二季度	三季度	四季度
	6	短期贷款（本/息）还款				
	7	申请短期贷款			+160	+429
	8	更新原材料				
	9	下原材料订单			2R3	2R1，2R2，2R3
	10	（购买/租用）厂房		400/中厂房		
	11	新建/在建/转产生产线		200/2自P1，2自P2	200/2自P1，2自P2	200/2自P1，2自P2
	12	紧急采购原材料（随时）				
	13	开始下一批新生产				
	14	应收账款更新				
	15	紧急采购产品（随时）				
	16	按订单交货				
	17	产品研发投资		10/P2	20/P1，P2	20/P1，P2
	18	出售原料/产品（随时）				
	19	厂房处理（买转租/租转买）				
	20	厂房贴现（随时）				
	21	应收账款贴现（随时）				
	22	支付行政管理费	10	10	10	10
	23	季末数额对账	690	70	0	199
年末操作	24	缴纳违约订单罚款				
	25	支付生产线维护费				
	26	计提折旧				
	27	市场开拓				50/本，区，国，亚，际
	28	ISO认证				30/ISO9000，14000

表2-13 **公司年度报表二——现金收支明细表** 第一年 第U06公司

年初余额		700	季度初余额			
年初	广告费					
	支付应交税金					
	长期贷款（本/息）还款		700	690	70	0
	申请长期贷款		一季度	二季度	三季度	四季度
1	短贷还本付息					
2	申请新短贷				+160	+429
3	购买原材料					
4	购买厂房			400		
5	生产线投资额			200	200	200
6	生产加工费					
7	到期应收款收现					
8	紧急出售库存					
9	厂房/应收款贴现					
10	产品研发费用			10	20	20
11	支付行政管理费用		10	10	10	10
季度末余额			690	70	0	199
年末	缴纳违约订单罚款（20%）					
	支付生产线维护费					
	支付市场开拓费					50
	支付ISO资格认证费					30
	年末余额					119

表2-14 **公司年度报表三——产品销售汇总表** 第一年 第U06公司

产品	P1	P2	P3	P4	合计
数量					0
金额					0
成本					0
毛利					0

表2-15 **公司年度报表四——综合费用表**

第一年 第U06公司

项目	金额
管理费	40
广告费	
维修费	
转产费	
厂房租金	
产品研发	50
新市场开拓	50
ISO认证	30
损失	
信息费	
合计	170

表2-16 **公司年度报表五——利润表**

第一年 第U06公司

项目	上年实际	本年实际
一、销售收入		0
减：直接成本		
二、毛利		
减：综合费用		170
三、折旧前利润		-170
减：折旧		
四、利息前利润		-170
减：财务费用		
五、税前利润		-170
减：所得税		
六、年度净利润		-170

表2-17 **公司年度报表六——资产负债表** 第一年 第U06公司

资产	年初数	年末数	负债和所有者权益	年初数	年末数
流动资产：			负债：		
货币资金		119	长期负债		
应收账款			短期负债		589
在制品			应交所得税金		
产成品					
原材料					
流动资产合计		119	负债合计		589
固定资产：			所有者权益：		
厂房		400	股东资本		700
生产线设备			利润留存		
在建工程		600	年度净利润		-170
固定资产合计		1 000	所有者权益合计		530
资产总计		1 119	负债和所有者权益总计		1 119

表 2-18　　**公司年度报表——操作流程明细表**　　第二年 第 U06 公司

	序号	项目	一季度	二季度	三季度	四季度
年初操作	1	投放广告	50			
	2	支付应交税金				
	3	长期贷款（本/息）还款				
	4	申请长期贷款				
	5	应收账款贴现（随时）				
年中操作		时间	一季度	二季度	三季度	四季度
	6	短期贷款（本/息）还款			168	450
	7	申请短期贷款	+209	+189	+530	+270
	8	更新原材料	60/2R1，2R2，2R3	60/2R1，2R2，2R3	60/2R1，2R2，2R3	60/2R1，2R2，2R3
	9	下原材料订单	2R1，2R2，2R3	2R1，2R2，2R3	2R1，2R2，4R3，2R4	4R1，2R2，4R3，2R4
	10	（购买/租用）厂房	45/大厂房			
	11	新建/在建/转产生产线	50/1 柔 P3、	100/1 柔 P3、1 自 P3	100/1 柔 P3、1 自 P3	100/1 柔 P3、1 自 P3
	12	紧急采购原材料（随时）				
	13	开始下一批新生产	40/2P1、2P2	40/2P1、2P2	40/2P1、2P2	40/2P1、2P2
	14	应收账款更新		+140	+148	+216
	15	紧急采购产品（随时）				
	16	按订单交货		140W，0Q/2P1，148W，1Q/2P2，	72W，1Q/1P1，144W，1Q/2P2，	150W，2Q/2P2，208W，2Q/3P1
	17	产品研发投资	10/P3	10/P3	10/P3	20/P3，P4
	18	出售原料/产品（随时）				
	19	厂房处理（买转租/租转买）				
	20	厂房贴现（随时）				
	21	应收账款贴现（随时）				
	22	支付行政管理费	10	10	10	10
	23	季末数额对账	63	172	462	268
年末操作	24	缴纳违约订单罚款				
	25	支付生产线维护费				80
	26	计提折旧				0
	27	市场开拓				30/国，亚，际
	28	ISO 认证				30/ ISO9000，ISO14000

表2-19　　**公司年度报表二——现金收支明细表**　　第二年 第U06公司

年初余额		119	季度初余额			
年初	广告费	50				
	支付应交税金					
	长期贷款（本/息）还款		69	690	70	0
	申请长期贷款		一季度	二季度	三季度	四季度
1	短贷还本付息				168	450
2	申请新短贷		+209	+189	+530	+270
3	购买原材料		60	60	60	60
4	购买厂房		45			
5	生产线投资额		50	100	100	100
6	生产加工费		40	40	40	40
7	到期应收款收现			+140	+148	+216
8	紧急出售库存					
9	厂房/应收款贴现					
10	产品研发费用		10	10	10	20
11	支付行政管理费用		10	10	10	10
季度末余额			63	172	462	268
年末	缴纳违约订单罚款（20%）					
	支付生产线维护费					
	支付市场开拓费					30
	支付ISO资格认证费					30
	年末余额					208

表2-20　　**公司年度报表三——产品销售汇总表**　　第二年 第U06公司

产品	P1	P2	P3	P4	合计
数量	6	6			12
金额	420	442			862
成本	120	180			300
毛利	300	262			562

表2-21 **公司年度报表四——综合费用表**

第二年 第U06公司

项目	金额
管理费	40
广告费	50
维修费	80
转产费	
厂房租金	45
产品研发	50
新市场开拓	30
ISO认证	30
损失	
信息费	
合计	325

表2-22 **公司年度报表五——利润表**

第二年 第U06公司

项目	上年实际	本年实际
一、销售收入		862
减：直接成本		300
二、毛利		562
减：综合费用		325
三、折旧前利润		237
减：折旧		
四、利息前利润		237
减：财务费用		29
五、税前利润		208
减：所得税		10
六、年度净利润		198

表2-23 **公司年度报表六——资产负债表** 第二年 第U06公司

资产	年初数	年末数	负债和所有者权益	年初数	年末数
流动资产：			负债：		
货币资金		128	长期负债		
应收账款		358	短期负债		1 198
在制品		100	应交所得税金		10
产成品					
原材料					
流动资产合计		586	负债合计		1 208
固定资产：			所有者权益：		
厂房		400	股东资本		700
生产线设备		600	利润留存		-170
在建工程		350	年度净利润		198
固定资产合计		1 350	所有者权益合计		728
资产总计		1 936	负债和所有者权益总计		1 936

2.2.3 模拟运营第三年

运营第一年的公司年度报表见表2-24至表2-29。

表2-24　**公司年度报表——操作流程明细表**　第三年 第U06公司

年初操作	1	投放广告	60			
	2	支付应交税金	10			
	3	长期贷款（本/息）还款				
	4	申请长期贷款	240			
	5	应收账款贴现（随时）				
年中操作		时间	一季度	二季度	三季度	四季度
	6	短期贷款（本/息）还款	219	198	557	284
	7	申请短期贷款	+389	+489	+280	+100
	8	更新原材料	120/4R12R24R3 2R4	120/4R12R24R3 2R4	120/4R12R24R3 2R4	120/4R12R24R3 2R4
	9	下原材料订单	4R1,2R2,4R3,2R4	4R1,2R2,4R3,2R4	4R1,2R2,6R3,6R4	4R1,4R2,6R3,6R4
	10	（购买/租用）厂房	45/大厂房			
	11	新建/在建/转产生产线		100/2自P4	100/2自P4	100/2自P4
	12	紧急采购原材料（随时）				
	13	开始下一批新生产	60/2P1,2P2、2P3	60/2P1,2P2,2P3	60/2P1,2P2,2P3	60/2P1,2P2,2P3
	14	应收账款更新		+358	+486	+339
	15	紧急采购产品（随时）				
	16	按订单交货	73W,2Q/1P1,148W,2Q/2P2,	197W,2Q/3P1,142W,2Q/2P2,	265W,0Q/3P3,	260W,1Q/4P1,290W,2Q/4P2,270W,1Q/3P3
	17	产品研发投资	10/p4	10/p4	10/p4	10/p4
	18	出售原料/产品（随时）				
	19	厂房处理（买转租/租转买）				
	20	厂房贴现（随时）				
	21	应收账款贴现（随时）				
	22	支付行政管理费	10	10	10	10
	23	季末数额对账	223	572	481	336
年末操作	24	缴纳违约订单罚款				
	25	支付生产线维护费				190
	26	计提折旧				120
	27	市场开拓				20/亚、际
	28	ISO认证				

表2-25　　　　**公司年度报表二——现金收支明细表**　　　　第三年 第U06公司

年初余额		128		季度初余额		
年初	广告费	60				
	支付应交税金	10				
	长期贷款（本/息）还款		298	690	70	0
	申请长期贷款	240	一季度	二季度	三季度	四季度
1	短贷还本付息		219	198	557	284
2	申请新短贷		+389	+489	+280	+100
3	购买原材料		120	120	120	120
4	购买厂房		45			
5	生产线投资额			100	100	100
6	生产加工费		60	60	60	60
7	到期应收款收现			+358	+486	+339
8	紧急出售库存					
9	厂房/应收款贴现					
10	产品研发费用		10	10	10	10
11	支付行政管理费用		10	10	10	10
季度末余额			223	572	481	336
年末	缴纳违约订单罚款（20%）					
	支付生产线维护费					190
	支付市场开拓费					20
	支付ISO资格认证费					
	年末余额					126

表2-26　　　　**公司年度报表三——产品销售汇总表**　　　　第三年 第U06公司

产　品	P1	P2	P3	P4	合　计
数　量	8	8	6		22
金　额	530	580	535		1 645
成　本	160	240	240		640
毛　利	370	340	295		1 005

表2-27 **公司年度报表四——综合费用表**

第三年 第U06公司

项目	金额
管理费	40
广告费	60
维修费	190
转产费	
厂房租金	45
产品研发	40
新市场开拓	20
ISO认证	
损失	
信息费	
合计	395

表2-28 **公司年度报表五——利润表**

第三年 第U06公司

项目	上年实际	本年实际
一、销售收入		1 645
减：直接成本		640
二、毛利		1 005
减：综合费用		395
三、折旧前利润		610
减：折旧		120
四、利息前利润		490
减：财务费用		60
五、税前利润		430
减：所得税		108
六、年度净利润		322

表2-29 **公司年度报表六——资产负债表** 第三年 第U06公司

资产	年初数	年末数	负债和所有者权益	年初数	年末数
流动资产：			负债：		
货币资金		126	长期负债		240
应收账款		820	短期负债		1 258
在制品		180	应交所得税金		108
产成品					
原材料					
流动资产合计		1 126	负债合计		1 606
固定资产：			所有者权益：		
厂房		400	股东资本		700
生产线设备		830	利润留存		28
在建工程		300	年度净利润		322
固定资产合计		1 530	所有者权益合计		1 050
资产总计		2 656	负债和所有者权益总计		2 656

2.3　沙盘模拟运营报表的编制

沙盘模拟运营包含了生产管理、市场营销、财务预算等多学科知识，其中以会计学专业知识难度较大。财务报表是指企业对外提供的反映企业特定日期内的财务状况和某一会计期间的经营成果、现金流量情况，财务数据与企业的经营有直接的相关性，理解财务数据是对企业运营情况的一种总结提炼，为今后“透过财务看经营”做好观念上的准备。

2.3.1　公司年度报表一——操作流程明细表

企业模拟运营6~8年，因此企业必须做出长远的企业战略规划，不可走一步看一步。操作流程明细表是对企业运营决策的一个整体体现，包括生产运营、市场投资、财务预算等多方面决策。

整个操作流程明细表按时间点分为三个部分：年初操作、年中操作、年末操作。年中操作又具体分成了一季度、二季度、三季度、四季度。每个时间点上都有相应的操作，年中操作的顺序是不可以逆转的。

在企业进行运营方案讨论时，可以通过数据的填写进行周密的计算，提供真实可靠的数据以支持企业的战略决策。但在最终实际运营的操作过程中，企业对于操作流程明细表中所有的数据来源均要按照在运营过程中实际的经营数据填写。尤其要注意年末这个时间点的操作，因为它是直接衔接在四季度末，新市场的开拓和ISO资质认证的操作常常会被忽略，这样引起的后果往往比较严重。操作流程明细表见表2-30。

2.3.2　公司年度报表二——现金收支明细表

现金收支明细表是记录沙盘模拟过程中现金收入和支出的具体金额，从而精确反映一个经营年度中各个季度现金的流动状况，是一张动态报表。

现金收支明细表中的各个报表项目基本与公司年度报表一——操作流程明细表中涉及现金收入和支出的项目相对应，因此该表的数据均来源于操作流程明细表。

现金收支明细表如表2-31所示。

项目解释及数据来源：

（1）“季度初余额”与“上季度末余额”是相等的。

（2）“长期贷款和短期贷款的利息”均为上年的贷款利息。

（3）年中每季度的每一操作的现金流跟操作流程明细表一一对应。

（4）年末余额=表一：【8】-表一：【9】-表一：【10】-表一：【12】-表1：【13】。

表2-30　　公司年度报表——操作流程明细表

年初操作	1	广告投放额	【1】			
	2	应缴纳税金	【2】			
	3	长期贷款（本/息）还款	【3】			
	4	申请长期贷款	【4】			
	5	贴现/贴现息（随时）				
		时间	一季度	二季度	三季度	四季度
年中操作	6	短期贷款（本/息）还款				
	7	申请短期贷款				
	8	更新原材料				
	9	下原材料订单				
	10	（购买/租用）厂房				
	11	新建/在建/转产生产线				
	12	紧急采购原材料（随时）				
	13	开始下一批新生产				
	14	应收账款更新				
	15	紧急采购产品（随时）				
	16	按订单交货				
	17	产品研发投资				
	18	出售原料/产品（随时）				
	19	厂房处理（买转租/租转买）				
	20	厂房贴现（随时）				
	21	应收账款贴现（随时）				
	22	支付行政管理费				
	23	季末数额对账	【5】	【6】	【7】	【8】
年末操作	24	缴纳违约订单罚款				【9】
	25	支付生产线维护费				【10】
	26	计提折旧				【11】
	27	市场开拓				【12】
	28	ISO认证				【13】

表2-31　**公司年度报表二——现金收支明细表**

<table>
<tr><td colspan="2">年初余额</td><td colspan="2"></td><td colspan="4">季度初余额</td></tr>
<tr><td rowspan="4">年初</td><td colspan="2">广告费</td><td>表一：【1】</td><td colspan="4" rowspan="2"></td></tr>
<tr><td colspan="2">支付应交税金</td><td>表一：【2】</td></tr>
<tr><td colspan="2">长期贷款（本/息）还款</td><td>表一：【3】</td><td></td><td>表一：【5】</td><td>表一：【6】</td><td>表一：【7】</td></tr>
<tr><td colspan="2">申请长期贷款</td><td>表一：【4】</td><td>一季度</td><td>二季度</td><td>三季度</td><td>四季度</td></tr>
<tr><td>1</td><td colspan="3">短贷还本付息</td><td></td><td></td><td></td><td></td></tr>
<tr><td>2</td><td colspan="3">申请新短贷</td><td></td><td></td><td></td><td></td></tr>
<tr><td>3</td><td colspan="3">购买原材料</td><td></td><td></td><td></td><td></td></tr>
<tr><td>4</td><td colspan="3">购买厂房</td><td></td><td></td><td></td><td></td></tr>
<tr><td>5</td><td colspan="3">生产线投资额</td><td></td><td></td><td></td><td></td></tr>
<tr><td>6</td><td colspan="3">生产加工费</td><td></td><td></td><td></td><td></td></tr>
<tr><td>7</td><td colspan="3">到期应收款收现</td><td></td><td></td><td></td><td></td></tr>
<tr><td>8</td><td colspan="3">紧急出售库存</td><td></td><td></td><td></td><td></td></tr>
<tr><td>9</td><td colspan="3">厂房/应收款贴现</td><td></td><td></td><td></td><td></td></tr>
<tr><td>10</td><td colspan="3">产品研发费用</td><td></td><td></td><td></td><td></td></tr>
<tr><td>11</td><td colspan="3">支付行政管理费用</td><td></td><td></td><td></td><td></td></tr>
<tr><td colspan="4">季度末余额</td><td>表一：【5】</td><td>表一：【6】</td><td>表一：【7】</td><td>表一：【8】</td></tr>
<tr><td colspan="2" rowspan="5">年末</td><td colspan="5">缴纳违约订单罚款（20%）</td><td>表一：【9】</td></tr>
<tr><td colspan="5">支付生产线维护费</td><td>表一：【10】</td></tr>
<tr><td colspan="5">支付市场开拓费</td><td>表一：【12】</td></tr>
<tr><td colspan="5">支付ISO资格认证费</td><td>表一：【13】</td></tr>
<tr><td colspan="5">年末余额</td><td>【1】</td></tr>
</table>

2.3.3　公司年度报表三——产品销售汇总表

产品销售汇总表是用来统计本年度销售的各种产品的数量、销售金额、成本、毛利等信息，为编制利润表提供依据，见表2-32。

表 2-32　　**公司年度报表三——产品销售汇总表**

产 品	P1	P2	P3	P4	合 计
数 量					
销售金额					【1】
成 本					【2】
毛 利					【3】

项目解释及数据来源：

（1）所有的“合计”仅计算未违约的订单各项目之和，违约订单不计入。

（2）“数量”和“销售金额”均指已交订单的各种产品的数量合计数和销售额合计数。

（3）“成本”为已交订单的各种产品的成本合计数。

（4）毛利=销售金额-成本。

2.3.4 公司年度报表四——综合费用表

综合费用表记录本年度发生的各项费用，为编制利润表提供依据，见表2-33。

表 2-33　　**公司年度报表四——综合费用表**

项目	广告费	厂房租金	转产费	产品研发	管理费	维修费	新市场开拓	ISO资格认证	信息费	损失	合 计
金额	表一：【1】					表一：【10】	表一：【12】	表一：【13】			【1】

项目解释及数据来源：

（1）广告费：企业为了在市场上获取产品的订单，必须在市场上投放相应的广告额，这里是指当年在市场上所投放的广告费总和。第一年无广告费。

（2）厂房租金：企业租用厂房，需支付相应的租金。这里是指该年度支付的厂房租金。

（3）转产费：企业在生产线上转产其他产品时所需要支付的费用，其中柔性线转产任意的产品转产费均为0，没有转产的生产线就无须支付该费用。

（4）产品研发：企业在生产产品之前必须先进行相应产品的研发，只有研发成功后，方能进行该产品的生产。这里是指企业当年进行的所有产品研发所花费的费用总和。

（5）管理费：指企业运营的行政管理费，每季度为10W，永远不变，是企业必须缴纳的费用。这里是指企业当年缴纳的管理费总和。

（6）维修费：已经建成的生产线，从建成的第一年开始需要支付维修的费用，无论生产与否。这里是指企业当年所有已建成的生产线需要支付的维修费费用总和。

（7）新市场开拓：企业必须进行新市场开拓，成功后方可在该市场投放广告并进行订单的选取，否则不具有投放广告和选单的权利。这里是指当年年终企业进行市场开拓的费用总和。

（8）ISO资格认证：企业进行ISO资格认证后，可获得市场上有ISO认证需求的订单。这里是指当年年终企业进行ISO认证的费用总和。

（9）信息费：企业进行间谍活动所花费的费用。这里是指当年企业进行间谍活动所花费的费用总和。

（10）损失：是指企业在运营过程中变卖生产线，不论何时出售，价格为残值，净值与残值之差计入损失。此外，损失还包括紧急出售原材料库存的折价金额、紧急采购时额外支出的资金、订单违约时需要支付的违约金（被罚的金额）。

2.3.5 公司年度报表五——利润表

利润表是反映企业在一定会计期间的经营成果的报表，反映了区间内所实现的利润或发生亏损的数量，利润=收入-费用。

利润表有助于大家了解本期内取得的收入和发生的产品成本，各项期间费用及税金，了解盈利总水平和各项利润来源及其结构，把握整体经营策略。

利润表见表2-34。

表2-34 公司年度报表五——利润表

序号	项 目	上年实际	本年实际（数据来源）
（1）	一、销售收入		表三：【1】
（2）	减：直接成本		表三：【2】
（3）	二、毛利		表三：【3】
（4）	减：综合费用		表四：【1】
（5）	三、折旧前利润		（3）-（4）
（6）	减：折旧		表一：【11】根据折旧规则计算
（7）	四、利息前利润		（5）-（6）
（8）	减：财务费用		支付贷款利息和贴现利息总和
（9）	五、税前利润		（7）-（8）
（10）	减：所得税		【1】：按所得税公式计算
（11）	年度净利润		【2】：（9）-（10）

项目解释及数据来源：

（1）销售收入：为已交订单的各种产品的销售额合计数，未交订单金额不计入。

（2）直接成本：为已交订单的产品数量乘以该产品的直接成本，最后汇总所有种类的产品的直接成本之和。

（3）毛利："销售收入"减去"直接成本"。

（4）综合费用：就是指综合费用表的合计。

（5）折旧：是指在固定资产的使用寿命内，按照确定的方法对应计折旧额进行系统分摊。参照规则我们采用的是直线折旧的计算方法，计提折旧不涉及现金的增减和变化。

（6）财务费用：包括贷款利息、贴现利息。是指企业在运营过程中支付的长期贷款利息和短期贷款利息以及贴现利息（应收账款贴现、厂房贴现）的总和。贷款利息是指本年支付的利息值，而非由于本年贷款所发生的利息值，由于本年贷款发生的利息放在下一年及以后各年体现。

（7）"所得税"的计算：

①若本年税前利润总额<0，则本年所得税=0；

②若本年税前利润总额>0，则本年所得税按如下方法计算：

若本年年初（即上年年末）所有者权益合计项≥700，则本年度的税前利润均为"应税利润"，该年度应缴纳的所得税的计算公式为：

所得税=本年税前利润×25%　　（2-1）

公式2-1的计算结果采用"四舍五入"的方式进行取整，若取整后大于"0"，则为本年度的应交所得税，若取整后等于"0"，则本年度的应交所得税为"0"，该年的"应税利润"与下一年的税前利润合并计算缴纳所得税，并计入下一年的应交所得税。

若本年年初（即上年年末）所有者权益合计项<700，则本年度应缴纳的所得税的计算公式为：

所得税=（年初所有者权益+本年税前利润-700）×25%　　（2-2）

若公式2-2的计算结果小于"0"，则本年度的应交所得税为"0"；否则，需要对公式2的计算结果采用"四舍五入"的方式进行取整，若取整后大于"0"，则为本年度的应交所得税；若等于"0"，则本年度的应交所得税也为"0"，该年的"应税利润"（年初所有者权益+本年税前利润-700）与下一年的税前利润合并计算缴纳所得税，并计入下一年的应交所得税。

2.3.6 公司年度报表六——资产负债表

资产负债表是反映企业在某一特定日期（如年末、季末、月末）资产、负债和所有者权益及其构成情况的报表。满足"资产=负债+所有者权益"恒等式。有助于大家了解某一时点上各类资产和负债的规模、结构及其数量的对应关系，做出基于优化结构、降低风险和提高运营效率的判断和决策。

企业资产负债表采用账户式结构，分为左右两方，左方为资产，右方为负债和所有者权益。资产负债表各项目均需填列“年初余额”和“期末余额”两栏。其中“年初余额”栏内各项数字，应根据上年末资产负债表的“期末余额”栏内所列数字填列。

资产负债表见表2-35。

表2-35　**公司年度报表六——资产负债表**

	资产	年初数	年末数（数据来源）		负债和所有者权益	年初数	年末数（数据来源）
	流动资产：				负债：		
(1)	货币资金		表二:【1】	(1)	长期负债		
(2)	应收账款			(2)	短期负债		
(3)	在制品			(3)	应交所得税金		表五:【1】
(4)	产成品			(4)			
(5)	原材料			(5)			
(6)	流动资产合计		(1)+(2)+(3)+(4)+(5)	(6)	负债合计		(1)+(2)+(3)
	固定资产：				所有者权益：		
(7)	厂房			(7)	股东资本		
(8)	生产线设备			(8)	利润留存		
(9)	在建工程			(9)	年度净利润		表五:【2】
(10)	固定资产合计		(7)+(8)+(9)	(10)	所有者权益合计		(7)+(8)+(9)
(11)	资产总计		(6)+(10)	(11)	负债和所有者权益总计		(6)+(10)

项目解释及数据来源：

(1)（左）“资产总计”=（右）“负债和所有者权益总计”。

(2) 货币资金：当年结束后，公司剩余的货币现金。

(3) 应收账款：当年结束后，未收到也没有贴现的已交订单账款合计，不包括已收账款。应收账款=已交订单总额-应收账款更新-0账期-贴现总额。

(4) 在制品：为四季度在产的未入库的产品价值合计，按各产品的直接成本计算（各个产品直接成本乘以数量之和）。

（5）产成品：为年末在库中未出售的产品价值合计，按各产品的直接成本计算（各个产品直接成本乘以数量之和）。

（6）原材料：为年末库存在公司中的原材料的价值合计。

（7）流动资产合计=货币资金+应收账款+在制品+产成品+原材料。

（8）厂房：购买的厂房的价值。

（9）生产线设备：为已建成的生产线价值合计，按已经建设完成生产线的购置费-累计折旧计算。

（10）在建工程：为正在建设中的生产线价值合计，没有建设完成的生产线按累计投入成本计算。

（11）固定资产合计=厂房+生产线设备+在建工程。

（12）资产总计=流动资产合计+固定资产合计。

（13）长期负债：到年末尚未偿还长贷的本金合计。

（14）短期负债：到年末尚未偿还短贷的本金合计。

（15）应交所得税金：本年应缴所得税的金额，来源于利润表。

（16）负债合计=长期负债+短期负债+应交所得税金。

（17）股东资本：只要股东不注资，股东资本永远不变。

（18）利润留存：除本年外，历年净利润累计之和。

（19）年度净利润：本年利润，来源于本年利润表。

（20）所有者权益合计=股东资本+利润留存+年度净利润。

（21）负债和所有者权益总计=负债合计+所有者权益合计。

本章小结

本章首先详细讲解了企业模拟运营的具体规则，在此基础上，给出了一套模拟运营的演示方案，目的是使学生尽快掌握模拟运营的基本流程及决策方法和技巧，最后对模拟运营过程中使用的操作流程明细表、现金收支明细表、销售统计表、综合费用表、利润表和资产负债表的编制方法或数据来源进行了详细的描述，以便学生更好地理解各种报表并据此掌握企业的财务状况和经营成果。

第3章　企业投资

学习目标

（1）了解企业经营模拟沙盘中固定投资的主要内容及投资策略；

（2）了解企业经营决策沙盘中无形投资的主要内容及投资策略。

面对激烈竞争的市场，企业必须提升综合竞争力，要提高竞争能力，就必须进行投资。投资（investment）指的是特定经济主体为了在未来可预见的时期内获得经济利益而投入资金或资源用以转化为实物资产或金融资产的经济行为。简言之，投资是指投资者当期投入一定数额的资金而期望在未来获得回报。所得回报应该能补偿：投入资金被占用时间内的机会成本、预期的通货膨胀率、未来收益的不确定性。

企业的投资活动主要分为两类：一类是对内投资，为对内扩大再生产而支付的现金，包括流动资产投资和长期资产投资（如购建固定资产、无形资产）；另一类是对外投资，即对外获取股权、债权支付的现金。

企业沙盘模拟中的投资主要是固定资产投资和无形资产投资。本章将重点阐述沙盘企业的投资项目，并针对这些投资项目进行投资策略分析

3.1　固定资产投资

固定资产是指企业使用期限超过1年的房屋、建筑物、机器、机械、运输工具以及其他与生产、经营有关的设备、器具、工具等。固定资产是企业的劳动手段，也是企业赖以生产经营的主要资产。企业沙盘模拟中的固定资产主要有厂房和生产线。

3.1.1　厂房投资

厂房投资是指沙盘企业购买厂房的经济行为，购买厂房的目的是为企业提供生产产品的场所。如前所述，沙盘企业的厂房分为三种，即大厂房、中厂房和小厂房，购买厂房时需要确认厂房类型和订购方式，具体操作界面如图3-1和图3-2所示，

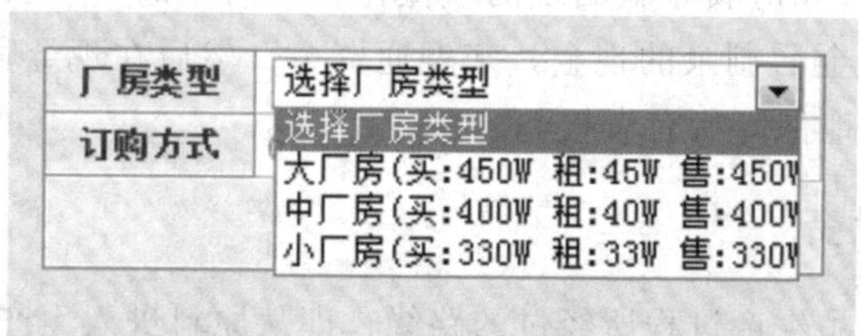

图3-1　厂房类型选择界面

图3-2 厂房订购方式选择界面

1）大厂房

大厂房的投资额为400W，在大厂房内最多可以安装4条线。大厂房的优势是容量大，有利于企业扩大生产能力，但也有一个非常明显的缺点，就是投资额大，占用资金多，在选择大厂房时要综合考虑其利与弊。一般来说，大厂房适用于初始权益较高的情况，做生产线大幅扩张的、激进的战略规划。

2）中厂房

中厂房的投资额为300W，在中厂房内最多可以安装3条线。相比大厂房，中厂房的特点是容量中等，投资额较小，占用资金较少。一般来说，中厂房适用于初始权益较高或中等的情况，做生产线平稳扩张的战略规划。

3）小厂房

小厂房的投资额为180W，在小厂房内最多可以安装2条线。相比上述两种厂房，小厂房的优点是投资额小，占用资金少，缺点是容量小，在投资小厂房时同样要权衡利弊。一般来说，小厂房适用于初始权益中等或较低的情况，做生产线缓慢扩张的、保守的战略规划。

需要说明的是：购买厂房的经济后果是形成了企业的资产，但是其占用的资金也是有资金成本的。资金成本（cost of funds）是指企业为筹集和使用资金而付出的代价。在沙盘企业中，资金成本主要体现为长期借款、短期借款产生的利息，资金贴现产生的贴现息以及投资于其他项目的机会成本。这些成本计入企业的综合费用，是当年利润的抵减项目，进而降低当年的所有者权益。

投资要点：厂房是企业重要的投资项目（相当于蓄水池）。相对于厂房租赁，购买厂房可以取得较大的投资收益。在资金紧张的年份，可以通过"厂房出售"（得到价值等于厂房原值的4Q的应收账款，同时缴纳1年的厂房租金）或"厂房贴现"（是将厂房出售和应收账款贴现两项操作合二为一的一项操作，直接得到扣除了贴现息和厂房租金后剩余的现金）来融通资金，然后在现金宽裕的年度再买进，这样可以最大限度地保障所有者权益。

3.1.2 生产线投资

生产线就是产品生产过程所经过的路线，即从原料进入生产现场开始，经过加工、运送、装配、检验等一系列生产活动所构成的路线。生产线是按对象组织起来的，完成产品工艺过程的一种生产组织形式。生产线的主要产品决定了一条生产线上拥有为完成某种产品的加工任务所必需的机器设备以及机器设备的排列和工作地的布置等。

沙盘企业的生产线分为手工线、自动线、柔性线和租赁线，不同类型的生产线在投资规模、安装周期、生产效率、灵活性等方面各有千秋，在进行生产线的选择时应综合考虑。在沙盘模拟系统中，当生产线的安装周期大于1Q时，由于生产线的投资额是按照安装周期的期数分期投入的，所以进行生产线建设的操作分为两个："新建"和"在建"，"新建"是在投入第一批资金时的操作，"在建"是在投入后期资金时的操作。建设生产线时需要选择该生产线的所属厂房、类型和生产的产品三个参数，具体的操作界面如图3-3所示。

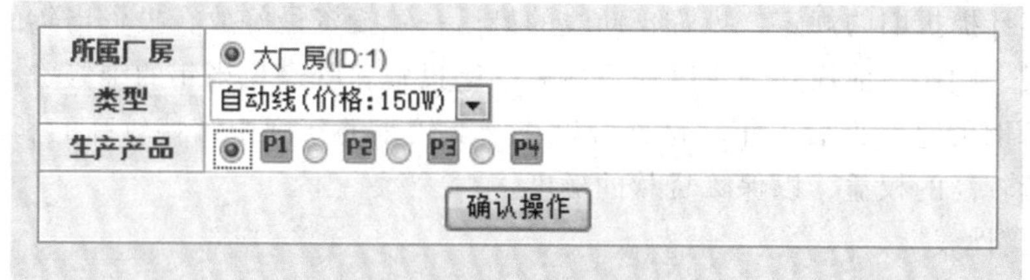

图3-3　生产线建设操作界面

1）手工线

手工线的相关参数见表3-1。

表3-1　手工线相关参数一览表

购置费	安装周期	生产周期	总转产费	转产周期	维修费	折旧	残值
35W	无	2Q	0W	无	5W/年	10W/年	5W

从表3-1可以看出，由于手工线无安装周期，只需一次性投入35W即可投入使用，其不足之处是生产效率不高，2个季度才能产出1个产品，优点是灵活性好，即转产时无须花费转产时间和转产费用。投入使用的手工线每年缴纳5W的维修费，折旧费从建成第二年开始按照每年10W提取，连续计提3年，提完折旧的生产线仍可以继续使用。

投资要点：由于手工线的生产效率较低，所以应避免将其作为生产线投资的主要方向，但是手工线又具有即买即用、转产灵活的优势，所以可以作为补充产能的重要手段。手工线从最初投建到首个产品下线，最快的时间是3个季度。

2）自动线

自动线的相关参数见表3-2。

表3-2　自动线相关参数一览表

购置费	安装周期	生产周期	总转产费	转产周期	维修费	折旧	残值
150W	3Q	1Q	20W	1Q	20W/年	30W/年	30W

从表3-2可以看出，自动线的安装周期为3Q，投资总额在3个季度中平均分配，所以每季度的投资额为50W，在安装过程中，如果因为资金短缺，则可以中断投资，待资金宽裕时再继续投资。需要说明的是，中断投资并不影响前期投资的有效性。相比前述手工线，自动线的生产效率高，生产周期仅需1Q，但其缺点是灵活性差，转产需要花费20W的转产费和1Q的转产时间，维修费较高，投入使用的自动线每年缴纳20W的维修费，是手工线的4倍。折旧费从建成第二年开始按照每年30W提取，连续计提4年，提完折旧的生产线仍可以继续使用。

投资要点：考虑到自动线的灵活性差的问题，投建自动线前需做好产品品种规划，尽量避免在经营过程中发生不必要的转产；另外考虑到建成当年交维修费及建成第二年计提折旧的规定，投资自动线的最后一笔投资最好放在投资当年的最后一季度完成，相比在前面几个季度完成最后一笔投资，既避免当年的维修费，又可以将计提折旧的时间推后一年，这样可以在产能较小的年度中维持较高的利润水平，从而维持较高的权益，以保障贷款的额度。

3）柔性线

柔性线的相关参数见表3-3。

表3-3　**柔性线相关参数一览表**

购置费	安装周期	生产周期	总转产费	转产周期	维修费	折旧	残值
200W	4Q	1Q	0	无	20W/年	40W/年	40W

从表3-3可以看出，柔性线的安装周期为4Q，投资总额在4个季度中平均分配，所以每季度的投资额为50W，在安装过程中，如果因为资金短缺，则可以中断投资，待资金宽裕时再继续投资。需要说明的是，中断投资并不影响前期投资的有效性。相比前述手工线，柔性线的生产效率高，生产周期仅需1Q，且具有和手工线相同的灵活性，无转产成本，但是维修费较高，投入使用的柔性线每年缴纳20W的维修费，是手工线的4倍；相比自动线，与自动线有相同的生产效率，但缺点是使用成本较高，折旧费从建成第二年开始按照每年40W提取，连续计提4年，提完折旧的生产线仍可以继续使用。

投资要点：考虑到柔性线的灵活性强的优势，所以如果企业想根据市场需求实时调整生产计划，就可以选择投建柔性线，但是毕竟柔性线的投资大、使用成本高，从生产效率上来说，与自动线相同，所以企业应合理控制柔性线的数量，不宜大规模投建柔性线。

总之，进行生产线投资决策时，应依据市场预测，对企业产能的扩张速度和产品品种、产量有一个明确的规划，并结合厂房的容量，合理选择生产线的类型和数量，对于需要转产的生产线，可以选择手工线和柔性线，对于不需转产的生产线，选择自动线。

举例：假设根据市场预测信息，在企业经营前两年，P1产品的市场需求量较大，售价较高，企业一般以生产P1为主，建设生产P1的生产线，但是随着市场供求关系的变化，到经营后期，P1产品的需求量和利润逐渐减少，而P3的市场需求逐渐加大且利润较高，这时企业会选择将生产P1的生产线转产为生产P3的生产线，那么在进行生产线的投资决策时，就应该考虑将1条或2条生产P1的生产线建成柔性线，这样可以提高转产效率，降低转产成本。

3.2　无形资产投资

无形资产（intangible assets）是指企业拥有或者控制的没有实物形态的可辨认的非货币性资产。顾名思义，无形资产看不见、摸不着且没有实物载体，比如企业的专利权、商标权，但是这种资产会在将来给企业带来经济利益的流入，因此属于会计上应该核算的资产范畴。沙盘中的无形资产表现为在产品研发、市场开拓、ISO资格认证等方面的投资额。

3.2.1　产品研发投资

产品研发（product development）是指沙盘企业创造性地研制新产品的过程。产品的选择应当考虑以下几个因素：产品的市场潜力、产品的收益性、产品的技术水平、研发成本（包括研发该产品所需要的时间成本和资金成本）等。产品必须完成研发工作后才能取得生产资格。企业沙盘模拟课程中共涉及4种产品，即P1、P2、P3、P4。产品研发的操作界面如图3-4所示。

选择项	产品	投资费用	投资时间	剩余时间
☑	P1	10 W/季	2季	-
☑	P2	10 W/季	3季	-
☑	P3	10 W/季	4季	-
☐	P4	10 W/季	5季	-

确认研发

图3-4　产品研发操作界面

1）产品P1

产品P1的相关参数见表3-4。

表3-4　产品P1参数一览表

开发费用	开发周期	加工费	直接成本	产品组成
10W/Q	2Q	10W/个	20W/个	R1

从表3-4可以看出，研发产品P1需要2Q的时间，每季度投入的研发费用是10W，因此总的研发成本为20W。研发过程中如果出现资金困难，可以中断投资，待资金宽裕时再继续投资。产品P1具有容易取得生产资格且生产成本低廉的特性。

投资要点：企业在发展初期引入P1产品，有利于以低投入快速获取利润，同时考虑到投入资金的时间价值，建议在产品投产的前两季度开始研发，研发完成即开始生产。

2）产品P2

产品P2的相关参数见表3-5。

表3-5 **产品P2参数一览表**

开发费用	开发周期	加工费	直接成本	产品组成
10W/Q	3Q	10W/个	30W/个	R2+R3

从表3-5可以看出，研发产品P2需要3Q的时间，每季投入的研发费用是10W，因此总的研发成本为30W。研发过程中如果出现资金困难，可以中断投资，待资金宽裕时再继续投资。产品P2具有较易取得生产资格且生产成本较低的特性。

投资要点：由于P2产品的盈利能力略高于P1产品，企业在发展初期引入P2产品，可以为以后的发展奠定良好的基础，同时考虑到投入资金的时间价值，建议在产品投产的前三季度开始研发，研发完成即开始生产。

3）产品P3

产品P3的相关参数见表3-6。

表3-6 **产品P3参数一览表**

开发费用	开发周期	加工费	直接成本	产品组成
10W/Q	4Q	10W/个	40W/个	R1+R3+R4

从表3-6可以看出，研发产品P3需要4Q的时间，每季度投入的研发费用是10W，因此总的研发成本为40W。研发过程中如果出现资金困难，可以中断投资，待资金宽裕时再继续投资。相比前两种产品，产品P3的研发成本有所提高，且生产成本也较高。

投资要点：虽然P3的研发成本和生产成本都明显上升，但是在企业的资金实力较强，支持扩张生产规模的战略时，应该考虑投产P3产品，以实现产品多元化的战略。多元化战略，可以使企业更多地占领已拥有的市场，同时也有利于开拓新市场，避免单一品种所产生的经营风险。同时考虑到投入资金的时间价值，建议在产品投产的前四季度开始研发，研发完成即开始生产。

4）产品P4

产品P4的相关参数见表3-7。

表3-7　　产品P4参数一览表

开发费用	开发周期	加工费	直接成本	产品组成
10W/Q	5Q	10W/个	50W/个	R2+R3+2R4

从表3-7可以看出，研发产品P4需要5Q的时间，每季投入的研发费用是10W，因此总的研发成本为50W。研发过程中如果出现资金困难，可以中断投资，待资金宽裕时再继续投资。相比前几种产品，产品P4的研发成本已明显提高，且生产成本也高。

投资要点：由于P4产品的研发成本和生产成本都高，企业应谨慎选择P4产品的研发投资。一般来说，沙盘企业在经营的前几年因为资金紧张而企业自身的盈利能力又较弱，如果考虑这种高端产品的生产，则必须充分测算其资金需要量，以免造成现金断流的风险。当然在企业的资金实力雄厚、能够支持扩张战略时，投产P4产品，同样可以实现产品多元化的战略。P4产品应在投产的前五季度开始研发，研发完成即开始生产。

3.2.2　市场开拓投资

从制造业企业的业务流程看，最终要将生产的产品推向市场，才能实现产品的价值，而进入市场的前提条件是获得市场准入资格，也就是进行市场开拓投资。市场开拓的操作界面如图3-5所示。

选择项	市场	投资费用	投资时间	剩余时间
☑	本地	10 W/年	1年	-
☑	区域	10 W/年	1年	-
☑	国内	10 W/年	2年	-
☑	亚洲	10 W/年	3年	-
☑	国际	10 W/年	4年	-

确认研发

图3-5　市场开拓操作界面

市场开拓的相关参数见表3-8。

表3-8　　市场开拓参数一览表

市场类型	年投资额	开发时间	总投资额
本地	10W/年	1年	10W
区域	10W/年	1年	10W
国内	10W/年	2年	20W
亚洲	10W/年	3年	30W
国际	10W/年	4年	40W

从表3-8可以看出，企业经营沙盘中的目标市场分为本地、区域、国内、亚洲、国际共五个，不同市场获得准入资格的资金成本和时间成本高低不同，其中本地和区域两个市场的开发时间短、投资额少，是所有企业的首选市场。而其他几个市场的投资时间都大于1年，需要强调的是，这些市场的投资必须按规定的年数逐年投入，不可提前，但是如果在资金紧张的年份可以中断投资，中断投资并不影响前期投资的有效性，待资金宽裕时再继续开拓，直到完成全部的投资，即可获得该市场的准入资格。获得某市场准入资格后，可以在该市场投放广告并获得该市场的销售订单。

投资要点：考虑该市场对企业整体产能和产品结构的需求；新开拓市场所带来的现金流现值应不小于为完成该市场开拓所投入的资金现值；市场开拓费用是一种沉没成本，应尽量避免半途而废；取得较多的市场准入资格，为获得较多的销售订单打开了空间。但是市场开拓费是一种费用化支出，计入当年的综合费用，是利润的递减项目，从而影响所有者权益，所以还是要根据本企业的产品定位和生产能力选择合适的目标市场。

3.2.3　国际认证体系投资

在国际认证体系中，ISO9000系列标准已经被全世界80多个国家和地区的组织所采用，满足了广大组织质量管理和质量保证体系方面的需求。ISO14000系列标准使企业在生产经营中考虑其对环境的影响，减少环境负荷；促使企业节约能源，降低经营成本；促使企业加强环境管理；树立企业形象，使企业能够获得进入国际市场的“绿色通行证”。企业经营沙盘对这两种认证都进行了模拟，其操作界面如图3-6所示。

选择项	ISO	投资费用	投资时间	剩余时间
☑	9	10 W/年	2年	-
☑	14	20 W/年	2年	-

确认研发

图3-6　ISO认证投资界面

ISO认证的相关参数见表3-9。

表3-9　ISO认证参数一览表

认证	总投资额	投资期	年投资额
ISO9000	20W	2年	10W/年
ISO14000	40W	2年	20W/年

从表3-9可以看出，两项ISO资格认证的投资期限均为2年，但是总投资额不同，ISO9000需20W，平均每年投入10W，ISO14000需40W，平均每年投入20W，只有完成所有的投资，才能获得相应的认证资格。ISO认证同样不允许超前投资，但是在资金紧张的年份可以中断投资，不影响前期投资的有效性。只有获得ISO资格认证后，才可以在市场中获得有ISO认证要求的订单。

投资要点：①遵循"早投资、早见效、早受益、多收益"的原则；②正确选择好投资的时点，由于从第三年开始，市场上就会有ISO9000认证要求的订单，但是比较少，从第四年以后，有ISO9000认证和ISO14000认证要求的订单就会多，所以在资金条件好的企业可以选择从第一年开始做ISO9000认证，否则可以选择从第二年或第三年作为投资的起点。对于ISO14000的认证，由于从第三年或第四年开始作为投资的起点，尽量避免同时认证造成资金紧张的问题；③两项认证并不是一定都要投，可以只选择其中一项做认证。

3.3　投资策略

3.3.1　遵循"配比"原则

"竞争战略之父"迈克尔·波特指出，战略就是在企业的各项运营活动之间建立一种配称，这种配称就是指资源的协调与匹配。资源"配称"可以有效地避免浪费，使企业的整体绩效最大化。具体到企业经营沙盘模拟中的投资活动，就是要求市场开拓、产品研发、生产线建设以及原材料采购等环节要"配称"，如产品研发与生产线建设应同期完成，原材料入库与生产上线应协调一致，即当季度入库的原材料正好满足当季度的生产需要，避免原材料在仓库中积压。另外产能扩张与市场开拓要同步，投资需求与资金供给有效匹配等。

在企业经营沙盘模拟的过程中，经常会出现产供销脱节的现象，从而导致模拟企业经营惨淡。常见的现象是：有的小组开拓了广阔的市场，本应顺理成章地接很多订单，但是却因为生产线建设没有跟上，导致产能不足，即使生产线全力以赴也丧失了很多销售机会；有的小组花费了大量资金购置了自动线或柔性线，产能很高，但可能由于产品研发或市场开拓没有及时跟上，或由于产品单一或市场狭小，导致产品积压和生产线闲置；有的小组营销、生产安排都很妥当，只等着正常生产和按期交货来实现企业的飞跃发展，却有可能由于原材料采购计划的失误造成原材料不足，只能停产或紧急采购，打乱了整体规划。

3.3.2　权衡厂房购买与厂房租赁的利弊

购买厂房相比租赁厂房的优势在于可以节约租金费用，并且在厂房有加分的比赛规则中获得相应的A分奖励。而其劣势在于占用企业过多的流动资金，使得企业难以扩大产能，从而使企业发展受到局限。这就需要依据市场的特点和企业采取的经营战略权衡购买厂房与租赁厂房孰优孰劣。通常而言，在市场订单较少或产品利润较低，而且企业的流动资金较为充足的情况下，可以采取购买厂房的投资策略，这样可以减少租金费用的发生，从而确保当年利润的实现，从而稳定权益的增长；而当市场较为宽松或产品利润较高时，采取租赁厂房的投资策略，这样可以在与购买厂房花费同样甚至更少现金的情况下，获得更多的厂房和生产线，从而获得更大的生产能力，取得更多的利润。

3.3.3 合理选择生产线的建设时点

生产线开始建设的最佳时点应该是保证产品研发与生产线建设投资同时完成。例如，P4产品的研发周期是5Q，自动线安装周期为3Q，如果决定研发P4，且生产P4的生产线准备用自动线，如果选择从第一年四季度开始研发P4，那么应该在第二年二季度开始建设生产P4的生产线，这样就会在第二年四季度同期完成产品研发和生产线建设投资，第三年二季度开始生产P3产品，见表3-10。

表3-10 **产品研发与生产线投资**

任务	第一年				第二年				第三年
	1Q	2Q	3Q	4Q	1Q	2Q	3Q	4Q	1Q
P4产品研发				10W	10W	10W	10W	10W	
自动线1建设						50W	50W	50W	投产
自动线2建设						50W	50W	50W	投产
自动线3建设						50W	50W	50W	投产
自动线4建设						50W	50W	50W	投产

3.3.4 使用手工线的策略

手工线的生产效率虽然较其他类型的生产线低，但是并不意味着手工线没有任何用途。手工线有一个重要的作用——“救火队员”。在选单时，有时会遇到订单数量比实际产能多1个。如果接下这张订单，有两种方法可以解决燃眉之急：一种是紧急采购一个产品来弥补产能的不足；另一种就是利用手工线即买即用的特点，在厂房容量有空余的情况下，一季度购买1条手工线并投产，可以在四季度生产1个产品，然后将手工线立即出售。当然出售手工线也会产生30W的损失，但是相对于紧急采购产生的损失还是要合算得多，假设紧急采购产品是按照3倍成本价来采购，则采用手工线生产1个产品与紧急采购1个P1、P2、P3、P4产品发生的损失具体数据见表3-11，表中的差额为负，说明采用手工线救急发生的损失小于紧急采购发生的损失。需要说明的是，表3-11所列数据是在利用手工线救急时刚好有满足上线生产的原材料。

表3-11　　采用手工线生产与紧急采购的比较（原材料有库存）

产品	采用手工线生产的损失（S1）	紧急采购的损失（S2）	差额（S1-S2）
P1	30 W	40 W	-10 W
P2	30 W	60 W	-30 W
P3	30 W	80 W	-50 W
P4	30 W	100 W	-70 W

若紧急采购原材料进行生产，则还应把紧急采购原材料发生的损失考虑进来再进行比较，假设紧急采购原材料是正常采购价的2倍，则两种做法的比较结果见表3-12。从表中可以看出，除了获得P1产品两种做法产生的损失相等之外，获得其他几种产品还是应该首选利用手工线救急的策略。

表3-12　　采用手工线生产与紧急采购的比较（紧急采购原材料）

产品	紧急采购原材料的损失（S0）	采用手工线生产的损失（S1）	紧急采购的损失（S2）	差额（S0+S1-S2）
P1	10 W	30 W	40 W	0 W
P2	20 W	30 W	60 W	-10 W
P3	30 W	30 W	80 W	-20 W
P4	40 W	30 W	100 W	-30 W

3.3.5　选择自动线与柔性线的策略

如前所述，自动线的安装周期都比柔性线少1Q，且价格便宜50W，这是自动线的主要优点。特别在企业经营初期，流动资金很有限的情况下，一条线50W的差价在节省企业的流动资金方面的优势还是非常明显的。而柔性线比自动线有一个明显的优势就是不需要转产周期和转产费用，给企业的运营带来了极大的灵活性，可以针对选单时可能出现的各种状况做出及时的调整。那么面对自动线和柔性线的上述利弊，应采取什么样的投资策略呢？

一般来说，生产线的选择应考虑如下几个因素：

1）与产品组合相结合

在选择生产线以前，通常应先对市场进行调研，确定出本企业的未来各年的最优产品组合，在此基础上，再确定生产线的建设方案。如果前期销售的产品在后期有可能因为市场竞争激烈或者利润率下降而转产，或者说有的产品需要以某种产品作为原材料，比如P4需要以P1作为原材料，在资金允许的情况下应尽量将生产此种产品的生产线建成柔性线。如果前期选择销售的产品转产可能性不大，且不需要以某种产品作为原材料，对生产线的灵活性要求不高，则可以选择自动线。

2）与其他类型的生产线合理搭配

企业经营模拟沙盘中的生产线不仅仅是自动线和柔性线，还有手工线和租赁线，将不同类型的生产线进行合理的搭配使用，可以取得更大的经济效益。比如在前期产能不是特别大的情况下，自动线可以搭配手工线，这样既能节省开支，又让生产线具有一定的灵活性。柔性线则可以搭配租赁线，因为租赁线不需要建设费用，在资金相对短缺的一季度和二季度，可以省下大量的资金，同时还能够充分利用柔性线在转产上的灵活性。

3）与建设生产线时企业所处的经营期相结合

一般来说，在企业运营的中后期，资金状况相对于前期来说都比较宽裕，所以在资金允许的情况下，尽量选择柔性线。因为在后期产能扩大，生产结构更加复杂，对于利润高的产品，市场竞争也更加激烈。在选单和竞单时，往往会出现很多让人措手不及的意外情况。在通常的市场里，产能达到一定程度时，某些产品是无论投入多少广告订单也不能尽如人意，有可能拿不到预期的订单量，这就需要及时调整产品结构，转向生产容易获得订单的产品，以确保企业较高的利润水平。在这种时候，生产线的灵活性至关重要，拥有灵活性较高的生产线，便拥有了较多的机会和选择权。

4）与比赛成绩计算方法相结合

在生产线有加分的规则里，柔性线的分值一般都高于自动线的分值，在权益相同的情况下，拥有16条柔性线的公司的A分比拥有16条自动线的公司的A分高很多，自然导致前者的得分比后者高很多，因此在资金条件允许的情况下，选择柔性线会取得更高的比赛成绩。

3.3.6 使用租赁线的策略

由于租赁线具有无安装周期、不用时可以随时退租的优点，巧妙地使用租赁线，有时会比自建生产线获得更高的收益。

是否选择租赁线的依据是该条租赁线生产产品的毛利是否能弥补该条租赁线的租金（即规则中所说的维护费）。本书依据的规则是：租赁线的维护费为60W/年，也就是上租赁线的那一年，花60W可以获得3个产能，除了P1产品的毛利较低外，其他几种产品的毛利在40W左右，由此可见加一条租赁线带来的毛利大概为60W，只要这个毛利能够弥补为获得这3个产品的订单所支付的广告费，则上租赁线就是有利的。如果为了上租赁线还需新租一个厂房，则应该同时考虑租赁线带来的毛利能否弥补厂房的租金。

选择租赁线结合经营时点做进一步分析。

1）开局年

有一种极端的做法是第一年不建线，直接在第二年上租赁线。其优点是节省了第一年的厂房租金，可以在第二年多贷款。在市场较宽松的情况下，这种策略可以迅速获得较大的产能，获得较高的利润，从而提升权益。其缺点是当市场意外紧缩时，可能会拿不到预期的订单而导致生产的产品卖不出去，甚至导致亏损，致使权益迅速下降。

如果在开局年就采用租赁线生产，需特别注意以下几点：一是在选单时尽量选择数量较大的订单，尽量把生产的产品全部卖出去，实现产成品的“零库存”；二是做好市场预测，确保市场较宽松，扩大产能有利可图；三是做好原材料的采购计划和现金预算，保证生产任务的顺利完成。

2）经营中期

在经营中期上租赁线不失为一个明智之举。这是因为当沙盘企业模拟经营到第三年、第四年的时候，经常会出现现金紧张的问题，这时如果通过建自动线、柔性线来扩大产能是比较困难的，但是在这个时候恰恰又获得了国内市场和亚洲市场的准入资格，可以说是市场广阔，销售机会大增，只有扩大产能才能抓住机会取得飞跃发展。此时只有选择年末才扣除租金的租赁线才能满足企业发展的需要。尤其是用在短贷滚短贷的经营方案时，每季度都需要充足的现金来偿还到期短贷，现金流更是非常紧张，自建生产线的资金压力更大，在市场很大的时候上租赁线也是不二之选。

3）结束年

在进入企业经营的最后一年时需要面临的问题是是否要把之前建的租赁线换成可以加分的柔性线或者自动线。换线的好处是可以有更多的加分，但意味着失去新建线期间的产能，同时每拆一条租赁线要计损失85W，拆线的四季度也必须停产，除去少扣的60W维护费，拆一条租赁线的损失是25W左右的权益和一个产品。换来的是柔性线10分或者自动线8分的加分。换或不换取决于哪种方式的最后得分更高，计算可以发现，在权益较低的情况下选择不换线的得分比换线的得分高，相反权益较高的时候换线比不换线的得分高。

举例：假设某企业的加分除生产线外已经获得144分，且权益为2 500W，目前所用的生产线是8条柔性线和8条租赁线。分两种情况讨论：

(1) 不换线

16条线的产能在最后一年的权益最多能达到3 500W左右，那么总的得分是：

3 500×［1+（144+80）÷100）］=11.340

（2）换线

即拆8条租赁线建8条柔性线，那么第六年就只有8条线的产能，权益只能达到3 000W左右，保守一点算2 900W，那么总的得分是：

2 900×［1+（144+160）÷100）］=11.716

可见，不换线的产能虽然比换线的产能大1倍，但是最后的得分却比换线的得分低，这就是规则中的A分对权益的放大作用产生的结果，所以要经过精确的计算来做出最后一年是否撤换租赁线的决策。

本章小结

企业沙盘模拟中的投资主要是固定资产投资和无形资产投资。固定资产是指企业使用期限超过1年的房屋、建筑物、机器、机械、运输工具以及其他与生产、经营有关的设备、器具、工具等。固定资产是企业的劳动手段，也是企业赖以生产经营的主要资产。企业沙盘模拟中的固定资产主要有厂房和生产线。无形资产是指企业拥有或者控制的没有实物形态的可辨认的非货币性资产。顾名思义，无形资产看不见、摸不着且没有实物载体，比如企业的专利权、商标权，但是这种资产会在将来给企业带来经济利益的流入，因此属于会计上应该核算的资产范畴。沙盘中的无形资产表现为在产品研发、市场开拓、ISO资格认证等方面的投资额。

练习题

1.沙盘企业应如何进行生产线投资的选择？

2.沙盘企业的无形资产投资有哪些？

习题答案

1.沙盘企业的生产线分为手工线、自动线、柔性线和租赁线，不同类型的生产线在投资规模、安装周期、生产效率、灵活性等方面各有千秋，在进行生产线的选择时应综合考虑。手工线的生产效率较低，所以应避免将其作为生产线投资的主要方向，但是手工线又具有即买即用、转产灵活的优势，所以可以作为补充产能的重要手段。自动线的生产效率高，但存在灵活性差的问题，投建自动线前需做好产品品种规划，尽量避免在经营过程中发生不必要的转产；另外考虑到建成当年交维修费及建成第二年计提折旧的规定，投建自动线的最后一笔投资最好放在投资当年的最后一季完成。柔性线具有灵活性强的优势，所以如果企业想根据市场需求实时调整生产计划，就可以选择投建柔性线，但是毕竟柔性线的投资大、使用成本高，从生产效率上来说，与自动线相同，所以企业应合理控制柔性线的数量，不宜大规模投建柔性线。

2.沙盘企业的无形资产投资包括产品研发、市场开拓、ISO资格认证等。产品研发是指沙盘企业创造性地研制新产品的过程。市场开拓是沙盘企业获得市场准入资格的投资行为，企业只有拥有了相应的市场，才能进行产品的销售活动。ISO资格认证是获得国际认证体系资格的投资活动。

第4章　企业筹资

学习目标

（1）了解各种企业筹资的方法、特点与区别；

（2）将各种筹资的方法运用到实战操作中。

企业筹资是指企业根据生产经营、对外投资和调整资本结构等的需要，通过金融市场等融资渠道，运用一定的融资方式，经济有效地筹措和集中资金的活动。融资是企业基本的财务活动，是资金运动的起点，是决定资产规模和生产经营发展程度的重要环节。融资方式从来源上看，可以分为内部融资和外部融资。外部融资按照融资中产权关系的不同，又可分为股权融资和负债融资。负债融资又可根据借款时间的长短分为长期借款和短期借款。

沙盘企业经营期间的股东投资不变，可利用的筹资方式只有外部负债筹资，所以本章将重点阐述负债筹资方式，包括长期借款和短期借款。在沙盘企业的部门分工职责上，本章的工作属于财务总监的职责范围，财务总监在制定筹资策略时必须以投资策略为依据，充分反映企业投资的要求。

沙盘软件系统提供了一个模拟的市场融资机制，沙盘企业在经营过程中涉及四种筹集资金的方式和规则，即长期借款、短期借款、贴现和库存拍卖。长期借款和短期借款是外部负债融资方式，其融资成本是支付利息。实际上，贴现和库存拍卖这两种筹集资金的方式不是严格意义上的融资行为，只是企业在资金可能面临断流的情况下不得不将内部其他资产转化为资金的方式而已，其成本是支付贴现息或计入损失。

4.1　企业筹资概述

4.1.1　企业筹资的概念

企业筹资是指企业根据生产经营、对外投资和调整资本结构等的需要，通过金融市场等融资渠道，运用一定的融资方式，经济有效地筹措和集中资金的活动。企业筹资活动是企业的一项基本财务活动，企业筹资管理是企业财务管理的一项主要内容。

资金是企业经营活动的一个基本要素，是企业创建和生存发展的一个必要条件。一个企业从创建到生存发展的整个过程都需要筹集资金。

企业筹资是企业的基本财务活动，是企业扩大生产经营规模和调整资本结构必须采取的行动。为了经济有效地筹集资本，企业筹资必须遵循下列基本原则：

1）效益性原则

企业筹资与投资在效益上应当相互权衡。企业投资是决定企业是否要筹资的重要因素。投资收益与资本成本相比较，决定着是否要追加筹资；而一旦采纳某项投资项目，其投资数量就决定了所需筹资的数量。因此，企业在筹资活动中，一方面认真分析投资机会，讲究投资效益，避免不顾投资效益的盲目筹资；另一方面由于不同筹资方式的资本成本高低不尽相同，也需要综合研究各种筹资方式，寻求最优的筹资组合，以便降低资本成本，经济有效地筹集资本。

2）合理性原则

企业筹资必须合理确定所需筹资的数量。企业筹资不论通过哪些筹资渠道，运用哪些筹资方式，都要预先确定筹资的数量。企业筹资固然应当广开财路，但必须有合理的限度，使所需筹资的数量与投资所需数量达到平衡，避免因筹资数量不足而影响投资活动或因筹资数量过剩而影响筹资效益。

3）及时性原则

企业筹资必须根据企业资本的投放时间安排予以筹划，及时取得资金来源，使筹资与投资在时间上相协调，避免筹资过早而造成投资前的资本闲置或筹资滞后而贻误投资的有利时机。

4.1.2　企业筹资的类型

企业通过各种筹资渠道和采用各种筹资方式所筹集的资本，由于具体的属性、期限、范围和机制的不同而形成不同的类型，通常可分为股权筹资与债权筹资、长期筹资与短期筹资、内部筹资与外部筹资、直接筹资与间接筹资等类型。

1）股权筹资与债权筹资

（1）股权筹资

股权筹资获得的资本亦称权益资本、自有资本，是企业依法取得并长期拥有、自主调配运用的资本。按照国际惯例，股权资本通常包括实收资本（或股本）和留存收益两部分。

股权资本具有下列属性：

①股权资本的所有权归属于企业的所有者。企业所有者依法凭借所有权参与企业的经营管理和利润分配，并对企业的债务承担有限或无限责任。

②企业对股权资本依法享有经营权。在企业存续期间，企业有权调配使用股权资本，企业所有者除了依法转让其所有权外，不得以任何方式抽回其投入的资本，因而股权资本被视为企业的“永久性资本”。

（2）债权筹资

债权筹资获得的资本亦称债务资本、借入资本，是企业依法取得并依约运用、按期偿还的资本。债权资本具有下列属性：

①债权资本体现企业与债权人的债务与债权关系。它是企业的债务，是债权人

的债权。

②企业的债权人有权按期索取债权本息，但无权参与企业的经营管理和利润分配，对企业的其他债务不承担责任。

③企业对持有的债务资本在约定的期限内享有经营权，并承担按期付息还本的义务。

企业的债权资本一般是通过银行信贷资本、非银行金融机构资本、其他法人资本、民间资本、国外和我国港澳台地区资本等筹资渠道，采用银行借款、发行债券、发行商业本票、商业信用和租赁筹资方式取得或形成的。

2）长期筹资与短期筹资

按期限的不同可以分为长期筹资与短期筹资两种类型。

（1）长期筹资

长期筹资是指企业需用期限在1年以上的资本。企业的长期筹资通常包括各种股权资本和长期借款、应付债券等债权资本。企业需要长期资本的原因主要有：购建固定资产，取得无形资产，开展长期投资，垫支长期性流动资产等。

（2）短期筹资

短期筹资是指筹集在一年内或者超过一年的一个营业周期内到期的资金，通常是指短期负债筹资。企业由于在生产经营过程中资本周转调度等原因，往往需要一定数量的短期资本。企业的短期资本一般包括短期借款、应付账款和应付票据等，短期筹资通常具有如下特征：

①筹资速度快。由于短期筹资的到期日较短，债权人承担风险相对较低，往往顾虑较少，不需要和长期筹资一样对筹资方进行全面、复杂的财务调查，因此短期资金更容易筹集。

②筹资弹性好。在筹集长期资金时，资金提供者出于资金安全的考虑通常会向筹资方提出较多的限制性条款或相关约束条件，短期筹资的相关限制和约束相对较少，使得筹资方在资金的使用和配置上显得更加灵活、富有弹性。

③筹资成本低。当筹资到期日较短时，债权人所承担的利率风险也相对较低，因此向筹资方索取的资金使用成本也相对较低。

④筹资风险大。短期筹资通常需要在短期内偿还，因而要求筹资方在短期内拿出足够的资金偿还债务，因此风险较大。

3）内部筹资与外部筹资

（1）内部筹资

内部筹资是指企业在企业内部通过留用利润而形成的资金来源。内部筹资是在企业内部“自然”形成的，因此被称为“自动化的资金来源”，一般无须花费筹资费用，其数量通常由企业可分配利润的规模和利润分配政策（或股利政策）所决定。

（2）外部筹资

外部筹资是指企业在内部筹资不能满足需要时，向企业外部筹资而形成的资金来源。处于初创期的企业，内部筹资的可能性是有限的；处于成长期的企业，内部筹资往往难以满足需要。于是，企业就要广泛开展外部筹资。

4）直接筹资与间接筹资

（1）直接筹资

直接筹资是指企业不借助银行等金融机构，直接与资本所有者协商融通资本的一种筹资活动。在直接筹资活动过程中，筹资企业无须借助银行等金融机构，而是直接与资本所有者协商，采用一定的筹资方式取得资本。

（2）间接筹资

间接筹资是指企业借助银行等金融机构来融通资本的筹资活动，这是一种传统的筹资类型。在间接筹资活动过程中，银行等金融机构发挥着中介作用。它们先集聚资本，然后提供给筹资企业。间接筹资的基本方式是银行借款，此外还有租赁等筹资方式。

（3）直接筹资与间接筹资的区别

直接筹资与间接筹资相比，两者有明显的差别，主要表现为以下几个方面：

①筹资机制不同。直接筹资依赖于资本市场机制如证券交易所，以各种证券如股票和债券为媒介；而间接筹资则既可运用市场机制，也可运用计划或行政手段。

②筹资范围不同。直接筹资具有广阔的领域，可利用的筹资渠道和筹资方式比较多；而间接筹资的范围相对较窄，筹资渠道和筹资方式比较少。

③筹资效率和筹资费用高低不同。直接筹资因程序较为繁杂，准备时间较长，故筹资效率较低，筹资费用较高；而间接筹资过程简单，手续简便，故筹资效率高，筹资费用低。

④筹资效应不同。直接筹资可使企业最大限度地筹集社会资本，并有利于企业的知名度和资信度，改善企业的资本结构；而间接筹资有时主要是为了适应资本周转的需要。

4.1.3 企业筹资组合

一个企业所需要的资金，可以用短期资金来筹集，也可用长期资金来筹集。企业资金总额中短期资金和长期资金各自占有的比例，被称为企业的筹资组合。

1）影响企业筹资组合的因素

在企业的全部资金中，究竟有多少用短期资金来筹集，多少用长期资金来筹集，需要考虑如下因素来做出最优决策。

（1）风险与成本

一般来说，企业所用资金的到期日越短，其不能偿付本金和利息的风险就越大；反之，资金到期日越长，企业的筹资风险就越小。一般短期资金的风险比长期资金要大。这是因为：

①短期资金到期日近，可能产生不能按时清偿的风险。例如，一个企业要建造厂房，准备用到期日为1年的短期借款来融通这笔资金。1年以后债务到期时，厂房可能还没有建完，即使建完，其产生的现金流入量也不一定足以清偿到期的债务。因此，必须更新其借款，如果贷款人拒绝更新，该企业就面临不能按时清偿债务的风险，甚至会濒临破产。但如果该公司采用10年期的长期债务来融资，在正常情况下，10年后的现金流入应足以清偿债务。如果公司采用无到期日的普通股来融资，则风险更小。

②短期债务在利息成本方面也有较大的不确定性。如果采用长期债务来融通资金，企业就能明确地知道整个资金使用期间的利息成本。但若为短期借款则此次借款归还后，下次再借款的利息成本为多少并不知道。金融市场上的短期资金利息率很不稳定，有时甚至在短期内会有较大的波动。

短期资金与长期资金的风险差异，导致它们利息成本的差别。一般来说，长期资金的成本比短期资金要高。

（2）利息率状况

当长期资金的利息率和短期资金的利息率相差较少时，企业一般会较多地使用长期资金，较少使用流动负债；反之，当长期资金利息率远远高于短期资金利息率时，则会促使企业较多地利用流动负债，以便降低资金成本。

2）企业筹资组合策略

公司的筹资策略一般是针对不同类型的资产来说的。按照资产周转时间的长短（即流动性）可以把公司的资产分为两大类：一类是短期资产，另一类是长期资产。公司的筹资策略也就是对短期资产和长期资产的资金来源进行管理。通常，有以下三种可供公司选择的筹资策略。

（1）配合的筹资组合

配合型筹资是指公司的负债结构与公司资产的寿命周期相对应，其基本策略是按照短期资产由短期资金来融通，长期资产由长期资金来融通的原则进行筹资。短期资产即流动资产，主要有应收账款、原材料、产成品等，而长期资产主要指固定资产、无形资产和其他长期投资。另外，在流动资产中，有一部分最低的产品和原材料储备是经常占用的，也属于长期占用的资产，称为长期流动资产。配合型的筹资组合策略如图4-1所示。

（2）激进的筹资组合

激进型筹资是不采用短期资产由短期资金来融通，长期资产由长期资金来融通的原则，而是将部分长期资产由短期资金来融通。在这种筹资组合下，短期负债不但要满足短期资产的需要，还要满足一部分永久性短期资产的需要，有时甚至全部短期资产都要由短期负债支持，如图4-2所示。

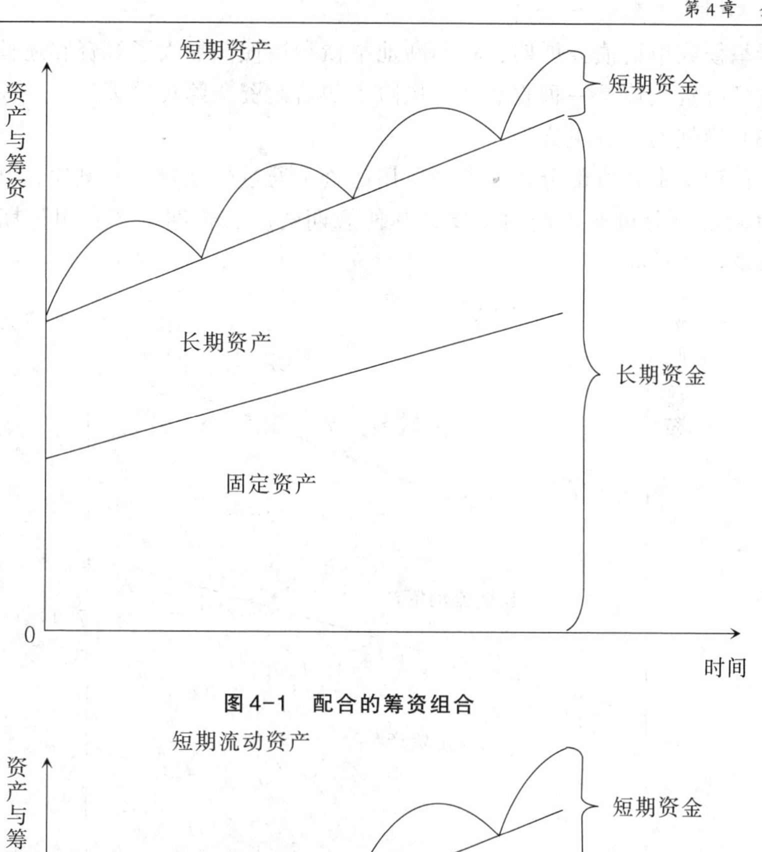

图4-1　配合的筹资组合

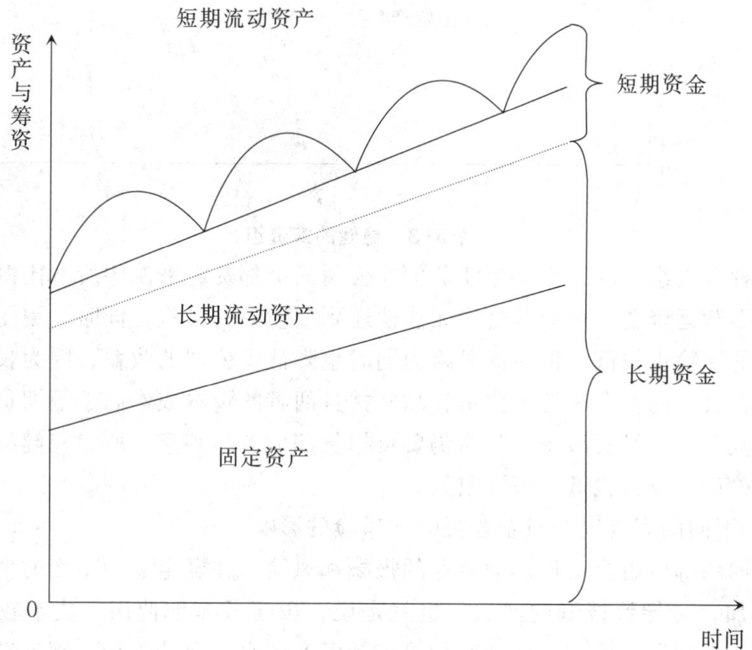

图4-2　激进的筹资组合

该种筹资组合的优点是使公司的资金成本低于配合型筹资策略。但是由于公司为了满足永久性短期资产的长期、稳定的资金需要，必然要在临时性短期负债到期后重新举债或申请债务展期，将不断地举债和还债，加大了筹资和还债的风险。所以激进型筹资政策是一种收益高、风险大的营运资金筹集政策。

（3）稳健的筹资组合

稳健型筹资是将部分短期资产所用的资金通过长期资金来融通，其特点是短期负债只满足部分短期资产的需要，其他短期资产和长期资产，用长期负债筹集满足，如图4-3所示。

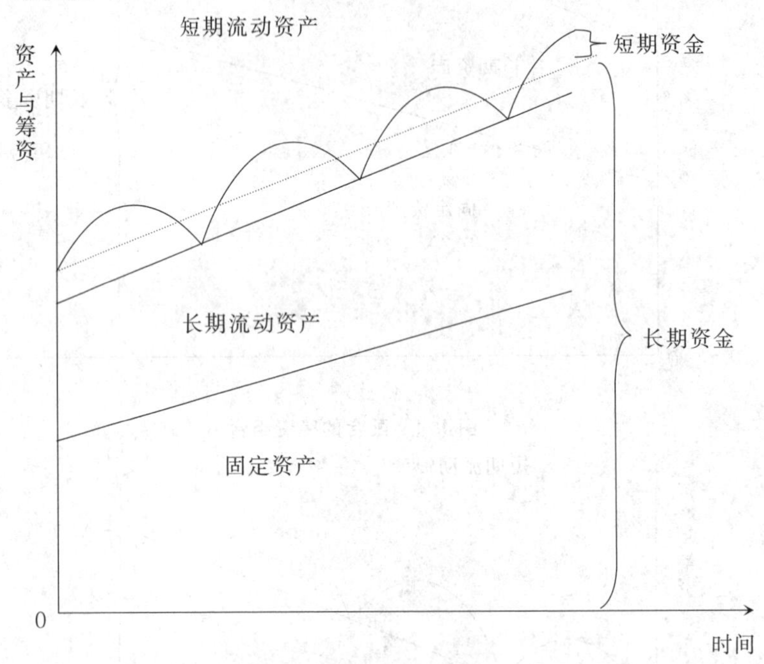

图4-3　稳健的筹资组合

该种筹资组合的结果是短期负债在公司的全部资金来源中所占比例较小，公司保留较多营运资金，可降低公司无法偿还到期债务的风险，同时，蒙受短期利率变动损失的风险也较低。但降低风险的同时也降低了公司的收益，因为长期负债和权益资本在公司的资金来源中比重较高，并且两者的资本成本高于短期负债的资本成本，而且在生产经营淡季，公司仍要负担长期债务的利息。所以稳健型筹资政策是一种风险低、收益也低的筹资政策。

3）不同的筹资组合对企业报酬和风险的影响

不同的筹资组合可以影响企业的报酬和风险。在资金总额不变的情况下，短期资金增加，可导致报酬的增加。也就是说，由于较多地使用了成本较低的短期资金。企业的利润会增加。但此时如果流动资产的水平保持不变，则流动负债的增加会使流动比率下降，短期偿债能力减弱，增加企业的财务风险。现举例说明不同的筹资组合对企业风险和报酬的影响。

东方制造公司目前的资产组合与筹资组合详见表4-1。

表4-1　**东方制造公司的资产组合与筹资组合**　单位：元

资产组合		筹资组合	
流动资产	40 000	短期资金	20 000
固定资产	60 000	长期资金	80 000
合计	100 000	合计	100 000

公司当前的息税前利润为20 000元，短期资金成本为4%，长期资金成本为15%，假设息税前利润不变，资产组合不变，不同的筹资组合对企业风险和报酬的影响见表4-2。

表4-2　**筹资组合对东方制造公司风险和报酬的影响**　单位：元

项目	现在情况（保守的组合）	计划变动情况（冒险的组合）
筹资组合		
短期资金	20 000	50 000
长期资金	80 000	50 000
资金总额	100 000	100 000
息税前利润	20 000	20 000
减：资金成本		
短期资金成本	0.04×20 000 = 800	0.04×50 000 = 2 000
长期资金成本	0.15×80 000 = 12 000	0.15×50 000 = 7 500
净利润	7 200	10 500
几个主要比率：		
投资报酬率	7 200÷100 000×100%=7.2%	10 500÷100 000×100%=10.5%
流动负债/总资金	20 000÷100 000×100%=20%	50 000÷100 000×100%=50%
流动比率	40 000÷20 000=2	40 000÷20 000=0.8

从表4-2中可以看到，由于采用了比较冒险的融资计划，即用了比较多的成本较低的流动负债，企业的净利润从7 200元增加到10 500元，投资报酬率也由7.2%上升到10.5%，但是流动负债占总资金的比重从20%上升到50%，流动比率也由2下降到0.8。这表明，公司的财务风险相应地增大了。因此，企业在筹资时必须在风险和收益之间进行认真的权衡，选取最优的筹资组合，以实现企业财务管理目标。

4.2　沙盘企业筹资

4.2.1　银行贷款

1）贷款额度

在进行银行贷款时，涉及的一个重要问题就是“贷款额度”，即可以从银行取得的贷款金额限制。贷款额度是指最大贷款数量，应当包括沙盘企业前期已有的贷款数量。按照沙盘实战规则，任何沙盘企业在权益大于0的情况下都有资格贷款，只是对贷款额度有限制，贷款额度与所有者权益紧密相关。长期借款和短期借款之和不能超过权益的3倍。所有者权益为资产负债表中的“股东资本”“利润留存”和“年度净利润”的合计。

从沙盘规则可以看出，债权人（即银行）具有“嫌贫爱富”的特点，企业经营得越好，利润增加越多，所有者权益越高，相应的借款额度也越高；反之，借款额度就越低。在经营期间，由于所有者权益会随着经营状况的变化而变化，相应的借款额度也会变化。如当所有者权益为700W时，借款额度为2 100W；当权益下降为600W时，则借款额度降为1 800W。如果企业前期已借款1 000W，则权益下降后，最多只能借800W。

2）银行借款类型

银行借款是指企业向银行或其他非银行金融机构借入的、需要还本付息的款项，主要用于企业购建固定资产和满足流动资金周转的需要。借款是银行按一定利率和必须归还等条件出借货币资金的一种信用活动形式。利率既是资金时间价值的体现，也是资金占用成本的反映。由于借款必须到期还本和按期归还利息，因此，企业借款需注意借款取得和归还的时点、利息支付的时点等问题。根据借款时间的不同，可将银行借款分为长期借款和短期借款，这两种负债筹资方式在还本付息的时间和金额等方面具有不同的特点。

（1）长期借款

长期借款是指企业向银行借入的偿还期限超过1年的银行借款，属于长期融资方式。按沙盘企业经营规则，长期借款最长贷款期限为5年，只能按期还款，不能提前还款，长期借款的年利率为10%。沙盘企业每年只有一次申请长期借款的机会，每年需支付利息，整个借款期满后需偿还本金和当期的利息，如图4-4所示。

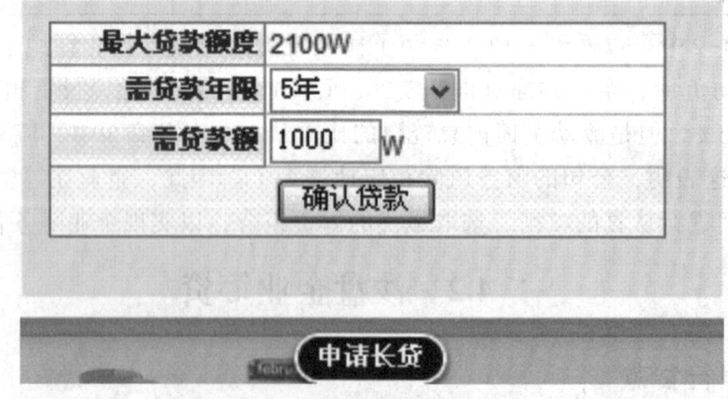

图4-4　长期借款操作界面

长期借款在选单结束后直接操作，一年只此一次，然后再按“当季度开始”按钮；不可超出最大贷款额度；可选择贷款年限，确认后不可更改；贷款额为不小于10W的整数；所有长贷之和乘以利率，然后四舍五入，计算利息。

例如：假设企业在经营第一年的年初借了210W的长期借款，借款期限为5年，则自第二年至第六年每年年初都要还21W（210×10%）的利息，且在第六年的年初还要归还210W本金，所以，这笔210W的5年期的长期借款的全部本金和利息之和为231 W（210+210×10%×5）。

（2）短期借款

短期借款是指企业向银行借入的偿还期限不超过1年（含1年）的银行借款，属于短期融资方式。按沙盘企业经营规则，短期借款按季度分期，每季度初可以申请。每年有4个季度，也就是说每年有4次申请短期借款的机会，短期借款的年利率为5%，如图4-5所示。

图4-5 短期借款操作界面

短期借款一季只能操作一次；申请额为不小于10的整数，长短贷总额（已贷+欲贷）不可超过上年权益的3倍。

例如：假设企业在经营第一年一季度初借了20W的短期借款，则在第二年一季度初要还1W（20×5%）的利息。

（3）银行借款方式的选择

从借款资金的成本看，长期借款的年利率为10%，短期借款的年利率为5%，因此短期借款的利率较低，筹资成本较低，长期借款筹资成本较高；另外，短期贷款在一年期满后就要还本付息，而长期借款还款期比较长，每年年初只需支付利息，因此短期借款的筹资风险较高，长期借款筹资风险较低。

从借款资金的用途来看，企业外部负债融资一部分用于维持流动资产资金占用，一部分用于长期投资和购置固定资产等。流动资产具有周期短、易变现、所需补充数额较小和占用时间较短等特点，宜选择短期融资方式。而用于长期投资或购置固定资产的资金，其数额较大、占用时间长，宜选择长期融资方式。

从企业实际经营来看，在企业经营中，一种观点认为第一年将所有者权益范围内的长贷全部贷满，以备今后5年资金的使用，这样的策略会使企业在前5年减少还款压力，资金相对充裕，规避因资金链断裂而破产的风险。但是，通过几年的实训课程和参赛经验来看，如果把长贷贷满，就会面临将来每年巨额财务费用，以及最后一年的巨大还款压力，从而造成所有者权益的大幅度下降，这对企业经营来说甚至是致命的。这种过度依靠长贷的策略，在企业模拟经营中是不主张的。对于短贷而言，采取的策略就是充分利用短贷的灵活性，短贷不要多贷，够用即可。因为短贷是为弥补企业流动资金不足而设的，除非有次年权益下降导致实际贷款额度超出界限等紧急情况的出现，否则不要多贷。怎么界定“够用”？这就要求财务总监进行精细的计算，即每季度的季初现金加上本期短贷资金应当能维持到更新应收账款之前的支出，而应收款收现后，季末现金应当满足下季度季初要换的短贷本息。若余额不够下季运营，还可再贷。另外短贷的申请应当根据企业资金的需要，分期短贷，不要挤在1个季度里，这样可以减轻企业的还款压力。这种主打短贷融资的策略，一方面，减少财务费用支出，避免所有者权益的急速下降；另一方面，可以及时地满足企业对流动资本的需求，有效地降低企业综合资金成本。

3）特别贷款

在公司破产时可选择特别贷款进行融资，增加的现金将计入特别贷款（不算税），但公司没有资格参加最后的评比；也可以在必要的时候减少现金。

4.2.2 资金贴现

如果企业投资决策失误，不能足额或及时地实现预期的现金流入量，以支付到期的借款本息，就会面临财务危机。此时企业为了防止破产可以变现其资产，由于各种资产的流动性（变动能力）是不一样的，其中库存现金的流动性最强，而固定资产的变现能力最弱。

变现资产的方式主要有贴现和拍卖。其表现形式是企业内部资产的转化，如将固定资产（厂房、设备）、流动资产（原材料、产成品、应收账款等）转化为现金，其意义在于缓解企业资金压力，避免企业因现金断流而破产。

贴现作为一种获得现金的形式，在企业发生小财务危机的时候可以使用，但是若是大范围的资金缺口，还是建议用银行贷款。因为贴现的财务费用要大于银行贷款。

1）应收账款贴现

应收账款是指企业在正常的经营过程中因销售商品等业务应向购买单位收取的款项。应收账款表示企业在销售过程中被购买单位所占用的资金，是伴随企业的销售行为发生而形成的一项债权。从商品销售到付款的这段时间称为应收账款的账期。只有当应收账款账期期满时才能收回销售收入，如果在账期期满之前企业需要资金，可以采取应收账款贴现的方式，通过贴现将尚未到期的应收账款提前兑换为现金，实质是提前享用未来收入，应收账款贴现是一种紧急资金融通的方式。资金使用成本是支付贴现利息，在贴现时所用的利率称作贴现率。根据沙盘企业经营规则，应收账款的账期分为0Q、1Q、2Q、3Q和4Q。账期为0Q的订单只要一交货就能自动收到现金，而其他账期的订单必须在其账期期满时才能收回资金。当应收账款的剩余账期为1Q和2Q时，应收账款的贴现率为10%；当应收账款的剩余账期为3Q和4Q时，应收账款的贴现率为12.5%，如图4-6所示。

剩余账期	应收款	贴现额
1Q	170W	0 W
2Q	210W	100 W
确认贴现		

剩余账期	应收款	贴现额
3Q	150W	0 W
4Q	0W	0 W
确认贴现		

图4-6　应收账款贴现操作界面

在应收账款贴现时，按照贴现率的不同，一、二季度的应收账款与三、四季度分开贴现，而且一、二季度的应收账款可以加总贴现，三、四季度的应收账款可以加总贴现。应收账款贴现在企业经营过程中任何时候都可以进行，贴现次数不受限制，填入的贴现额应小于等于应收账款金额。另外输入的贴现额乘以对应的贴现利率，求得贴现息（即贴现费用），如果在计算贴现息时出现小数，则向上取整数，贴现息计入财务费用。

例如，企业要贴现10W的应收账款，假设应收账款的剩余账期为1Q，则要支付1W的贴现息，企业实际增加现金9W；如果应收账款的剩余账期为3Q，则要支付1.25W的贴现息，向上取整，贴现息为2W。具体计算过程如下：

当应收账款的剩余账期为1Q时，贴现息=10×10%=1（W），应收账款贴现后的实收金额=10−1=9（W）。

当应收账款的剩余账期为3Q时，贴现息=10×12.5%=1.25≈2（W），应收账款贴现后的实收金额=10−2=8（W）。

2）厂房贴现

按沙盘实战规则，每个企业可购置或租入大、中、小厂房共四个。大厂房的购买价格为450W，中厂房的购买价格为400W，小厂房的购买价格为330W。厂房购买后也可以出售，厂房出售可得到4个账期的应收账款，到期可按购买价收回资金。如果企业想在卖掉厂房后马上收到资金，可以进行厂房贴现，其所获得的资金为厂房购买价格扣除贴现费用后的余额（贴现率为12.5%）。如果出售厂房或贴现的厂房有生产线，则出售后或贴现后需要支付厂房租金，如图4-7、图4-8所示。

处理方式	⦿ 卖出(买转租) ○ 退租 ○ 租转买				
选择项	厂房	厂房状态	容量	剩余容量	最后付租
⦿	大厂房(1)	购买	5	0	-
确认处理					

图4-7　厂房出售操作界面

如果出售厂房且厂房内无生产线，可卖出，增加四季度的应收账款，并删除厂房；如果出售厂房且厂房内有生产线，卖出后增加四季度的应收账款，厂房由买自动转为租，并扣除当年租金，记下租入时间；例如，按照沙盘规则，大厂房原本买入价为450W，如果要出售，可以得到450W的4个账期的应收账款。

选择项	厂房	容量	剩余容量
⦿	大厂房(1)	5	0
确认贴现			

图4-8　厂房贴现操作界面

厂房贴现可以在任意时间操作，将厂房贴现，获得现金；如果厂房内无生产线，厂房原值售出后，所有售价按四季应收款全部贴现；如果有生产线，除按售价贴现外，还要再扣除租金；系统自动全部贴现，不允许部分贴现。

例如，按照沙盘规则，大厂房原本买入价为450W，如果企业要马上收到资金，则可以进行厂房贴现，则会扣掉贴现息56.25W（450×12.5%），向上取整为57W，如果厂房内有生产线，还要扣除厂房的租金45W，因此企业最后可以得到的资金为：450–57–45=348（W）。

4.2.3　资产拍卖

1）库存拍卖

库存包括库存商品和库存原材料，库存拍卖包括拍卖库存原材料和拍卖库存商品。拍卖所取得的现金一般都比原值低，例如，拍卖原材料的价格为原材料购买价格的9折，如结果为小数时要四舍五入取整。拍卖成品的价格则按成品的直接成本计算，如图4-9所示。

出售库存可在任意时间操作；填入售出原材料或产品的数量，然后确认出售；原材料和成品按照系统设置的折扣率回收现金；售出后的损失部分计入费用的损失项；损失的现金如遇小数四舍五入取整。如，拍卖1个库存原材料R1，则产生的损失为：10–10×0.9=1（W），收到的资金为：10–1=9（W）；拍卖1个库存产品P1，按直接成本出售，得到的资金为20W。

原料	库存数量	销售价格	出售数量
R1	3	9.0 W/个	0
R2	2	9.0 W/个	0
R3	3	9.0 W/个	0
R4	1	9.0 W/个	0

确认出售

产品	库存数量	销售价格	出售数量
P1	3	20.0 W/个	0
P2	4	30.0 W/个	0
P3	2	40.0 W/个	0
P4	0	50.0 W/个	0

确认出售

图4-9　库存拍卖操作界面

2）变卖生产线

按照沙盘规则，企业变卖各种生产线可以取得资金，但变卖生产线将只能得到相当于残值的资金。如自动线的购置费为150W，残值为30W，购置费与残值之间的差额计入损失；假设在建成第三年变卖，根据规则，建成的第二年提折旧30W，因此此时其净值为120W，则变卖该生产线产生的损失为90W（120-30），如图4-10所示。

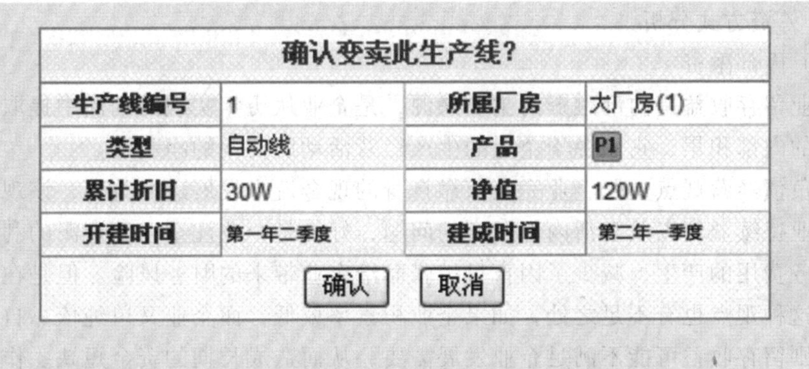
确认变卖此生产线?

生产线编号	1	所属厂房	大厂房(1)
类型	自动线	产品	P1
累计折旧	30W	净值	120W
开建时间	第一年二季度	建成时间	第二年一季度

确认　取消

图4-10　变卖生产线操作界面

系统自动列出可变卖生产线（建成后没有在制品的空置生产线，转产中生产线不可卖）；变卖后，从价值中按残值收回现金，高于残值的部分计入当年费用的损失项目。

值得注意的是，贴现和拍卖是沙盘企业财务计划不周详的表现，企业虽得到了一定的现金，但是财务损失较大，按规则所造成的损失将记到费用中去，会降低企业的权益。企业的财务目标应当是力求无损失，提高企业的权益，因此，应尽量避免这种情况的发生。

4.3　沙盘企业筹资策略

企业筹资决策的核心问题是确定筹资结构，因为筹资结构将影响和改变企业的财务结构或资本结构，进而影响企业的资本成本，最终影响企业的价值。企业筹资首先要解决这样几个基本问题：有无必要筹资？何时需要筹资？筹资额多少？企业在明确了上述问题之后，还要进一步考虑通过什么方式筹资：利用内部筹资还是外部筹资？利用权益资本还是债务资本？利用长期资金还是短期资金？最后，明确了筹资方式之后企业还要考虑筹资结构的合理性。内部筹资、外部筹资之间的比例是多少？权益资本与债务资本之间的比例是多少？长期资金与短期资金之间的比例是多少？通过合理筹资结构安排，降低筹集到的资金的成本。分散筹资风险，保持总资本结构的合理性。

4.3.1　筹资方式与成本、风险分析

融资方式从来源上可以分为内部融资和外部融资，内部融资以企业留存的税后利润和计提折旧形成的资金作为资金来源，是企业的资金源泉。外部融资是企业吸收其他经济主体的资金，使之转化为自己投资的过程，是企业获取资金的重要方式。

1）筹资方式分析

（1）内部融资

企业留存收益是内部融资的主要来源，是企业从历年实现的利润中提取或留存于企业的内部积累，它来源于企业的生产经营活动所实现的净利润。

不负债经营观点主张企业完全依靠自身的现金流来发展进而盈利，该观点注重的是企业持续盈利以及盘活内部资产的问题，好处是企业注重内部资源的利用，避免了财务费用的产生，减少了因盲目扩张而给企业带来的财务风险。但是在沙盘实战中，这种观点也有不足之处。如果企业积累率偏低，而企业又单纯依靠自有资金发展，则留存收益可能不满足企业发展需要，从而造成长期的资金短缺。作为沙盘企业，在前两年基本上处于建设期和投入期，收入为零或取得收入很少。初期自有资金有限而产品研发和市场开拓需要周期较长，企业前期会因资金不足而限制企业的扩张能力。因此，采取不借款这种战略的企业需要妥善解决长期利润与短期现金

流之间的矛盾。

（2）外部融资

外部融资按照融资中产权关系的不同，可分为股权融资和负债融资。股权资金无须还本付息，被视为企业的永久性资本。负债融资是企业根据资金需要引入的外部资金，其本质是对外部资源加以利用以实现企业加速发展的经营目的，但债务资金必须定期还本付息，因而这种筹资方式使得企业在资金增加的同时，其负债和财务费用也增加了。

按照沙盘规则，在建立沙盘企业的时候，系统会自动分配给每个企业以同样数额的权益资金，即初始股权资本。对沙盘企业来说，在整个经营期间股东的投资都保持不变，如果需要外部融资的话，可以进行负债融资。从财务角度分析，为了实现企业价值的最大化，可以利用外部融资战略，使企业利用外部负债资金实现扩张。下面举例说明：

假设A、B两个公司资产总额同为1 000W，其中，A公司的所有者权益为1 000W，B公司的所有者权益为500W、负债为100W、借款利率5%。假定它们的利息税前资产收益率同为10%，所得税率为25%

A公司：利息前税前利润为100W，利息0，利润总额为100W，所得税为25W，净利润为75W，净资产收益率为7.5%。也就是说投资者每投资1W能得到750元收益。

B公司：利息前税前利润为100W，利息25W，利润总额为75W，所得税为18.75W，净利润为56.25W，净资产收益率为11.25%，也就是说投资者每投资1W能得到1 125元收益。

在总资产收益率（经营能力）相同的情况下，A、B两公司采取了不同的筹资策略使得每股收益有差异，如果从每股收益多的角度看，你会选择哪个公司呢？

通过外部借款能扩大投资，只要资产收益率（资本利润率）大于负债筹集成本（债务利息率），就可以提高每股收益，负债比例越高，股东权益增长就越快。但是，负债筹资是一把“双刃剑”，如果资产收益率（资本利润率）小于负债筹集成本（债务利息率），则企业增加的不是收益而是费用。

（3）筹资方式比较

对于沙盘企业而言，当企业资金断流时，可以通过不同的途径筹集资金，使企业度过暂时的资金危机；同时，企业也可以在不同的阶段，利用不同的资金筹集渠道筹集资金，为企业的快速发展提供物资上的保证。企业筹集资金的途径有很多，包括贷款、出售厂房、贴现、借高利贷、出售生产线等，但由于每种方式各有特点，所以在使用时应区别对待。

贷款是企业筹资的主要方式，通过贷款，企业可以解决资金短缺的困难，同时，如果企业资金运用合理，还可以取得远高于贷款利息的投资回报。所以，企业应当考虑适度的贷款。贷款包括长期贷款和短期贷款，长期贷款贷款期限长，短期内没有还款压力，但利率较高，筹资成本高，一般适用于固定资产等长期资产的投资。短期贷款利率相对较低，但贷款期限短，还款压力大，特别是在企业所有者权益逐年降低又没有贷款额度的情况下，风险较大。一般适用于解决流动资金不足的问题，比如购买原材料、支付加工费等。总的来说，贷款是企业筹集资金首先考虑的方式，在不能贷款的情况下再考虑其他的筹资方式。

贴现是企业常用的一种筹资方式，这种筹资方式时间灵活，可以随时贴现。但贴现需要有应收账款，而且使用成本高，所以，企业一般在资金非常困难、确实无法渡过难关时采用。

出售厂房可以筹集资金，但要每年支付租金，所以，这种方式是在不能贷款的情况下才考虑的。出售厂房收到的是4个账期的应收账款，不能在当期取得现金，所以要提前考虑资金的需求情况，提前出售，否则，如果将出售厂房的应收账款贴现的话，使用成本太高。一般情况下，出售厂房有两种情况，一种是主动出售，即在市场状况良好的情况下，企业筹资困难，但有比较好的发展前景时使用。另一种情况是被动出售，即当企业出现了现金断流，为了防止破产，不得已而采用这种方式。但是这种被动出售对于企业是非常危险的。

出售生产线是指由于资金严重短缺而被迫出售正在使用生产线的一种筹资方式，应该说是一种无奈的选择。企业生产线只能按残值出售，如果生产线净值远大于残值，则企业出售生产线损失很大。而且出售了生产线，意味企业的生产能力下降，收入降低，对企业也是不利的。所以，这种方式除非在不得已的情况下才被采用。当然，企业也可能根据规划，由于更新生产线而出售旧生产线，这种情况不包括在这里。

（4）筹资策略分析

第一，负债经营原则。负债经营是现代企业的基本特征之一，其基本原理就是在保证财务稳健的前提下充分发挥财务杠杆的作用，为股东谋求收益最大化。负债经营是一把“双刃剑”：一方面，如果企业经营状况良好，投资收益率大于负债利息率，则获得财务杠杆利益，达到“借鸡生蛋”的目的；另一方面，如果企业经营状况不佳，投资收益率小于负债利息率，则产生财务杠杆损失，甚至导致企业因不堪重负而濒临破产的边缘。

现实生活中，很多管理者缺乏财务管理知识，对企业运用负债理解不够，对其利弊认识不清，视负债风险为洪水猛兽。事实上，适度的负债经营可以提高企业的竞争力和获利能力，是现代企业为获得快速发展而采取的一种积极进取的经营手段。当然，负债经营的比例究竟应该多高，这是“财务管理学”中确定最佳资本结构的关键问题，也是一个没有普遍适用模式的难题，必须结合模拟企业自身资源和外部环境的各种因素，进行通盘考虑。

第二，长短贷结构合理。在沙盘模拟对抗中，银行信贷资金是模拟企业的基本筹资渠道，长期贷款和短期贷款各有利弊：使用短期贷款资本成本低，但财务风险大，很容易造成还不了到期的贷款而陷入困境；使用长期贷款则相反，财务风险小，但较高的资本成本侵蚀了企业的利润空间，导致企业“干得很辛苦，就是不赚钱”。所以，在制定筹资策略时，必须合理安排长短贷的比例，使资本成本和财务风险达到均衡，让借来的钱创造出更多的利润。

第三，控制贷款额度。根据沙盘模拟对抗规则，所有长贷和短贷之和不能超过上年末所有者权益的3倍。在模拟经营的前两年，由于没有收入或者收入较低，导致利润为负，此时权益呈现一种下降态势，为了保证下一年的贷款额度，控制权益的减少程度非常重要。控制权益可以通过以下途径：一是推迟或放弃ISO认证投资。市场对ISO认证需求一般出现较迟，同时要求ISO9000和ISO14000的订单更少，因此，适当削减ISO投资支出，可以减少当年的费用，从而将权益控制在一个合理水平之上；二是减少一个或两个市场的开拓投资，也可以减少当年的费用。市场并非越多越好，关键看能否提升企业的效益。因为市场准入资格的获得需要付出资金及时间代价，如果开发出的市场不能发挥应有的作用，则开发就是失败的。

第四，出售厂房。在教学实践中发现，厂房处理往往是“新手不会用、高手不需用”，但事实上，出售厂房也是一种应急筹资方式。

在“商战”电子沙盘第一年运营中，往往采用购买厂房的策略来减少第一年的费用，第二年后若预计资金周转会出现困难，可以主动提前出售厂房，根据“商战”沙盘模拟对抗规则：厂房按买价出售，得到4个账期的应收账款。从筹资的角度看，可以理解为申请了一笔长期贷款。例如，出售中厂房得到400W应收账款，可以看作是用另一种方式取得了长期贷款，中厂房的年租金40W，而400W长期贷款的年利息也是40W，显然，这两种方式对权益的影响是相同的；在现金充足的年份，还可以通过“租转买”购回厂房，从而节省租金、提高权益，而长期贷款是不能提前归还的，所以出售厂房比申请长期贷款更灵活。

2）筹资成本分析

筹资成本是指企业为筹集和使用资金所付出的代价。筹资成本分析是指企业对各种筹资方式的资金代价进行比较分析，使企业资金达到最优结构的过程。企业在进行融资决策时，应当在控制融资风险与谋求最大收益之间寻求一种均衡。筹资的财务目标是要用最少的筹资成本取得最多的收益，要实现这一目标需要考虑以下几方面的因素。

（1）投资收益大于筹资成本

负债融资需要付出成本，并存在不确定的融资风险，因此，企业需要经过深入分析，确定利用外部筹集的资金所预期的总收益大于融资的总成本时，才有必要考虑如何进行负债融资。这是企业进行负债融资决策的前提。

（2）保持最低的安全现金存量

现金是企业生存发展的“血液”，从战略上看，对企业的资金流进行长期的规划很重要，保证“资金不断流”是企业生存的基本法则。但另一方面，也不能使筹措的资金闲置过多，因为融资也是有成本的，资金必须发挥其价值。一般地说在资产负债表的左边，越靠上的资产形态盈利能力越低，越靠下的盈利能力越高。如果通过借款筹集来的大量资金都以现金形态存放，由于需要支付利息，也会增加企业的财务费用负担。无形资产和固定资产的变现能力很差，通常只能通过有效经营收回投资并获取利润。如果仅仅为了压缩现金库存而盲目投资，势必会造成更大的损失。一般情况下，正常发展的公司的经营现金流入应该是逐年递增的，如图4-11所示。

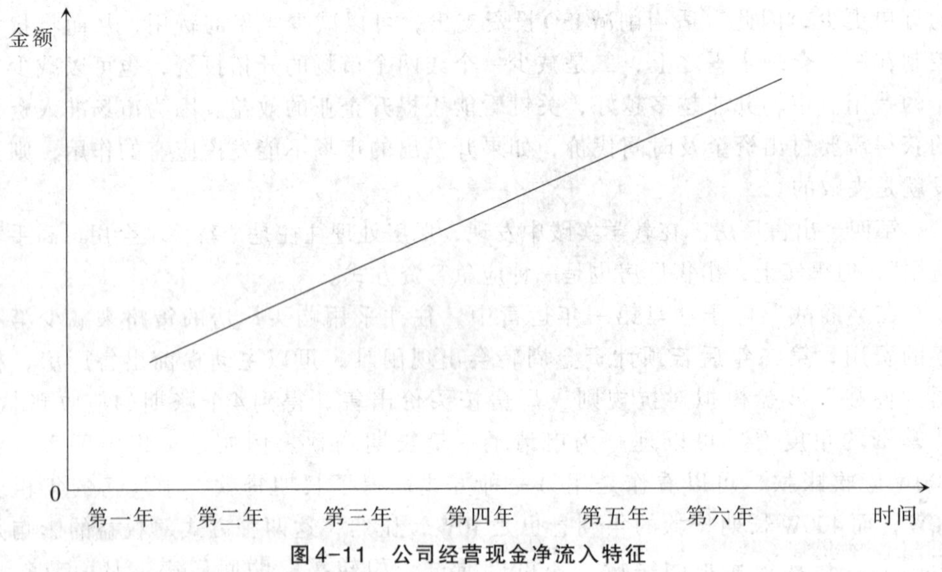

图4-11 公司经营现金净流入特征

（3）筹资风险尽可能低

当一家企业为筹措一笔资金而面临几种融资方案时，一方面要考虑筹资成本尽可能低，分别计算出各个融资方案的加权平均资本成本率，然后选择其中加权平均资本成本率最低的一种；另一方面，还要考虑筹资风险尽可能低，即还债期限要尽可能分散，不要因为还债期限过于集中而导致企业债务危机。

要想筹资成本控制运用得好，就要非常清楚每种筹资方式的利率水平，沙盘企业的三种筹资方式即长期借款、短期借款和贴现，这三种筹资方式的筹资成本是逐渐递增的。如按沙盘企业经营规则，短期借款的利率是5%，长期借款的利率是10%，贴现率为12.5%或10%。如果从尽量减少财务费用的角度看，应优先考虑短期借款。贴现因成本较高应最后考虑，但如果借款总额已达到所有者权益的3倍，又急需资金，则只能选择贴现和库存拍卖了。ERP沙盘模拟企业经营中不同的融资方式资金成本与风险比较见表4-3。

表4-3 ERP沙盘模拟企业经营中不同的融资方式资金成本与风险比较

融资方式	资金成本	财务风险
特别贷款	最高	最大
贴现	较高	较低
短期贷款	最低	较高
长期贷款	较高	较低（偿还期限最长）

企业在经营过程中要加深对成本控制的理解。要通过成本控制、强化企业内部管理等方式减少企业的支出来控制成本，主要从以下的两个方面去考虑：首先，产品和生产线的匹配。如果选择用低端生产线生产低端产品，而用高端生产线去生产高端产品，加工成本就会降低，从而降低产品的直接成本，但是这也会降低企业的产能。其次，成本分摊比例的控制。在进行市场竞单时会发现，同一产品在这个市场上的价格和在另外一个市场上价格有时会有很大的差别，如果选择在单价相对较高的市场出售产品，成本也会降下来。

3）筹资风险分析

企业筹资风险又称财务风险，是指企业因借入资金而产生的丧失偿债能力的可能性和企业利润（股东收益）的可变性。

（1）负债规模

负债规模是指企业负债总额的大小或负债在资金总额中所占比重的高低。企业负债规模大，利息费用支出增加，由于收益降低而导致丧失偿付能力或破产的可能性也会增大。

（2）负债的利息率

在同样负债规模的条件下，负债的利息率越高，企业所负担的利息费用支出就越多，企业破产的可能性也随之增大。

（3）负债的期限结构

负债的期限结构是指企业所使用的长、短期借款的相对比重。如果负债的期限结构安排不合理，例如应筹集长期资金却采用了短期借款，或者相反，都会增加企业的筹资风险。

（4）经营风险

经营风险是企业生产经营活动本身所固有的风险，其直接表现为企业利息税前利润的不确定性。经营风险不等于筹资风险，但又影响筹资风险。当企业完全用股本融资时，经营风险即为企业的总风险，完全由股东均摊。当企业采用股本与负债融资时，由于财务杠杆对股东收益的扩张性作用，股东收益的波动性会更大，所承担的风险将大于经营风险，其差额即为筹资风险。如果企业经营不善，营业利润不足以支付利息费用，则不仅股东收益化为泡影，而且要用股本支付利息，严重时会使企业丧失偿债能力，被迫宣告破产。

（5）预期现金流入量和资产的流动性

负债的本息一般要求以现金（货币资金）形式偿还，因此，即使企业的盈利状况良好，但其能否按合同、契约的规定按期偿还本息，还要看企业预期的现金流入量是否足额、及时和资产的整体流动性如何。现金流入量反映的是企业现实的偿债能力，资产的流动性反映的是企业潜在的偿债能力。企业资产的整体流动性不同，即各类资产在资产总额中所占比重不同，对企业的财务风险关系甚大，当企业资产的整体流动性较强，变现能力强的资产较多时，其财务风险就较小；反之，当企业资产的整体流动性较弱，变现能力弱的资产较多时，其财务风险就较大。很多企业破产不是没有资产，而是因为其资产不能在较短时间内变现，结果不能按时偿还债务，只好宣告破产。

在企业经营过程中要树立财务风险意识。负债经营是企业筹措资金的重要手段，是现代企业迅速发展的必由之路。当然，负债经营也有风险，弄不好就会债台高筑甚至破产，所以要树立正确的风险意识，经营者应居安思危、认真筹划，不断改善企业财务运行状况。如果能够把握住债务规模，控制好负债结构，强化资金管理与合理调度资金，就会化风险为收益，最终实现企业的快速发展。

4.3.2 筹资方案分析

融资策略按照融资者的战略意图和风险偏好，可分为扩张型、保守型和平衡型三种。采取扩张型筹资策略的企业意图抢占市场先机，使用的长期融资较多；采取保守型筹资策略的企业意图在较低成本下使企业稳步发展，使用的短期融资较多；而采取平衡型筹资策略企业则从资金用途出发，意图将长期融资、定期融资各自的优势结合起来。

沙盘企业在经营的过程中，可以从不同角度尝试和比较各种筹资方案。如在筹资次数上可以选择一次筹资和多次筹资；在筹资安排上可选择单一方案和组合方案；单一方案可选择“长期借款+长期借款”“短期借款+短期借款”等；组合方案可选择“长期借款+短期借款”组合。下面结合沙盘规则举出几种较为典型的筹资方案加以分析。

1）采取保守型策略的筹资方案

采取保守型策略的企业，使用的短期融资较多，不但临时性流动资产和部分永久性流动资产采取短期融资，而且对企业的固定资产和永久性流动资产也大多采取短期融资解决。

采取这种策略的优势是企业可避免因借入过多长期资金而支付高额利息，因此适合那些不追求初期发展速度的企业。但也应注意，该策略具有较大的风险性，如果企业大量举借短期借款，并将短期借款用于长期资产，则当短期借款到期时，可能会出现难以筹措到足够的现金来偿还短期借款的风险。

若企业采取的是全部短期借款的方案，这种筹资方案的好处是，从长远来看企业所需要支付的总利息少。企业可根据该季度预算的收益额、应收款、费用等因素来决定短期借款的数额。一般够当季度花费即可，如果短期借款数额不够，可能无法保证公司的正常运转。但过多短期借款也不行，资金闲置也会引起浪费。短期借款相对长期借款来说，流动性强，可以循环进行，还了以前借款后又可以重新借款，能够使资金流动起来。

采取短期借款方案的企业应注意，短期借款还款时间短，有按期偿还本息压力。按照规则规定，要是企业期期都有短期借款，是必须先还款后才能再借，也就是要求企业每期的现企流都要保证在短期借款的额度以上，这实际上也是一种资金负担。由于企业初期的资金可能会跟不上，一般只能进行简易的投资，有时企业资金较为紧张，还要做好不得已贴现的准备，在贴现率比较高的情况下，资金也会有所损失。

2）采取扩张型策略的筹资方案

采取扩张型策略的企业，使用的长期融资较多，不但对固定资产、永久性流动资产采取长期融资的手段，而且对临时性流动资产也采用长期融资的办法，短期融资只融通部分临时性流动资产。

这种策略的优势是企业长期资金充足，资金来源稳定，利息费用在相当长的时期中将固定不变，适合企业前期快速扩张的需要。如果企业经营得好，资金没有闲置浪费，企业的所有者权益会增加，借款额度会提高，企业通过追加借款可以使资产规模像滚雪球般越滚越大。但同样应该注意的是，一旦高投资无法达到预想中的高收益，那么因过高的财务费用造成现金断流的风险也很大。

若企业采取的是全部长期借款的方案，这种筹资方案着眼于更快地抢市场，由于生产线确定了产能，要扩大生产，就要增加生产线，要增加生产线，就需要长期借款资金支持。长期借款使企业资金较为充裕，在前期有一个比较好的发展速度。

长期借款最长借款期限是5年，第一年能借到最大额度的贷款是企业权益的3倍，如权益为700W的话，则贷款额度为2 100W（700×3），如果企业在第一年年初申请长期借款2 100W，经营期为6年，第二年至第五年每年年初要偿还210W的利息，而且第六年年初要还清这笔长期借款，偿还210W利息和2 100W本金，共计2 310W，所以企业在第6年年初的还款压力比较大，企业必须尽早盈利，在经营期间取得足够多的收益才能还贷，如果在经营期间权益超过700W，还可以追加借款。还有一种选择是，从第二年开始申请长期借款，第一年少投资，但由于管理费用的存在，所以在第一年年末所有者权益一般会下降，这样就贷不到2 100W了。

采取长期借款方案的企业应注意，这种方案相对成本较高，要充分考虑每年高额的利息和第六年的偿还本金问题。在经营后期随着利润的提升，企业的现金流已经比较充裕，过多的借款额所产生的利息反倒成为累赘，会减少企业的利润，所以把握借款额度和借款时机至关重要。

3）采取平衡型策略的筹资方案

采取平衡型策略的企业，每项资产将与一种跟它的到期日大致相同的融资工具相对应，即临时性流动资产通过短期融资获得，永久性流动资产和所有的长期资产通过长期融资获得。

采用这种策略的企业的优势是企业既可以避免因资金来源期限太短引起的还债风险，也可避免因借入过多长期资金而支付高额利息。

若企业采取的是长期借款与短期借款相结合的筹资方案，这种方案着眼点是借助两种借款形式的组合效益，力图发挥两种借款方式的优点，同时回避相应的劣势。组合方案的形式既可以短期借款为主、长期借款为辅，也可以长期借款为主、短期借款为辅。该方案非常适合企业中期阶段的发展，由于兼顾了企业对资金充裕性、灵活性的要求，也使资金成本和还款额在可控范围之内。

该方案的策略是在第一年做短期借款，在第二年做长期借款，长期借款的数量大于短期借款的数量，这样还了短期借款企业还有足够的现金用于投资，而且也回避了到第六年的还款压力。在第二年以后如果企业经营良好，权益增加，企业可以追加长期借款，以增加生产线，扩大生产和产能。因为借款每年会增加一定的财务费用，所以，要使成本最低就得适当借款，每次借款额度根据企业经营的需要而定，够用就可以了。

采取长期借款和短期借款相结合方案的企业应注意，在第三年以后企业才会步入大规模投资的状态，因此，企业从第二年起最好要有年度利润，第三年起企业的所有者权益最好要超过初始投资。

4.3.3 筹资规划的编制方法

在财务上关注筹资规划，其主要动因是解决资金流的问题。筹资规划是企业整体经营战略的重要一环，是财务预算的重要组成部分，同时也是一个资源规划的过程。筹资规划主要是算出企业每年度需要筹集的资金金额，并合理安排筹资方式。成功的筹资规划一定是建立在对企业财务状况全面分析的基础之上的，对本企业资金的控制和使用必须很精确。

比较理想的筹资规划表现为不仅在资金总额上能够满足企业发展的需要，既不短缺资金也没有闲置资金，而且在时间上也能够与投资节奏相协调，根据企业发展情况确定什么时候适合资金收缩，什么时候适合资金扩张。

1）资金运用和资金来源

如果筹资过多，可能造成资金闲置浪费，增加企业融资成本；也可能导致企业负债过多，偿还困难，增加风险。如果筹资不足，会影响企业投资计划及其他业务的正常发展。因此，企业在进行筹资决策之初，就要根据企业对资金的需要、企业自身的实际条件以及融资的难易程度和成本等因素，确定企业筹资规模。筹资额度的制定需要考虑资金运用和资金来源这两方面。

(1) 资金运用

资金运用的主要项目有：财务费用（偿还借款本金和利息）、生产费用（原材料采购费、加工费）、销售费用（市场开拓、广告）、投资（固定资产投资、无形资产投资）、税金等。

将资金流出项目按其属性归纳如下：

第一，常规开支。常规开支包括管理费用开支、生产线维护费用开支、利息开支等。这些开支的主要特点是与短期决策无关。即从短期看，是必须要用现金支付的费用。由于生产线总体上呈增加态势，所以本类开支总体上是逐步增加的。

第二，无形资产投资。无形资产投资包括产品研发、市场开拓、ISO认证投资等。这些开支的特点取决于无形资产的投资决策，本身无法收回，只能通过销售产品补偿。还表现为初期投资额可能较大，越往后越小，后期基本不支出。

第三，固定资产投资。固定资产投资包括生产线投资和厂房投资，通常表现为两头高扬中间低陷的投资曲线形态。这是由固定资产投资的特点决定的：初期希望扩大生产能力，也有财务力量支持；中期财务吃紧，暂停投资；后期现金充裕，继续加大投资规模。

第四，广告支出。广告支出直接取决于年度营销策略，它受制于财务能力和经济效益。

在图4-12中，各条线都是在前一条线的高度上累加上去的，所以第④条线也显示了现金总流出的特征。

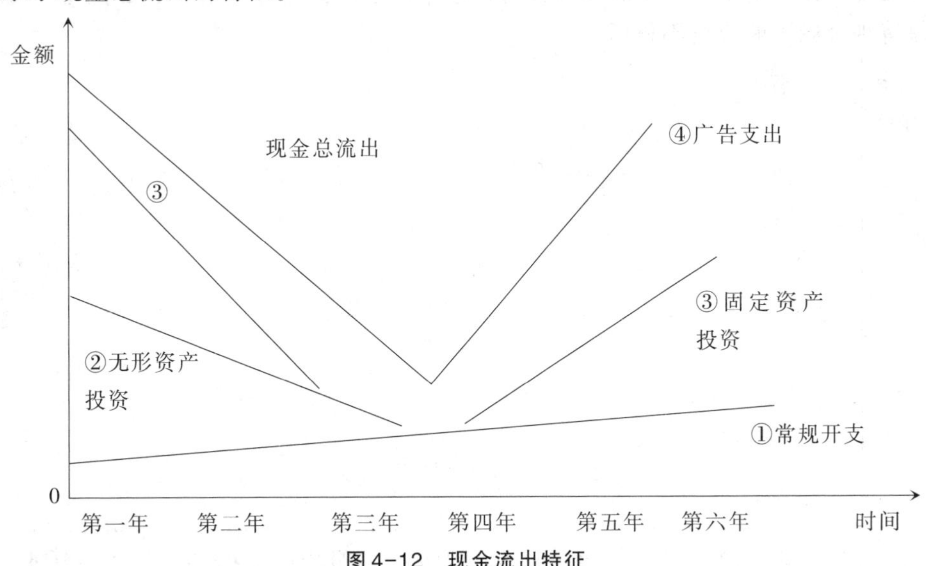

图4-12　现金流出特征

在企业运营中，要懂得做好资金运用的规划。产品的研发、原材料采购、生产线购买等都需要资金投入，有时由于资金的缺乏会造成停工待料或厂房闲置等情况，产生浪费，所以在开始经营前和每年年末或每季度末关账前要做好下一年的资金规划，计算模拟企业的现金是否能够支付将要支付的应付税款、广告投入费用以及是否有要支付的到期贷款及利息，如果资金不足会导致下一年或下一季度破产，因此必须在本年或本季度采取融资方式或者贴现为下年度或下季度或作资金储备。

（2）资金来源

在既定战略下，投资计划和回收期已定，资金需求就已确定。下一步的财务任务就是寻找资金来源。内部融资是依靠企业内部产生的现金流量来满足企业生产经营、投资活动的新增资金需求；而外部负债融资资金是来源于企业之外的债务，也是沙盘企业财务风险的主要来源。下面列出主要的资金来源项目。

第一，内部资金来源。主要包括留存收益和贴现或拍卖等。留存收益是内部融资的主要来源，是企业从历年实现的利润中提取或留存于企业的内部积累，它来源于企业的生产经营活动所实现的净利润。贴现或拍卖的表现形式是企业内部资产的转化，其特点是短期资金融通，资金成本较高。

第二，外部资金来源。主要包括长期借款和短期借款。长期借款的特点是资金可长期占有，使用风险较低，但资金成本较高，申请额度有限，额度跟所有者权益有关。短期借款的特点是当期偿付，资金成本较低，但使用风险较高，申请额度有限，额度跟所有者权益有关。

就一般情况而言，正常发展的企业的资金来源应该是逐年递增的，现金存量运动曲线如图4-13所示。企业开始的现金余额主要取决于起始状态。初期的大幅度下降是各种投资的结果。中后期在保持低水平的基础上略有上升，总之，应在动态中保持现金既不断流也不积压。

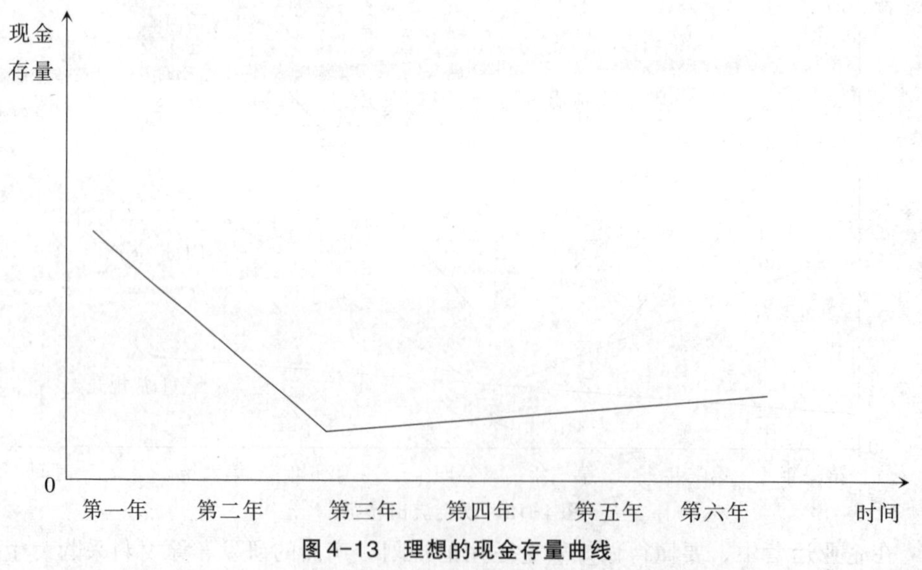

图4-13　理想的现金存量曲线

企业通过各种方式融入资金后，下一步就是怎样管理好用好资金，将资金有效地运用到企业的生产经营过程中。这就要求：在做投资决策时，应尽量选择投资少、见效快、收益高的项目，以保证资金的快速周转。在资金的筹措上，也应以需求为依据，举债过多或过早都会使资金闲置，增加利息负担，造成资金浪费；举债不足或延迟又会影响企业经营，使企业丧失良好的经营机会。企业管理还应在产品结构、质量、经营、工作效率等方面切实统筹规划，实现企业管理最佳状态，提高资金利用效率。

2）筹资规划的基本程序

企业筹资是指企业根据生产经营、对外投资和调整资本结构等需要，通过金融市场等筹资渠道，运用一定的筹资方式，经济有效地筹措和集中资金的活动。筹集资金是企业的基本财务活动，是资金运动的起点，是决定资产规模和生产经营发展程度的重要环节。筹资规划的关键是计算出精确的筹资额，既不能造成资金短缺，也不能占用过多资金，同时还要考虑筹措资金的最佳方式和适当时机。在融资过程中存在许多不确定性因素，因此资金的筹集必须遵循一定的原则，按照一定的步骤进行。

（1）进行财务预测，合理确定资金需要量

企业的决策应深入思考企业资金需求的时间要求，具体资金来源于哪里，如何取得这些来源，每个资金来源渠道能够筹集的资金额度是多少，在哪个时点上筹资，其筹资成本又是多大？为了保证生产经营的正常进行，必须知道自己在什么时间、需要多少资金，才能编制合理融资计划。在ERP沙盘模拟中，每个会计年度初期，企业管理层需要制定（或调整）企业发展战略，以此为依据确立企业未来的销售目标。有了销售目标，企业的财务主管就可以编制销售预算，即对未来一年企业可能实现的销售量、销售收入做测算。这样，以销售预测为依据，结合企业对未来的预期，就可以编制准确的生产预算、采购预算、设备投资专门预算，并进行相应的现金预算。由于现金预算的内容包括现金的流入量、现金的流出量、现金结余及现金短缺的数值，因此根据现金预算，管理层可以判断未来企业现金流的状况、现金结余的情况以及现金是否有短缺，如果有短缺，金额是多少，测算出资金需要量。

（2）合理确定筹资比例及数额和用途

根据不同融资方式的资本成本和风险水平，确定不同融资方式的资金筹集比例及数额。在企业经营沙盘模拟中，由于不同筹资方式的资本成本及财务风险不同，企业计算并且比较不同筹资方式的资本成本及财务风险，进而选择适合企业的筹资方式及确定不同筹资方式的筹资比例，既要保证筹资的综合资本成本较低，又要控制企业的风险水平，这样才能以最低的成本获取所需资金，并且在债务到期时及时偿还，而不至于由于债务安排的不合理，出现无法偿贷的财务危机。另外，要掌握资金用途。沙盘企业是生产制造性企业，其资金大多用在生产方面，如固定资产与厂房的购置、原材料的采购等，所以筹资问题同时涉及生产上的成本控制问题。制定筹资策略要深入分析其资金的来源与用途是否匹配，是否存在滥用资金的现象。对生产过程的成本控制也需要在筹资经营总结中加以体现。另外还要运用财务指标进行内部诊断。企业决策层通过对企业财务报表的分析，判断企业的财务状况与经营管理状况，从而确定合理的融资规模。财务报表分析常用的方法是通过分析资金与销售额之间的比率来确定企业所需资金。

（3）确定企业最佳的融资方案，合理规划资本结构

在确定企业最佳融资方案之前，需要制定现金预算。按规则，沙盘企业的现金不能断流，因此筹资问题也涉及现金流的控制问题。同样，沙盘企业的决策层在制定现金预算时也要考虑筹资策略以及筹资成本。如果实际执行结果与预算之间的差异过大，则需要分析产生差异的原因。在准确地预测出企业资金需要量的基础上，通过对不同融资方式的定性与定量分析，明确企业可选择融资方式的筹资数额及占总筹资额的比例，制订出最佳的筹资方案，构建科学的资本结构。现实企业筹资方案的制订则要复杂很多，需要考虑众多影响因素。因此，只有不断完善ERP沙盘筹资模块的运营规则，比如分设多个行业进行经营模拟、进行运营企业信用测评，以此为依据决定企业的贷款额度等，才能使虚拟企业的筹资环境与现实最大限度地吻合，使虚拟企业的资金管理更加真实化。这样在领会ERP管理思想的同时，管理能力才能得到切实的锻炼。

本章小结

本章主要讲授企业筹资策略。企业的筹资策略应紧密结合本企业的经营战略与发展能力，要服从企业的整体发展战略的安排和布局，切忌把筹资与其他经营战略如投资、生产、营销等战略割裂开来，单纯为了筹资而筹资。

沙盘企业资金来源的首选是企业内部资金，内部资金主要是指企业留存的税后利润。但由于企业自有资金不足，经常需要举债筹集其所需的资金。企业如果生产经营活动能正常进行，能够及时偿还期债务本息，就不致造成财务风险，而且企业还能从举债经营中获得盈利；但是如果缺乏按时偿还债务的能力，企业便会陷入恶性循环之中，以致危及企业的生存。当企业需要外部融资时，应选择低风险类型的债务融资，并充分考虑资金的利用率和融资成本问题。

沙盘企业的筹资策略灵活多变，各筹资方案之间也没有绝对的优劣之分。很多细节以及经验只有通过沙盘实战才能获得，在经过多次演练，经历了成功和失败后，企业能找出适合自己企业的筹资策略。

练习题

1.企业为什么要筹资？

2.企业筹资的类型有哪些？

3.试比较沙盘企业的各种筹资方式。

4.如何制定筹资规划的程序？

习题答案

1.企业筹资的基本目的是为了自身的生存与发展。企业在持续的生存与发展中，其具体的筹资活动通常受特定的筹资动机所驱使。企业筹资的具体动机是多种多样的。例如，为购置设备、引进新技术、开发新产品而筹资；为对外投资、并购其他企业而筹资；为现金周转与调度而筹资；为偿付债务和调整资本结构而筹资。在企业筹资的实际中，这些具体的筹资动机有时是单一的，有时是结合的，归纳起来有三种基本类型，即扩张性筹资动机、调整性筹资动机和混合性筹资动机。企业筹资的动机对筹资行为及其结果产生直接的影响。

（1）扩张性筹资动机

扩张性筹资动机是指企业因扩大生产经营规模或增加对外投资而产生的追加筹资的动机。处于成长期、具有良好发展前景的企业通常会产生这种筹资动机。例如，企业产品供不应求，需要增加市场供应，开发生产适销对路的新产品，追求有利的对外投资规模，开拓有发展前途的对外投资领域等，往往都需要追加筹资。扩张筹资动机所产生的直接结果，是企业资产总额和资本总额的增加。

（2）调整性筹资动机

企业的调整性筹资动机是企业因调整现有资本结构的需要而产生的筹资动机。资本结构是指企业各种筹资方式的组合及其比例关系。一个企业在不同时期由于筹资方式的不同组合会形成不尽相同的资本结构。随着相关情况的变化，现有的资本结构可能不再合理，需要相应地予以调整，使之趋于合理。企业产生调整性筹资动机的原因有很多。例如，一个企业有些债务到期必须偿付，企业虽然具有足够的偿债能力偿付这些债务，但为了调整现有的资本结构，仍然举债，从而使资本结构更加合理。再如，一个企业由于客观情况的变化，现有的资本结构中债务筹资所占的比例过大，财务风险过高，偿债压力过重，需要降低债权筹资的比例，采取债转股等措施予以调整，使资本结构适应客观情况的变化而趋于合理。

（3）混合性筹资动机

企业同时既为扩张规模又为调整资本结构而产生的筹资动机，可称为混合性筹资动机。即这种混合性筹资动机中兼有扩张性筹资动机和调整性筹资动机。在这种混合性筹资动机的驱使下，企业通过筹资，既扩大了资产和资本的规模，又调整了资本结构。

2.企业通过各种筹资渠道和采用各种筹资方式所筹集的资本，由于具体的属性、期限、范围和机制的不同而形成不同的类型，不同类型资本的结合就构成了具体的筹资组合。企业全部资本或筹资，按照不同角度通常可分为股权筹资和债权筹资、长期筹资与短期筹资、内部筹资与外部筹资、直接筹资与间接筹资等类型。

3.对于沙盘企业而言，当企业资金断流时，可以通过不同的途径筹集资金，使企业度过暂时的资金危机；同时，企业也可以在不同的阶段，利用不同的资金筹集渠道筹集资金，为企业的快速发展提供物资上的保证。企业筹集资金的途径很多，包括贷款、出售厂房、贴现、借高利贷、出售生产线等，但由于每种方式各有特点，所以在使用时应区别对待。

贷款是企业筹资的主要方式，通过贷款，企业可以解决资金短缺的困难，同时，如果企业资金运用合理，还可以取得远高于贷款利息的投资回报。所以，企业应当考虑适度的贷款。贷款包括长期贷款和短期贷款，长期贷款贷款期限长，短期内没有还款压力，但利率较高，筹资成本高，一般适用于固定资产等长期资产的投资。短期贷款利率相对较低，但贷款期限短，还款压力大，特别是在企业所有者权益逐年降低，又没有贷款额度的情况下，风险较大。一般适用于解决流动资金不足，比如购买原材料、支付加工费等。总的来说，贷款是企业筹集资金首先考虑的方式，在不能贷款的情况下再考虑其他的筹资方式。

贴现是企业常用的一种筹资方式，这种筹资方式时间灵活，可以随时贴现。但贴现需要有应收账款，而且使用成本高，所以，企业一般在资金非常困难，确实无法渡过难关时采用。

出售厂房可以筹集资金，但要每年支付租金，所以，这种方式是在不能贷款的情况下才考虑的。出售厂房收到的是4个账期的应收账款，不能在当期取得现金，所以要提前考虑资金的需求情况，提前出售，否则，如果将出售厂房的应收账款贴现的话，使用成本太高。一般情况下，出售厂房有两种情况：一种是主动出售，即在市场状况良好的情况下，企业筹资困难，但有比较好的发展前景时使用；另一种情况是被动出售，即当企业出现了现金断流，为了防止破产，不得已而采用这种方式，但是这种被动出售对于企业是非常危险的。

出售生产线是指由于资金严重短缺而被迫出售正在使用生产线的一种筹资方式，应该说是一种无奈的选择。企业生产线只能按残值出售，如果生产线净值远大于残值，则企业出售生产线损失很大。而且出售了生产线，意味企业的生产能力下降，收入降低，对企业也是不利的。所以，这种方式除非在不得已的情况下才被采用。当然，企业也可能根据规划要更新生产线而出售旧生产线，这种情况不包括在这里。

4.企业筹资是指企业根据生产经营、对外投资和调整资本结构等需要，通过金融市场等筹资渠道，运用一定的筹资方式，经济有效地筹措和集中资金的活动。筹集资金是企业的基本财务活动，是资金运动的起点，是决定资产规模和生产经营发展程度的重要环节。筹资规划的关键是计算出精确的筹资额，既不能造成资金短缺，也不能占用过多资金，同时还要考虑筹措资金的最佳方式和适当时机。在融资过程中存在许多不确定性因素，因此资金的筹集必须遵循一定的原则，按照一定的步骤进行。

（1）进行财务预测，合理确定资金需要量

企业的决策应深入思考企业资金需求的时间要求.具体资金来源于哪里，如何取得这些来源，每个资金来源渠道能够筹集的资金额度是多少，在哪个时点上筹资，其筹资成本又是多大？为了保证生产经营的正常进行，必须知道自己在什么时间需要多少资金，才能编制合理的融资计划。在ERP沙盘模拟中，每个会计年度初期，企业管理层需要制定（或调整）企业发展战略，以此为依据确立企业未来的销售目标。有了销售目标，企业的财务主管就可以编制销售预算，即对未来一年企业可能实现的销售量、销售收入做测算。这样，以销售预测为依据，结合企业对未来的预期，就可以编制准确的生产预算、采购预算、设备投资专门预算，并进行相应的现金预算。由于现金预算的内容包括现金的流入量、现金的流出量、现金结余及现金短缺的数值，因此根据现金预算，管理层可以判断未来企业现金流的状况、现金结余的情况以及现金是否有短缺，如果有短缺，金额是多少，测算出资金需要量。

（2）合理确定筹资比例、数额及用途

根据不同融资方式的资本成本和风险水平，确定不同融资方式的资金筹集比例及数额。在ERP模拟中，由于不同筹资方式的资本成本及财务风险不同，企业计算并且比较不同筹资方式的资本成本及财务风险，进而选择适合企业的筹资方式及确定不同筹资方式的筹资比例，既要保证筹资的综合资本成本较低，又要控制企业的风险水平，这样才能以最低的方式获取所需资金，并且在债务到期时及时偿还，而不至于由于债务安排的不合理，出现无法偿贷的财务危机。另外，要掌握资金用途。沙盘企业是生产制造性企业，其资金大多用在生产方面，如固定资产与厂房的购置、原材料的采购等，所以筹资问题同时涉及生产上的成本控制问题。制定筹资策略要深入分析其资金的来源与用途是否匹配，是否存在滥用资金的现象。对生产过程的成本控制也需要在筹资经营总结中加以体现。另外还要运用财务指标进行内部诊断。企业决策层通过对企业财务报表的分析，判断企业的财务状况与经营管理状况，从而确定合理的融资规模。财务报表分析常用的方法是通过分析资金与销售额之间的比率来确定企业所需资金。

（3）确定企业最佳的融资方案，合理规划资本结构

在确定企业最佳融资方案之前，需要制定现金预算。按规则，沙盘企业的现金不能断流，因此筹资问题也涉及现金流的控制问题。同样，沙盘企业的决策层在制定现金预算时也要考虑筹资策略以及筹资成本。如果实际执行结果与预算之间的差异过大，则需要分析产生差异的原因。在准确地预测出企业资金需要量的基础上，通过对不同融资方式的定性与定量分析，明确企业可选择融资方式的筹资数额及占总筹资额的比例，制订出最佳的筹资方案，构建科学的资本结构。现实企业筹资方案的制订则复杂很多，需要考虑众多影响因素。因此，只有不断完善ERP沙盘筹

资模块的运营规则，比如分设多个行业进行经营模拟、进行运营企业信用测评，以此为依据决定企业的贷款额度等，才能使虚拟企业的筹资环境与现实最大限度地吻合，虚拟企业的资金管理更加真实化。这样在领会ERP管理思想的同时，管理能力才能得到切实的锻炼。

第5章　生产组织

学习目标

(1) 了解ERP沙盘课程生产组织的主要环节；

(2) 掌握生产计划的制订；

(3) 了解生产控制的主要内容；

(4) 理解主要的生产策略；

(5) 掌握按订单交货的库存原则；

(6) 掌握按订单交货的方法和违约情况。

5.1　生产管理概述

企业可分为物质生产型企业和劳动服务型企业，ERP沙盘系统是对物质生产型企业的简化和抽象。无论是物质生产型还是劳动服务型企业，生产运作活动都是将各种生产要素经过一系列的生产过程产出产品和服务，即“投入—变换—产出”的过程。生产管理的职能就是针对这一过程的计划、组织、领导和控制，它伴随着整个生产过程，是企业管理的重要方面。在ERP沙盘系统中，生产是重要的经营内容，生产管理的重要作用不容忽略。

在ERP沙盘系统学习中，涉及的主要生产管理内容有：

1）生产计划

生产计划是为实现生产的既定目标而对未来的生产行动进行规划和安排的工作过程。生产计划是生产管理职能中最基本的，也是实施其他职能的条件。生产计划是一项科学性很强的管理活动，在ERP沙盘课程中具体涉及长期生产计划、中期生产计划、短期生产计划，以及与生产计划相匹配的原材料采购计划。

2）生产准备与过程

为了使生产目标和计划顺利实现，需要根据生产计划进行相应的准备活动。具体包括：产品研发、市场开拓、厂房及生产线建设，以及ISO资格认证等。因为每一种准备活动均涉及周期问题（例如市场开拓规则规定每种市场具有相应的开发周期），以及资金问题，因此需要提前做好生产的各项准备。生产准备结束后，企业具备了生产的资格和条件，应开展具体的原材料采购、生产、产品入库、按订单交货等生产活动。

3）生产控制

生产控制是按既定生产目标对生产活动进行监督、发现偏差、采取纠正措施，使工作按原定计划进行或适当调整计划以达到预期目的的过程。生产控制是延续不断、反复发生的过程。在ERP沙盘学习中，生产控制涉及生产过程控制、库存控制等，一些生产策略可以帮助进行生产控制。

5.2 生产组织的主要环节

生产是利用土地、设备、劳动和企业家才能等生产要素产出产品和服务的过程。在ERP沙盘学习中，生产环节是利用厂房、生产线等资源将原材料进行加工，并产出市场需要的各类产品的过程。通过生产环节，企业按照在市场上所拿到的订单的要求进行生产，投入各类生产要素、消耗成本、赚得利润，实现权益的增长。只有通过不断地产出产品、进行销售并获得利润，企业才能在竞争中生存。

在ERP沙盘学习中，生产过程的主要操作包括原材料采购、生产、按订单交货三个环节。下面就各个环节的操作方法和需要注意的事项进行说明。

5.2.1 原材料采购

原材料是进行生产所必须具备的物质资料。企业的生产就是对原材料进行一系列的加工，进而产出产品的过程。然而，企业本身并不生产原材料，这些用于生产加工的物质资料必须从市场上采购。进行原材料采购需要完成确定产品种类和数量、计算原材料种类、数量及采购时间、计算采购费用、进行原材料采购四个步骤(如图5-1所示)。

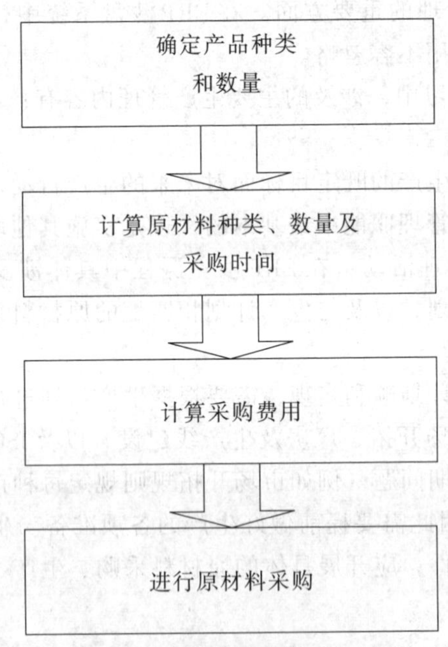

图5-1 原材料采购的四个步骤

首先要明确企业欲进行生产的产品种类和各种类产品的数量。产品的种类这一信息来自企业管理层制定的企业战略和经营计划，以及当前阶段企业计划生产的产品组合策略。例如，一个名为“保利来公司”的企业在运营过程中充分分析了市场需求状况、其他企业的竞争策略，制定出“差别化”的企业战略。根据这一战略，该公司确定了P1、P3和P4的产品组合。各种类产品的生产数量由财务部门确定的现金约束、销售部门确定的销售计划、生产部门的生产能力，以及已有库存等约束条件共同决定。如“保利来公司”的三个职能部门共同研究确定某一季度计划生产P1、P3和P4产品的数量分别为4、6、6。

接下来，根据所确定的产品种类和数量，计算需要采购的原材料的种类和数量。根据ERP沙盘规则，每种产品所消耗的原材料种类和数量是有区别的。例如，产品P1仅消耗1个R1，1种原材料，而产品P3则需要消耗1个R1、1个R3和1个R4，3种原材料。具体每种产品消耗的原材料种类和数量的组合见表5-1。

表5-1 **产品物料清单**

名称	开发费用	开发周期	加工费	直接成本	产品组成
P1	10W/Q	2Q	10W/个	20W/个	R1
P2	10W/Q	3Q	10W/个	30W/个	R2+R3
P3	10W/Q	4Q	10W/个	40W/个	R1+R3+R4
P4	10W/Q	5Q	10W/个	50W/个	R2+R3+2R4

注：“直接成本”为原材料成本与加工费之和。

根据每种产品需要消耗原材料的种类和数量，以及需要生产的该种产品的数量来计算一共需要采购的原材料的种类及数量。这里还是采用“保利来公司”的例子进行说明，若该公司计划生产4个P1、6个P3和6个P4，则计算每种产品需要的原材料，以及一共需要的原材料见表5-2。

表5-2 **各产品消耗原材料的种类和数量**

	R1	R2	R3	R4	产品组成
P1	4	0	0	0	R1
P2	0	0	0	0	R1+R2
P3	6	0	6	6	R1+R3+R4
P4	0	6	6	12	R2+R3+2R4
合计	10	6	12	18	

为了使读者对原材料采购有一个初步的清晰的认识，这里暂不涉及当大批采购原材料可以享受优惠时的情形。在该情形中大批采购可以得到不同等级的折扣，为了节省现金资源，采购数量可以多于计算所得到的数量。

下一步，计算进行采购所需要的采购费用。采购费用的计算需要用到市场上原材料的价格这一信息，这一信息在规则中会有详细说明，我们这里采用每个原材料价格为10W进行计算。

计算得到购买每种原材料的费用分别为：R1——100W；R2——60W；R3——120W；R4——180W。因此，一共需要的采购费用为：100W+60W+120W+180W=460W。

最后，进行原材料采购。确定了采购的原材料的种类和数量后，就可以采购当季度的原材料了。这里需要强调的是，在某些沙盘系统设定的参数中，原材料的采购需要提前进行。具体提前的期数需要根据具体规则而定。例如，当对公司经营的第二年一季度P1的生产采购R1时，如果规则明确规定，该R1原材料需要提前1个季度采购，那么就需要在第一年四季度采购R1了。

5.2.2 生产

为了使生产能够顺利进行，必须具备三个前提条件。第一个前提条件是企业具备了生产所必需的原材料。第二个前提条件是企业必须具有充足的生产费用。除了原材料的购买成本外，生产这一环节本身也耗费现金资源，如生产部门工人工资、厂房等建筑的维修费用，以及其他开销等，我们统称加工费。因此，进行生产前，必须确保企业可以提供进行生产所必需的加工费，以支持当期的生产。关于生产的加工费用也需要根据规则而定。企业进行生产的第三个前提是计划生产的产品已经研发完成。产品的研发需要一个固定的周期，并且研发过程需要一定的费用。关于产品研发的规则请参照相关规则。

当然，除了以上所述的生产的三个必要条件外，进行生产还必须有其他的前提条件，如厂房已经购买或租用、生产线已经建成并投入使用、计划出售的市场已经开发完成等。我们这里着重讨论与生产相关的知识，因此这些其他的前提条件我们假设企业已经满足。

具备了以上的所有条件后，企业便可以着手开始当季度的生产了。这里需要注意的是，当季度生产的产品并不能当季度入库，也就是说，当季度进行生产的产品，不能当季度出现在市场上进行销售。这是因为考虑到了生产需要一定的时间。假如我们每一种产品的加工时间为1个季度，那么当季度投入生产的产品要在下一季度才能入库和销售。假如是当年的最后一季度生产，那么下一年的一季度才能入库和销售。另外，原计划生产某种产品，当市场需求发生变化时，可以进行转产，以生产市场需要的其他种类的产品。根据不同的生产线性能，转产需要不同的转产周期和转产费用。具体请见关于生产线的规则说明。

5.3 生产计划与控制

5.3.1 生产计划

生产计划是企业根据生产战略所制定的保证企业按时完成生产任务、有效利用资源的执行计划。生产计划是生产管理的重要组成部分。

1）生产计划的指标

制订生产计划应考虑的主要指标有：

（1）品种

品种指在生产计划期内所生产的产品品名、规格、型号等，是编制生产计划的主要问题。在ERP沙盘中，设定某系列产品P，品种分别为P1、P2、P3、P4，制订生产计划的首要问题，就是在分析市场需求的基础上，确定生产产品的品种。

（2）产量

产量指在生产计划期内所生产的每种产品的合格品的数量。产量指标是制订生产计划、组织生产过程、影响采购与库存以及市场销售等的重要指标。

（3）质量

质量指在生产计划期内所生产的产品质量水平，在ERP沙盘中，可以考虑投资ISO资格认证以提高产品质量。

（4）产值

产值指在生产计划期内所生产的产品总量的以货币表示的价值，产值指标能够综合反映企业的生产经营成果。

（5）投产期和出产期

投产期和出产期指在企业生产计划期内确定的产品投产日期和出产日期，这两个指标保证了企业按照订单要求的交货期进行交货，从而避免违约。

2）生产计划分类

按照生产计划所覆盖的时间范围，可将生产计划分长期生产计划、中期生产计划以及短期生产计划。

（1）长期生产计划

长期生产计划指在长时间范围内（通常为5年或5年以上）的生产计划。主要任务有产品决策和生产能力决策，涉及产品发展方向、生产规模发展节奏、研发发展计划等。在企业竞争模拟过程中，需要制订企业经营周期（6年）的长期生产计划。这一生产计划的制订，是根据在企业经营初期，在对市场预测数据进行充分分析，以及对企业可用资源分析的基础上，所制定的企业全局战略。该战略界定了企业在经营周期内预计生产的产品种类、数量，界定了企业的竞争策略和竞争优势。各企业经营小组，必须具备制订长期生产计划的能力，并且具备执行计划过程中所需要的执行力和灵活性。

（2）中期生产计划

中期生产计划通常指以2~3年为周期制订的生产计划。主要任务是根据企业的长期生产计划，制订企业经营过程中不同阶段的具体生产计划。在沙盘实战中，企业经营大致经历三个阶段：初创阶段、发展阶段和完善阶段。企业的中期生产计划就是要针对企业经营的不同阶段的特点，制订符合本阶段发展的生产计划，包括产能扩张节奏、产品种类和数量的变化、交货计划等。在企业竞争模拟过程中，中期生产计划起着非常重要的作用，关系到企业不同发展阶段的产品销售、企业利润、资产、所有者权益、企业信誉及偿债能力等重要指标。企业中期生产计划应与企业的战略目标相一致，同时又要根据具体情况而灵活制订。

（3）短期生产计划

短期生产计划指季度内的生产作业计划，应以1年为周期进行制订。主要任务是合理安排年度内各个季度生产的每一个细节，包括采购原材料、进行生产、按订单交货等。确保生产能够顺利、准确地进行，以保证按照订单的数量、质量和交货期进行交货。短期生产计划要求准确、具体，并预先制订。在企业竞争模拟过程中，短期生产计划确保生产出的产品及时交单，使现金能够及时、充分地流动和周转，以充分利用现金资源。因此，制订和执行年度生产计划，是企业正常运营的基础。

长期生产计划、中期生产计划和短期生产计划除计划所覆盖的时间范围不同外，另一个区别是在生产管理人员分别制订这三类计划时所掌握的信息量不同。长期生产计划由于是从企业经营的当前时间点向前看5年或者5年以上的时间，很多信息存在着极大的不确定性，只能根据经营管理人员的经验或者预测进行制订。在制订时需要考虑到企业经营的战略目标，根据战略目标，制订大致的生产计划。因此，长期生产计划属于企业的战略性计划。中期生产计划是从企业经营的当前时间点向前看2～3年的时间，仅有部分信息不确定。在制订时需要结合长期生产计划制订相对具体的计划，属于战术性计划。短期生产计划是从企业经营的当前时间点向前看1年的时间，很多信息已经确定，制订时无须考虑战略和战术，仅需要将其付诸实践，因此属于作业层次的计划。

3）采购计划的制订

原材料采购计划旨在根据财务资源、生产能力、订单要求等因素的制约制订全年甚至整个经营周期的采购计划。与生产计划相同，根据计划所覆盖的时间范围可将采购计划分为长期计划、中期计划和短期计划。

制订长期原材料采购计划时，要根据企业的生产战略部署及长期生产计划，根据企业经营周期内生产的产品品种、数量，对5～6年内需要购入的原材料的品种、数量进行估计。由于企业在经营过程中存在许多不确定性因素，长期采购计划所确定的原材料数量是一个预估值。中期原材料采购计划需要根据企业经营的中期生产计划来制订，由于中期生产计划的时间范围为2～3年，中期原材料采购计划需要确定企业2～3年内需要采购的原材料种类、数量进行估计。短期原材料采购计划与长期、中期采购计划不同，由于企业1年内的生产信息已经确定，短期采购计划需要根据短期生产计划中所规定的产品的种类和数量，精确地计算企业1年内需要采购原材料的种类、数量和进行采购的精确时间。

由于在具体经营过程中，每季度的财务资源、生产能力等各因素随着当季度的具体情况会发生各种变化，因此，如果能够利用工具快速地将原材料采购计划制作出来，将会节约大量的人力和时间。下面向大家介绍短期原材料采购计划的制作工具。

4）采购计划工具

企业经营小组成员可以用Excel软件制作简单的原材料采购工具。我们以3条自动线、1条柔性线为例进行说明。1条自动线和1条柔性线均生产P1，2条自动线生产P2。

第一步，将产品相关规则制作成Excel表格，如图5-2所示。产品相关规则包括开发费用、开发周期、加工费、直接成本和产品组成，将数量填写到表格中。

产品相关规则

名称	开发费用(¥/Q)	开发周期(Q)	加工费(¥)	直接成本(¥)	产品组成			
					R1	R2	R3	R4
P1	10	2	10	20	1			
P2	10	3	10	30		1	1	
P3	10	4	10	40	1		1	1
P4	20	5	10	50		1	1	2

图5-2　产品相关规则在Excel软件上的制作

第二步，建立生产线数量和原材料数量表。如图5-3所示，在生产线数量表格中，生产线按产品分类可以分为P1、P2、P3和P4四类，作为表格的行名称。生产线按技术类型分类可以分为手工线、租赁线、自动线和柔性线，作为表格的列名称。将中间区域设置为黄色背景，代表此部分区域为手工填写。表中两个总计栏为计算机自动计算得到。

生产线数量

	手工线	租赁线	自动线	柔性线	总计
P1					
P2					
P3					
P4					
总计					

原材料数量

R1	R2	R3	R4	总计

图5-3　生产线数量和原材料数量工具

在原材料数量表格中，原材料的数值均为系统自动计算得出，此处得出的结果为需要的原材料种类和数量的结果。

第三步，在相应的单元格中设置函数。在B11到E14单元格（表中黄色区域）内，手工填写手工线、租赁线、自动线和柔性线的个数，根据生产线的个数，计算出P1、P2、P3和P4产品的个数，再在“原材料数量”表格中自动计算出所需要的R1、R2、R3和R4的数量。在F11到F14单元格、B15到E15单元格，以及F18单元格采用加法公式或sum（）求和函数。B18、C18、D18、E18采用sumproduct（）函数，如图5-4所示。

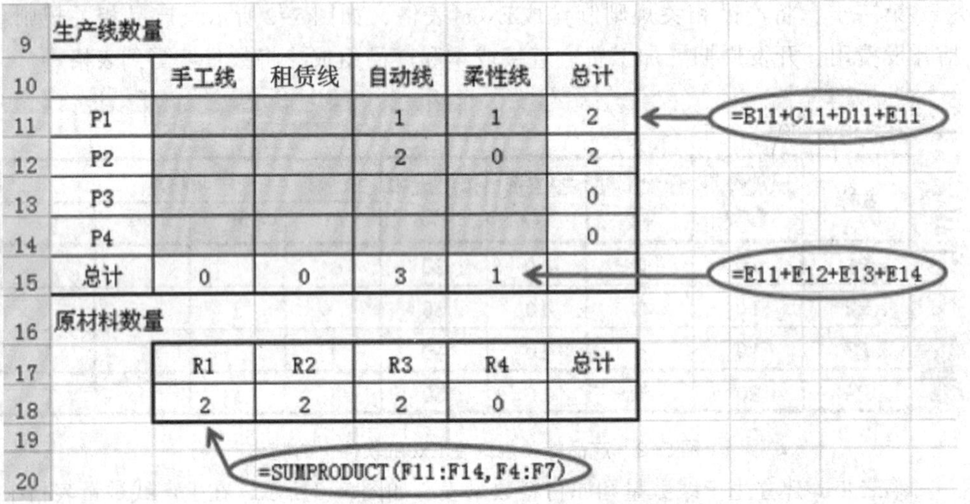

生产线数量

	手工线	租赁线	自动线	柔性线	总计
P1			1	1	2
P2			2	0	2
P3					0
P4					0
总计	0	0	3	1	

=B11+C11+D11+E11

=E11+E12+E13+E14

原材料数量

R1	R2	R3	R4	总计
2	2	2	0	

=SUMPRODUCT(F11:F14,F4:F7)

图5-4 单元格和函数

5.3.2 生产控制

计划和控制是生产管理的两个重要方面。计划的功能是在未开展生产活动之前，对市场需求进行分析，对所要进行的生产活动的资源条件进行估计，确定生产什么、如何生产等，而控制的功能则是在生产活动进行前、中、后，为确保按照生产计划中的生产过程进行控制的活动。发生在生产活动前期的生产控制，是预防性的管理活动；发生在生产活动中期和后期的生产控制，则是通过测定计划与结果之间的偏差而采取的补救措施。

由于生产活动是一个复杂的过程，生产计划与生产过程的结果由于受到种种因素的扰动，必然会出现各种偏差，这些偏差有些是可以提前预知和防范的，有些偏差即使无法提前预知，也可以通过事后的补救措施进行弥补。生产控制就是确保生产活动的结果尽量和我们所预计和计划的那样进行。当然，由于市场的动态性，对产品的需求是不断变化的。有时，制订生产计划的时间点所参考的市场需求信息和生产活动进行中的市场需求并不一致，这时就需要我们的生产能够及时调整，以适应变化了的市场。为了适应快速变化的市场，需要我们制订较为灵活的生产计划，同时在原材料采购、库存等控制环节上充分考虑这一因素。

库存是由于物料存货与生产之间、生产与销售之间不能够完全等量衔接而造成的物料和产品的积压和留存。库存的基本作用是保证原材料、产品的及时提供，以确保企业生产、销售活动的顺利进行。除此以外，通过控制库存，还能够起到节约成本、提高企业利润的作用。库存有时是需要尽量避免的，因为它会给企业带来库存成本，而在有的时候，适当的库存是企业竞争的一个策略，不仅不会造成资金的浪费，还会带来更高的利润。

1）原材料与库存

不能及时将购买的原材料转换为产品会造成库存积压。在ERP沙盘中库存费用一项被省略，因此不需要考虑这一部分费用。但在现实的企业经营过程中，库存费用一项是一定会发生的。为了节约这一开支，就要尽量缩减库存。如日本丰田公司提出的准时化生产方式（Just in Time）或称精益生产，是以追求并实现零库存为目标生产方式。该方式不仅降低由库存带来的成本，而且使生产和经营更加灵活，适应市场需求，规避了由产品降价带来的风险。同时，高效率的原材料供应还提高了工人工作的紧迫感。

在企业经营模拟过程中，准时化生产也应该成为企业经营小组所追求的目标。产生原材料积压问题的实质是对企业生产活动缺乏足够的预测和计划造成的。因此实现“零库存”的目标需要企业经营小组对企业中期、短期生产做出精确而完善的计划。采用上节所讲的原材料采购计划工具，可以精确地计算出生产所需要的物料数量。

2）库存与产品

企业生产出的产品，由于没有及时销售出去而造成产品积压，形成库存。产品的存储费用构成了库存成本。在大部分情况下，和原材料一样，企业最好能做到“零”库存，以降低库存成本，提高企业利润。但在某些特殊情况下，也不一定完全如此。例如，当某企业生产了一批产品，市场需求情况并不好，企业可能会考虑将这批产品留到下一季度市场需求状况好的时候进行销售，这一大批量的销售可为企业赢得更高的市场份额，可看作是一种倾销或竞争手段。这种更高的市场份额可能带来企业的广告效应、市场老大等优势。在实际的企业经营中，除了产品的市场价格，企业可能还需要综合考虑库存成本与企业的运输成本变动、原材料供应价格的变动等各项因素，最终采取最有利于企业的决策。

5.4　生产策略

企业想在激烈的市场竞争中存活下来并处于领先地位，提高生存和竞争能力，就要迎接一个个接踵而至的挑战，包括现金资源匮乏、产量无法满足市场需求、由激烈的市场竞争导致的销售额下降等。面对这些挑战，企业在经营过程中要逐步提高产能、扩大市场份额、缩减成本，从而提高利润率，给企业带来更大的生存和发展空间。在生产方面，企业可以挖掘的潜力相当大。本节将详细阐述能给企业带来竞争力的生产潜力挖掘点。首先我们探讨制约生产的各种因素，接着分析由于生产设备这一因素的制约，从不同角度计算产能，包括生产线的产能和厂房容量的产能，以及由于市场需求这一因素的制约，计算基于市场需求的产能。最后，阐述有关生产的经营策略。

5.4.1 生产的制约因素

1）战略与生产

战略是企业生存和竞争的计划、路线、方法，没有竞争战略的企业即使资金充裕、规模强大，也很难充分发挥资源优势、为股东们创造更多的价值，就像“没有灵魂的巨人”。有一个好的战略，企业就向胜利和成功迈出了一大步。战略包括企业级和职能级两个层次，如图5-5所示。全局战略可分为：低成本战略、差异化战略、集中战略。企业还可根据自身特点在不同经营时期采取不同的全局战略。

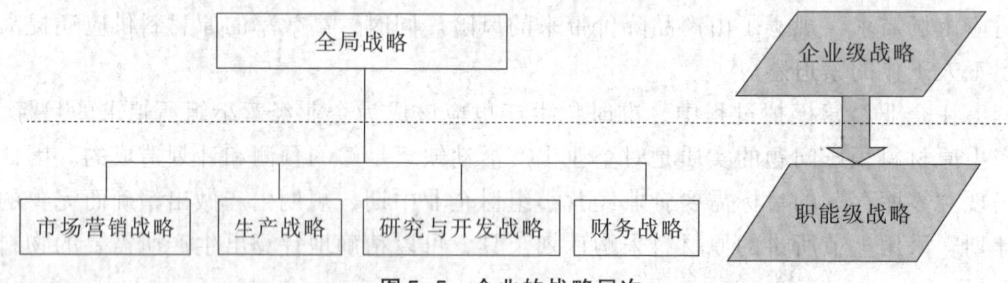

图5-5 企业的战略层次

全局战略决定生产。传统企业结构多数生产型企业按职能划分为不同的部门。全局战略位于企业战略的最高层次，它需要根据企业的目标，选择企业可以竞争的经营领域，合理配置企业经营所必需的资源，使各项经营业务相互支持、相互协调。职能战略是在公司战略的制约下，指导和管理具体经营单位的计划和行动，为企业的整体目标服务。职能战略是企业内主要职能部门的短期战略计划，使管理人员可以更加清楚地认识到本部门在实施公司战略中的责任和要求，有效运用研究开发、营销、生产、财务、人力资源等方面的经营职能，保证实现企业目标。

生产战略属于职能战略，包括生产什么、生产多少以及什么时候生产。例如，我们在第一节中介绍的“保利来公司”，差异化的战略决定公司的产品组合倾向于那些偏远市场上的“稀有”产品，而在产量方面，公司不一定急于将产能全面铺开，仅关注固定资产投资回报率、利润率等这些能够用较少的投入得到较多产出的生产方式。

生产战略应与全局战略相一致，全局战略是生产战略的前提和指导。在制定企业的生产战略时，应充分考虑企业的性质、任务、发展方向和发展模式等问题。

2）有限资源与生产

经济学中的生产是通过将生产要素（包括劳动、土地、资本）进行组合以制造产品或服务的活动，即投入一定的资源，经过一系列多种形式的变换使价值增值，最后以某种形式的产出供给社会的过程。资源的有限性决定了生产的有限性，即由于投入生产过程的资源是有限的，生产过程不能盲目无限地扩大，仅能在有限资源的制约下有目的、高效率、充分利用资源进行生产。因此，生产过程需要符合生产战略、目标、计划，同时生产过程要可控，才能在资源有限的前提下较好地产出产品。我们在制订生产过程的计划时，要充分考虑到资源的有限性。

在ERP沙盘经营过程中，处处可以感觉到资源的有限性。例如最常出现的情况是现金不足。没有足够的现金就不能进行生产规模的扩大，甚至有时连正常的生产活动都受制约；不能购买原材料、支付工人工资、不能支付设备的维修费用及厂房租金；不能进行生产，也即没有产品可以出售……企业生存将面临严峻挑战。再比如，厂房容量也是资源有限的另外一种体现。不同厂房，能够容纳生产线的数量是有限的，每个企业也最多仅能拥有有限数量的厂房。这就决定，我们企业的产能不能够无限扩张。

3）市场需求与生产

按照企业组织生产的特点，可以把制造企业生产分为备货型和订货型。ERP沙盘模型是基于订货型生产的。第一，企业按照订单进行生产。第二，库存水平低。第三，按照用户订货时的要求（这里是指交货期、数量的要求）进行交货。这就要求我们的生产应以“销售”为龙头，以“销”定“产”。体现在三个“前提”上：第一个前提，产能的扩张以市场销售量的预测为前提，必须确保所生产的产品能全部卖出，如果无法保证这一点却进行盲目扩张，企业将面临亏损；第二个前提，企业产品的定价以市场价格的需求为前提，不同市场对同一种产品的价格需求不同，同一种产品在不同市场（包括本地、区域、国内、亚洲、国际五种市场）上的价格需求也不一样；第三个前提，生产组织以订单的要求为前提，包括组织原材料的采购、组织生产、组织交货等，如果不能满足订单要求，企业将面临违约扣款，对企业来说是不小的损失。因此，企业的生产要根据市场需求进行计划、组织，忽略了这一重要因素，企业将无法在激烈的市场竞争中生存下去。

5.4.2　产能分析

产能指在一定时期内生产设备等条件约束下的生产能力或产量。产能会受到某种约束，生产线的技术、性能不同，各类生产线的生产效率也不尽相同，在生产线的效率条件约束下，产生了基于生产线的不同产能。不同种类的厂房，其容量也不相同，大厂房的容量为5条生产线，小厂房的容量为3条生产线，由于不同的厂房容量，出现了基于厂房容量的产能。另外，不同的产品、不同的市场，需求也有差别，根据市场的需求来计算和分析产能，体现了按需生产的原则。

1）生产线的产能

生产线分为：手工线、租赁线、自动线和柔性线四种。每种生产线具有自身的特点，在生产方面，最重要的指标为生产周期。因为生产周期决定了生产线的产能。对于不同生产线的特点需要参考规则，见表5-3。

表5-3 **生产线规则**

生产线	购置费	安装周期	生产周期	总转产费	转产周期	维修费	残值
手工线	35W	无	2Q	0W	无	5W/年	5W
租赁线	0W	无	1Q	20W	1Q	60W/年	-100W
自动线	150W	3Q	1Q	20W	1Q	20W/年	30W
柔性线	200W	4Q	1Q	0W	无	20W/年	40W

下面，就不同生产线分别计算产能。

（1）手工线的产能

手工线的生产周期为2Q，也就是说，1条手工线2个季度能生产1个产品。每年有4个季度，因此，每年1条手工生产线的平均产能为1÷2×4=2（个）。不论这个产品的品种是哪一种。

（2）租赁线的产能

租赁线的生产周期为1Q，按同样的方式进行计算，1条租赁线的年平均产能为1×4=4（个）。

（3）自动线的产能

自动线的生产周期与租赁线相同，其年平均产能为4个。

（4）柔性线的产能

柔性线的生产周期与租赁线和自动线相同，因此，其年平均产能也为4个。

从以上分析我们可以看出，不同的生产线其产能不同。手工线和租赁线的购置费用较少、安装周期较短，能节约资金，很快投入生产。但由于手工线生产效率和产能过低，势必会影响企业的竞争实力，导致企业发展后劲不足，而租赁线虽然产能较高，但其维修费用高，其优点是能够使企业在成立初期即可开展生产。自动线和柔性线虽然购置费用较高、安装周期较长，但由于产能高，能为企业带来更强的竞争力，设备的投入-产出比较高。如果说手工线属于劳动密集型的生产设备，那么租赁线、自动线和柔性线则属于资本密集型设备，能为企业带来更多利润。因此，一般在企业成立初期综合各因素考虑手工线和租赁线，而成立后采用自动线和柔性线进行常规生产，按照计划生产的产品种类确定自动线数量，再按照欲转产的产品计划确定柔性线的数量。

2）基于厂房容量的产能

在现实世界中，只要市场容量足够大，同时企业拥有足够的资金，企业可以无限制地扩大厂房数量、购买机器，从而扩大产能。在沙盘系统中规定了最多可以购买或租用的厂房种类和数量，厂房容量决定了其可以容纳生产线的条数，因而限定了产能。关于厂房的规则见表5-4。

表5-4　　厂房规则

厂房	买价	租金	售价	容量	
大厂房	450W	45W/年	450W（4Q）	5条	厂房出售得到4个账期的应收款，紧急情况下可对厂房贴现（4Q贴现），直接得到现金，如厂房中有生产线，同时要扣租金
中厂房	400W	40W/年	400W（4Q）	4条	
小厂房	330W	33W/年	330W（4Q）	3条	

由表5-4中可以看出，大厂房的容量为5，也就是说，每个大厂房可以容纳5条生产线。中厂房可以容纳4条生产线。小厂房可以容纳3条生产线。下面基于各种类型的厂房分别计算产能。

（1）基于大厂房容量的产能

如果大厂房内全部铺设手工线，那么由于1条手工线的年平均产能为2，在大厂房里一共可以铺设5条生产线，则每年由这5条手工线计算得到的产能为2×5=10（个）。

如果大厂房内全部铺设自动线或柔性线，那么每年由这5条自动线或柔性线计算得到的产能为4×5=20（个）。

因此，基于大厂房的产能便介于全部为产能最小的手工线和全部为产能最大的自动线或柔性线之间，也即10到20个之间。

（2）基于中厂房容量的产能

当中厂房中全部铺设手工线，则每年的产能为2×4=8（个）；当中厂房中全部铺设自动线或柔性线，则每年的产能为4×4=16（个），也即约8到16个之间。

（3）基于小厂房容量的产能

当小厂房中全部铺设手工线，则每年的产能为2×3=6（个）；当小厂房中全部铺设自动线或柔性线，则每年的产能为4×3=12（个），也即约6到12个之间。

从以上分析我们可以看出，若企业购买或租用了大、中、小三个厂房，而每个厂房全部铺设自动线或柔性线的话，每年的产量为48，这同时也是最大产能。

小厂房容量较小，但其售价较低，在企业经营的初期，由于产能尚未全部铺开，不需要太大容量的厂房，而且其占用资金较少，利于企业周转财务资源。随着企业的不断发展，小厂房的容量已无法满足企业产能的扩张，这时就需要购买或租用较大的厂房。此时购买较大厂房的缺点是一下子占用较多财务资源，而企业经营中期财务资源又非常紧张。对于购买、租用厂房的决策问题，还要看具体企业的生产战略，需要根据战略部署，逐步实现厂房的购买或租用。

3）基于市场需求量的产能

前面几个方面均是从企业自身的现实条件来计算产能，也就是说，产能受企业自身条件的限制，而基于市场需求量的产能，是从企业外部的因素——市场需求方面来分析企业的产能。这一产能不是指企业“能够”达到的生产数量，而是企业“最优”达到的生产数量。因为，“产”应该以“销”为龙头，“以销定产”是市场经济条件下企业应遵循的规律。下面以16个小组组成的竞争市场为例，统计出本地市场每年对4种产品的需求量，见表5-5。表中的数据根据“市场需求预测”表的图示整理而得。

表5-5　**本地市场各年产能需求量计算表**

年份	P1	P2	P3	P4	合计	平均	调整后数字
1	58				58	3.6	4
2	49	22	12		83	5.2	6
3	45	37	19		101	6.3	7
4	39	39	24	12	114	7.1	8
5	31	33	31	19	114	7.1	8
6	22	32	38	22	114	7.1	8

表5-5中的“合计”列为P1、P2、P3、P4产品需求量的合计；“平均”列为四种产品的合计量除以16，即小组数；“调整后数字”一列调整的原则为向上取整。

根据以上表格所列数据可以看出，整个的市场需求量是一定的，因此，为了能够在竞争中成为赢家，所建的生产线数量即产能必须达到以及高于平均产能。

5.4.3　总体原则

生产计划是生产战略的具体体现，而我们在这里所说的生产策略，是针对ERP沙盘系统，为实现利润最大化而采取的竞争策略。与生产战略不同，生产策略是在沙盘实战过程中，为了企业能够更好地实现利润最大化所遵循的基本原则。在制订生产计划、进行生产管理的大多数情况下，我们应以这些原则为指导，但还要根据具体情形作具体分析。下面，我们分别针对企业的长期生产计划、中期生产计划阐述策略（一）、策略（二）；针对企业财务资源的有限性阐述策略（三）；针对企业生产的组织和准备阐述策略（四）。

1）中长期生产以销定产

在考虑企业的全局战略以及制订中长期生产计划时，需要对企业所面对的市场需求状况作充分的分析，可以利用的最重要信息即为市场预测数据。根据市场需求量的预测，以及各种产品在各个市场上的价格预测，我们可以大致分析出某一种产品在未来某市场上的供求情况。另外，还需要对竞争对手做好充分的估计。企业经营初期在不了解竞争对手时，可能仅依靠市场的预测数据，在经营了一段时间以后，我们可以利用软件中的“间谍”功能，对竞争企业的产能、产品品种等进行“侦探”，而这些信息对我们进行产品价格等的制定有非常关键的作用。

例如，根据表5-5可以看出：本地市场P1产品的需求量由第一年的58，下降到第六年的22，呈逐年下降趋势，因此考虑在经营的最后两年将P1产品的一条生产线转产为P3产品。这样可将企业的生产能力应用到最“赚钱”的产品上，从而达到资源的有效利用。又比如，在经营了一段时间之后，推断出竞争企业生产P2产品的产能很高，导致P2产品竞争异常激烈，此时可考虑将P2产品的生产线部分转产。

由于ERP模拟企业的模型属于订货型生产，故以销定产的经营理念应贯穿企业经营的始终，具体应在全局战略以及长期生产计划中体现。

2）短期生产满负荷

在制订企业的短期生产计划时，应尽量满足满负荷生产这一原则。短期生产计划为中长期生产计划服务，在中长期生产计划中，企业的经营者已经考虑到了以销定产这一原则，而在短期生产计划中，则要全面贯彻落实中长期生产计划在本年度的生产任务。如果发生了因计划错误而导致的生产线空置、厂房空置等现象，则生产处于不理想状态，未能将生产要素进行充分利用，处于低效率的生产状态。由于企业在经营过程中存在机会成本，故这一资源的浪费实际上应算在企业的成本里，企业经营成本上升，利润空间缩小，严重时会导致企业破产。

生产满负荷不仅指生产设备的满负荷运转，同时也指厂房等资源的充分利用。例如，在经营过程中，很多组没有充分考虑到资源的机会成本问题，在企业经营的初期购买了大厂房，而由于企业经营初期现金资源有限，企业的生产还未能全面铺开，生产线购置还未达到大厂房的容量，因此造成了大厂房的容量浪费。可以考虑在企业经营初期，根据需要采购小厂房，既节约了现金资源，又充分利用了厂房容量。

3）产能扩张有节奏

产能是企业的生产产品的能力，这一能力随着企业经营业绩的不断提高而得到提升，随着企业经营状况的恶化而降低（如当企业经营不善时变卖生产线导致产能降低）。产能的扩张有一个节奏的问题，这主要归因于企业的资源——财务资源是有限的。财务资源存在三个重要特性：第一，财务资源是有限的。实际上，任何可用资源都是有限的，而财务资源的有限性制约了企业产能的扩张。在企业经营过程中，任何不精确的计算都可能导致企业现金断流和破产。不同的经营时期，现金对企业的制约是不同的。第二，财务资源中的现金资源具有流动性。现金流像物流、信息流一样，是流动着的，因此现金流可以比喻为企业的血液，而企业的各职能部门，可以比喻为身体的各部分器官，血液的流动越快，就越能为身体各器官输送越多的养分。因此在经营过程中我们需要注意将现金流动起来以提高其利用率。第三，通过财务报表可记录已经发生和将要发生的财务变化，因此财务资源具有一定的可预测性。而这些记录和预测，为中期生产计划提供决策依据。

综合以上所述财务资源的特点可得出结论：产能的扩张要充分考虑财务资源的

有限性、现金的流动性和财务资源的可预测性，在保证企业现金不断流、权益不为负的情况下，有节制、有节奏、分步骤地进行。企业的产能扩张，可以采用较为保守的产能扩张、较为激进的产能扩张，以及中庸的产能扩张。例如，在竞争较为激烈的情况下，中庸的产能扩张是铺设生产线的速度不是非常快，在经营的头两年，在确保本地、区域两个市场的低端产品可以按全部参与竞争企业的平均产量进行生产的情况下，均匀铺设生产线。在财务较为紧张的第三年和第四年，可能会暂停生产线的投资，而当第五年和第六年，现金较为充沛的情况下，则加速生产线的投资。一般情形下，股本为700W的企业，在贷款额度为3倍的条件下，最后大厂房和小厂房容量之和，即10条生产线可能全部铺满。而激进的产能扩张，则在确保财务状况可以维持企业生存的前提下，尽快将产能扩张到最大，这种扩张方式优点是企业发展后劲十足，缺点是风险较高，一旦市场需求减少、订单不理想，或资金出现状况，企业便直接面临破产，不容易挽回。而保守的产能扩张，虽然资金压力较小，但企业产能不能够充分挖掘，企业竞争实力减弱，遇到市场需求紧俏、竞争激烈的情形则很容易被其他企业甩在后面。因此，根据具体的竞争情形，以及企业能够承担的风险程度，企业需要制定适合具体竞争情况的产能扩张战略，但最忌无计划、无目的、无节奏的产能扩张。

4）准备条件要充分

除生产过程中所需要的产品加工费用充足外，进行生产所必备的准备条件，也即先决条件包括厂房购买或租用完毕、生产线铺设完成、产品研发到位、市场开拓到位以及原材料采购完毕。进行生产所必备的这些准备条件，需要按照计划按时完成才能进行生产。很多企业经营小组“顾首不顾尾”，没有建立起几项工作同时进行的较为复杂的“工程”观念，只顾生产、不顾其他，往往浪费了时间，处于竞争的不利地位。

这里需要强调的是，大家需要建立“周期”的概念：安装生产线、生产、转产均有周期，即进行这些活动需要经过一段时间，只有当所需要的时间经历过以后，才算这一活动结束。例如，自动线的安装周期为3Q，表示必须经过完整的3个季度，即从安装的那一季度开始计算，第4个季度初该自动线建成。如果该自动线从第一年二季度开始建，则第二年的一季度初算建成。建成当年开始交维修费，次年开始计提折旧。又例如，自动线的生产周期为1Q，若第二年一季度开始生产，则二季度初产品生产完并入库，之后才可出售。

5.5 按订单交货

根据生产计划和产能，企业在订货会上拿到与自身生产能力相吻合的订单。之后再根据订单的交货数量和交货期进行生产。由于产能限制和生产周期的约束，在一年之中的不同季度，分期分批地完成全部订单要求的产量。同时，企业要考虑订单的交单期限，必须在每个订单所要求的期限以前将产品交货。企业需要综合考虑这些因素进行生产、按订单交货。既要保证各个订单的按时交货，又要尽量节约成本、提高利润率。

不同的订单要求不同：除了产品品种不同外，产品的数量、交货季度、账期、ISO认证资格的要求不同，订单的金额也有区别。订单的多样性给我们的交货环节带来了一定的复杂性。在交货时，我们必须通过统筹规划，准确安排好各个订单的交货顺序和时间，确保企业一方面在生产年度内将订单全部按时交货，以免出现违约情况，另一方面及时回收账款，使其具备充足的资金进行后续的生产和运营。

在按订单交货时，需要注意的问题有：

①必须交够充足数量的产品，不能提交部分产品；

②必须按照订单要求的交货季度进行交货，不能晚于规定的季度，不能补交，逾期按违约处理；

③由于企业的生产是按照季度进行的，数量较大订单需要等到产品数量齐备后才可以交，而数量要求较小的订单也可以几个订单同时交；

④订单的账期信息很重要，按订单交货时应综合考虑企业资金流状况，使回收到的资金及时补充不足的现金流。

除此之外，在交货环节还有一些我们应把握的基本原则和交货策略，下面我们首先来介绍交货时需要考虑的重要因素——库存。

5.5.1　库存

企业追求利润最大化的主要手段之一是降低成本，库存是一种隐性的成本，因此，追求库存最低，甚至"零"库存，是削减成本的有效途径。那么，如何能够使库存最低，甚至是"零"库存呢？在采购环节，我们努力根据生产计划和生产能力制订合理、准确的原材料采购计划，在交货环节中，我们需要把握全年库存最低原则、季度内库存最低原则。下面分别对这两点进行介绍。

1）全年库存最低

为了追求最低库存或"零"库存，我们首先要把握全年库存最低原则，即在交货时力争做到年末库存最低甚至库存为"零"。为了能做到这一点，我们必须要使交货数量与生产能力相匹配。具体来讲，应该做到：

交货数量=全年产能+年初库存

交货数量是我们在竞单环节中所拿到的全部订单的交货数量合计。

全年产能是交货当年的产能合计，应为生产线的年产能×生产线数量。

年初库存也即交货当年年初的产品库存合计。

下面结合具体例子进行说明。例如，我们的企业在经营的第三年时，有4条自动线，那么这一年的产能即为16（个）。如果这4条自动线中有1条生产P1产品，3条生产P2产品，则产能为4个P1和12个P2。而第三年年初时我们库存为1个P1和0个P2，那么在竞单时，拿到的所有订单上要求的产品数量之和P1不能超过5，可以小于5，但最好接近或等于5；P2不能超过12，同样是可以小于12，但最好接近或等于12。如果超过这两个数值的要求，则一定会出现违约情况，如果不足这两个数值要求，则一定会增加库存，不足越多，库存越多。

2）季度内库存最低

在做到了全年的交货数量与产能相匹配之后，应该把握季度内库存最低原则，争取在生产的各个季度内实现最低库存。在按照订单要求进行交货时，首先要考虑的是订单所要求的交货数量和交货季度。必须确保在订单要求的交货季度内将相应数量的产品交货。在此基础上，考虑将每季度的库存数量降至最低。

生产线的铺设需要周期，往往年度内的产能相对固定，而每季度的产能也相对固定。一般而言，除去一季度入库产品数量为上年四季度的产能与上年年末库存外，每季度的入库产品数与季度产能相等。除一季度外，每季度末的库存数量为期初库存数量与本季度入库的产品数量相加，再减去本季度交货数量，即：

期末库存=期初库存+入库产品数-交货数量

我们在交单时，争取每季度的期末库存数量能够达到尽量小。

下面举例进行说明。例如，企业经营第二年时，生产线数量为4条P1，则该企业年内季度产能为4个P1，假设上年年末库存为0。除一季度外，二至四季度的入库产品数均应该等于季度产能——4个P1。现在考察其中1个季度的交货情况。假设二季度期初库存为2，有两张订单，第一张订单的交货数量为4，第二张订单的交货数量为3，这两张订单的交货季度均为四季度。因为我们此处重点考察库存因素，对于订单的金额、账期两个信息我们暂时忽略。那么，对于二季度的交货环节，应该考虑先交哪张订单呢？答案是第一张订单。因为对于二季度来说，交第一张订单后的期末库存=2（期初库存）+4（入库产品数）-4（交货数量）=2，而第二张订单交货后的期末库存=2（期初库存）+4（入库产品数）-3（交货数量）=3。相比之下，先交第一张订单的方案更好些，它降低了产品库存，做到了在季度内实现“零”库存。

以上讨论了考虑库存因素的交货原则和方法。库存最低是生产中普遍采用的生产运作管理目标，它能够降低库存成本，提高企业利润。在沙盘实战中，能够加快企业资金周转，提高资金利用效率。库存因素是我们在沙盘实战中首先要考虑的因素，但有些情况下，我们还应考虑资金回收因素。

5.5.2 资金回收

由于现金资源是有限的且流动的，我们应尽量提高现金流动的效率，减少已经交货但却由于账期限制使资金无法及时回收带来的资金短缺。因此在交货时，除库存最低外，还应考虑所采用的交货方案能否保证企业资金不断流、在必要时及时回收资金。资金回收与企业经营的各个阶段、每年，甚至每季度的状态有关，这里所说的状态包括企业经营那个时点的资金状态、产能状态、已交和未交订单状态、应收账款状态等。如果出现了企业资金可能出现断流的情况，就要及时交那些账期短的订单，及时回收资金。此时如果一味追求库存最低，则可能导致资金断流、企业破产。

以上两点总结了我们在进行交货时所需要把握的原则和策略。下面，通过一个具体例子进行说明。例如，某企业经营到第五年时，生产线等状态如下：

生产线：7条——6条自动线（2条P1、1条P2、3条P3）和1条租赁线（生产P2）；

产品生产资格：P1、P2、P3；

市场准入资格：本地、区域、国内、亚洲；

年初库存数量：P1——0个，P2——1个，上年四季度1条租赁线在产，P3——2个。

ISO状态：ISO9000已拿到。

订单信息：见表5-6。

表5-6　**企业经营第五年订单信息**

订单号	品种	市场	金额（W）	数量（个）	交货期（Q）	账期（Q）	ISO要求
11-5-0034	P1	本地	80	2	4	3	无
12-5-0012	P1	区域	50	1	4	2	无
13-5-0049	P1	国内	210	4	4	4	ISO9000
14-5-0047	P1	亚洲	50	1	4	3	无
21-5-0008	P2	本地	300	3	1	4	无
22-5-0045	P2	区域	70	1	4	3	无
23-5-0027	P2	国内	150	2	4	2	无
24-5-0011	P2	亚洲	340	5	4	3	ISO9000
31-5-0005	P3	本地	170	2	4	4	无
32-5-0013	P3	区域	180	2	4	0	ISO9000
33-5-0042	P3	国内	280	3	4	1	ISO9000

下面，我们对交单顺序进行规划。

1）P1产品

首先考虑全年库存。P1产品年初库存为0，生产线中有2条自动线用于生产P1，这样，每季度入库2个P1，3个季度能够入库6个P1（四季度生产的P1无法在本年内入库），再加上上年四季度生产的2个P1（这2个P1在一季度入库），则全年

P1的产量为8个。因此能够交货的数量最多为8个。现在，来看订单状况，拿到的订单要求交货的数量合计为2+1+4+1=8，因此，从全年的角度来看可以满足订单对产品交货数量的要求。

接着考虑季度库存。

一季度，期初库存为0，上年四季度生产的2个P1可以入库，在一季度可以提交2个P1的交货数量，订单11-5-0034刚好符合要求，如果将该订单提交，则一季度末库存为0。

二季度，期初库存为0，一季度生产的2个P1可以入库，在二季度可提交2个P1的交货数量，订单中没有要求2个交货数量的订单，但刚好有订单12-5-0012和14-5-0047分别要求1个P1，因此可以将这两个订单同时提交，提交后二季度末库存为0。

三季度，期初库存为0，二季度生产的2个P1可以入库，在三季度，可提交2个P1的交货数量，而目前仅剩订单13-5-0049还没有提交，但该订单要求4个P1的交货数量，因此必须等到四季度才可以将该订单提交，三季度末库存为2。

四季度，期初库存为三季度没有交货的2个P1，以及三季度生产的2个P1可以入库，因此，在四季度可以提交4个P1的交货数量，刚好将订单13-5-0049提交，四季度末库存为0。

至此，全年8个P1全部交货，全年库存为0，并且在每季度内库存也为0。上述交货方案见表5-7。

表5-7 **P1产品交货方案**

	一季度	二季度	三季度	四季度
期初库存统计	0个	0个	0个	2个
产成品入库	2个	2个	2个	2个
按订单交货	11-5-0034/2个/3Q	12-5-0012/1个/2Q 14-5-0047/1个/3Q		13-5-0049/4个/4Q
期末库存统计	0个	0个	2个	0个

2）P2产品

首先考虑全年库存。P2产品年初库存为1，生产线中有1条自动线和1条租赁线用于生产P2，这样，每季度由自动线生产出的P2有1个可以入库，而由租赁线生产出的P2则每隔1个季度入库1个。由自动线生产出的P2在3个季度一共能够入库3个，再加上上年四季度生产的1个P2，则全年由自动线生产的P2的量为4个。由于上年四季度手工线上有1个P2在产，因此，在本年二季度和四季度，分别有1个P2可以入库。根据以上分析，全年共有1+4+2=7个P2可以交货。而订单要求P2

数量合计为3+1+2+5=11，从全年产量和库存来看，无法满足交货数量的要求，如果不考虑紧急采购产品的情况，则必然会出现违约。

接下来考虑季度库存。

一季度，期初库存为1，上年四季度生产的1个P2可以入库，在一季度可提交2个P2的交货数量。仔细观察可以发现，订单21-5-0008的交货期要求为1，交货数量要求为3，即一季度必须将3个P2产品进行提交，否则便会出现违约。由于一季度最多能提交2个P2产品，若不考虑紧急采购产品，则这张订单必定违约。在剩下的订单中按照季度库存为0的原则，提交订单23-5-0027刚好符合要求，如果将该订单提交，则一季度末库存为0。

二季度，期初库存为0，一季度由自动线生产的1个P2和由租赁线生产的1个P2可以入库。在二季度，可提交2个P2的交货数量，订单中没有要求2个交货数量的订单，但刚好有订单22-5-0045要求1个P2，因此可将这个订单提交，提交后二季度末库存为1。

三季度，期初库存为1，二季度由自动线生产的1个P2可以入库。在三季度可提交1个P2的交货数量。剩下的一个订单24-5-0011要求5个数量的P2，在三季度无法提交该订单，三季度末库存为2。

四季度，期初库存为2，三季度由自动线生产的1个P2和由手工线生产的1个P2可以入库。在四季度可提交4个P2的交货数量，无法满足订单24-5-0011所要求的5个，无法提交该订单。

至此安排了P2产品全年的交货方案。我们发现，由于没有事先计算全年产能、库存，所拿到订单的数量要求超过了能够提交的交货数量，造成了两种违约情况。第一种违约为交货期违约，即无法在规定账期内提交相应数量的产品。第二种违约为数量违约，即无法提交订单要求数量的产品。

上述交货方案见表5-8。

表5-8　**P2产品交货方案**

	一季度	二季度	三季度	四季度
期初库存统计	1个	0个	1个	2个
产成品入库	1个	2个	1个	2个
按订单交货	23-5-0027/2个/2Q	22-5-0045/1个/3Q		
期末库存统计	0个	1个	2个	5个

3）P3产品

对于P3产品的交货，仍然可以按照以上两个产品交货的原则和策略进行，即首先考虑全年库存，交货数量与全年库存和产能相符合。接着考虑每季度库存，争取使每季度末库存为0。

从全年库存角度来看，P3产品年初库存为2，生产线中有3条自动线用于生产P3，这样，每季度入库3个P1，3个季度能够入库9个P3，再加上上年四季度生产的3个P3，则全年P3的量为14个。因此，我们能够交货的数量最多为14个。现在来看看订单状况。拿到的订单要求交货的数量合计为2+3+5=10，可以满足订单对产品交货数量的要求，但是所出现的大量库存积压的情况是应该尽量避免的。

在考虑每季度库存之前，再加入一种特殊的因素——现金流状况——来进行分析。倘若在某一季度出现了现金流的短缺，让我们看一下对交货会产生哪些影响。每季度进行生产需要消耗现金，P1、P2、P3产品的直接成本分别为20W、30W和40W，因此，每季度用于产品生产的成本见表5-9。此处略去产品研发投资、短贷利息、管理费等费用项。

表5-9　　　　**P1、P2、P3产品的生产成本**

	一季度	二季度	三季度	四季度
P1	80W	80W	80W	80W
P2	30W	60W	30W	60W
P3	120W	120W	120W	120W
合计	190W	220W	190W	220W

假设在一季度初，现金为230W，扣除190W的现金消耗，则一季度的剩余现金为40W。在一季度没有出现现金断流的情况，因此可以考虑按照季度库存为0的原则进行交货。一季度期初库存为2，上年四季度生产的3个P3可以入库，在一季度，可提交5个P3的交货数量，订单33-5-0042刚好符合要求，因为如果将该订单提交，则一季度末库存为0。

但是，当考虑二季度的生产成本时发现，如果按照先交订单33-5-0042来进行交货，由于它的账期为4Q，无法回收现金，到了二季度，就会出现现金短缺——220W-40W=180W。尽管可以通过其他融资方法来解决，但无论哪种融资方法，都会带来额外的成本。因此，我们需要重新考虑提交订单。

在订单中，订单32-5-0013的账期为0，数量为3个。如果将该订单提交，则会回收280W的现金，一季度末现金为320W。

二季度初现金为320W，扣除220W的成本，则季度末剩余100W的现金。这100W的现金用于三季度的生产仍然不够，但此时已经没有能够立刻回收现金的订单了，此时需要通过其他融资方法进行融资。

在三、四季度采用其他融资方法，使生产能够继续进行，此时仍回到一开始我们讲述的库存为0的原则进行安排交货。详细的交货方案见表5-10。

表5-10 **P3产品的交货方案**

	一季度	二季度	三季度	四季度
期初现金	230W	320W	100W	110W
融资			200W	200W
期初库存统计	2个	2个	0个	1个
产成品入库	3个	3个	3个	3个
生产成本	190W	220W	190W	220W
按订单交货	32-5-0013/3个/0Q	33-5-0042/5个/4Q	31-5-0005/2个/3Q	
应收账款收现	280W	0W	0W	0W
期末库存统计	2个	0个	1个	4个
期末现金	320W	100W	110W	90W

至此，P3交货方案制订完毕。

5.5.3 违约情况

当出现企业不能按照订单的要求进行交货时，便出现了违约情况。企业的订单要求有：产品的种类、数量、交货期。下面，分别对这三种违约情况进行说明：

1）产品的种类违约

为了简化，每张订单所要求的产品种类一般只有一种，只要按照订单标示的产品种类进行交货即可，这种情况的违约很少。

2）产品的数量违约

当企业产出产品的数量及库存数量无法满足订单对数量的要求时，便会出现违约。出现数量违约时，一般是生产部门在产出数量的计算上出现了错误，在竞单时没有对自己的产能和库存进行准确估计。为了能够避免数量违约，应该对企业全年的产出进行精确的计算，准确按照交货计划进行交货。

3）交货期违约

这是一种常见的违约情况，订单的交货期信息在竞单时容易忽略，而在交货环节则必须按照订单的交货期要求进行交货，否则便出现违约。一般的订单交货期为四季度，指必须在四季度或四季度之前交货。但有少量订单的交货期为一季度，不注意这一信息就容易出错。在交货时应看清楚交货要求，避免违约。

以上讨论的三种违约情况都是可以避免的，但当违约情况出现时，有时可以尝试减轻损失的方法。比如，当产品数量不足无法交货时，如果同时有两张订单数量相同，此时可以挑选金额较小的订单违约，这样可以节约一部分的违约扣款的费用。

本章小结

本章介绍ERP沙盘生产组织的相关内容。生产管理主要包括生产计划、生产准备与过程、生产控制，在第一节中对沙盘实战中所涉及的生产管理的内容作了初步介绍。第二节介绍生产组织的主要关节，包括原材料采购、生产、按订单交货与违约，着重介绍生产部分涉及的主要操作和需要注意的问题。由于生产准备和组织在其他章节有所介绍，在本章第三节着重介绍生产计划，包括长期、中期和短期生产计划的制订和生产控制的部分内容。第四节在分析了生产的制约因素基础上，进一步对产能进行分析。从生产线、厂房容量以及市场需求三个角度对产能进行分析。重点讲述生产相关的策略，包括长期生产策略、中期生产策略、产能策略。此外讲解采购计划和库存控制的相关内容，着重讲解采购计划的制订方法和工具，以及库存控制中所涉及的原材料库存和产品库存。第五节介绍按订单交货过程中涉及的原则与策略，以及违约的相关知识。

练习题

1.谈谈企业战略和生产战略之间的关系。

2.在ERP沙盘实践中，库存原则是怎样的?

习题答案

1.全局战略位于企业战略的最高层次，它需要根据企业的目标，选择企业可以竞争的经营领域，合理配置企业经营所必需的资源，使各项经营业务相互支持、相互协调。职能战略是在公司战略的制约下，指导和管理具体经营单位的计划和行动，为企业的整体目标服务。职能战略是企业内主要职能部门的短期战略计划，使管理人员可以更加清楚地认识到本部门在实施公司战略中的责任和要求。有效运用研究开发、营销、生产、财务、人力资源等方面的经营职能，保证实现企业目标。生产战略属于职能战略，包括生产什么、生产多少以及什么时候生产。生产战略应与全局战略相一致，全局战略是生产战略的前提和指导。在制定企业的生产战略时，应充分考虑企业的性质、任务、发展方向和发展模式等问题。

2.应遵循两点原则：

（1）全年库存最低。为了追求最低库存或“零”库存，我们首先要把握全年库存最低原则，即在交货时力争做到年末库存最低甚至库存为“零”。为了能做到这一点，必须使交货数量与生产能力相匹配。具体来讲，应该做到：

交货数量=全年产能+年初库存

交货数量是我们在竞单环节中所拿到的全部订单的交货数量合计。

全年产能是交货当年的产能合计，应为生产线的年产能×生产线数量。

年初库存也即交货当年年初的产品库存合计。

（2）季度内库存最低。在做到了全年的交货数量与产能相匹配之后，应该把握季度内库存最低原则，争取在生产的各个季度内实现最低库存。在按照订单要求进行交货时，首先要考虑的是订单所要求的交货数量和交货季度。必须确保在订单要求的交货季度内将相应数量的产品交货。在此基础上，考虑将每季度的库存数量降至最低。生产线的铺设需要周期，往往年度内的产能相对固定，而每季度的产能也相对固定。一般而言，除去一季度入库产品数量为上年四季度的产能与上年年末库存外，每季度的入库产品数与季度产能相等。除一季度外，每季度末的库存数量为期初库存数量与本季度入库的产品数量相加，再减去本季度交货数量，即：

期末库存=期初库存+入库产品数-交货数量

第6章 市场营销

学习目标

（1）认识到市场分析的重要性和对整个企业经营的影响；

（2）能够列举出市场分析的主要工作内容和每项工作内容的侧重点；

（3）借助Excel等工具的使用，做出价格分析、毛利分析和数量分析等分析表；

（4）能够说出如何根据对手情况选择市场；

（5）能够说出间谍竞争对手需要收集哪些信息。

狭义来说，企业经营模拟沙盘中的市场营销就是投放广告，获取销售订单的过程。广义来说，企业经营模拟沙盘中的市场营销主要包括市场分析、策略制定、投放广告、订单选取四个部分，四部分紧密相关，不可分割，在某种程度上也可谓牵一发而动全身。进行市场分析是进行策略规划和制定的前提，而策略规划和制定是制定广告策略和投放广告的前提，然后，广告的投放额度和所投放区域影响选单，最后，选单的结果直接影响企业经营的结果。在某种程度上，市场营销的活动贯彻了模拟企业经营过程的始终。因此，在企业制定经营策略的时候，市场营销主要是为战略的选择提供指导；在企业经营过程中，市场营销是为调整企业经营战略和战术提供依据；在企业经营后期，市场营销在很大程度上要为企业清除库存和产能提供指导。

6.1 市场分析

企业经营模拟沙盘中的一项重要的工作是进行市场分析。市场分析可以为经营决策的制定、目标市场的选择、主打产品的选择、产品组合策略的制订、广告投放策略的制订等提供依据。从企业整个经营过程来说，市场分析不仅仅影响到企业的经营结果，也影响企业发展的趋势和未来的走向。只有经过详细的市场分析，才能制定更好的规划。市场分析一般要完成均价分析、需求量分析和均价需求量相结合分析等几项主要的分析内容，分析的对象便是市场预测表。

6.1.1 市场预测表分析

市场预测是运用科学方法，对市场状况及其变化因素进行分析研究，对未来的发展趋势和状态做出估计和预测。反映在企业经营模拟沙盘中，市场预测表是在经营之前由比赛管理者公布的一项表格，在该表中列出对各类产品数量、价格等需求信息的情况。对市场预测表的分析主要包含以下几个方面。

1）均价分析

根据市场预测表，可以对产品的平均价格进行分析，简称为“均价分析”，见

表6-1。从表中可以得到以下信息：第一，从上到下是随着经营年度的变化，每种产品的价格在不断地变化，例如P1产品在第二年本地市场上的均价为49.88W，但是在第五年的本地市场其均价变成了45.46W；第二，市场预测中市场的数量逐年增加，从第二年的本地、区域市场两个市场增加到第三年的本地、区域、国内三个市场乃至到第六个经营年度增加到五个市场，其背后的原因是随着经营年度的推移，市场开发不断地增加，也就意味着每个模拟经营企业可能销售的产品数量也在不断增加；第三，在某些经营年份，没有某产品的市场价格的数值或者为数值为0，则说明该年份没有该产品的需求，因此也无须列出该产品的价格，当然，每次比赛所选用的市场需求状况不一，因此市场预测表也就不尽相同，需要具体情况具体分析。

表6-1　　**各产品在未来5年各市场的均价**　　单位：W

年份	市场	P1产品	P2产品	P3产品	P4产品
第二年	本地市场	49.88	70.54	0	128.5
	区域市场	50	70.35	89.89	129.22
第三年	本地市场	49.79	70.04	89.19	0
	区域市场	49.74	70.45	84.93	120.74
	国内市场	50.04	69.34	0	119.85
第四年	本地市场	50.21	69.61	82.56	132.8
	区域市场	48.77	0	81.94	126.58
	国内市场	47.94	67.6	0	118.45
	亚洲市场	0	68.26	89.48	0
第五年	本地市场	45.46	68.96	0	120.85
	区域市场	0	68.51	80.94	120.82
	国内市场	45.54	68.75	0	121.38
	亚洲市场	0	70.66	81.64	128.96
	国际市场	55.76	0	91.38	0
第六年	本地市场	47.27	69.63	85.47	128.05
	区域市场	50.71	70.91	86.41	128.53
	国内市场	0	71.61	0	129.5
	亚洲市场	48.69	0	92.06	0
	国际市场	57.23	74.72	0	134.22

2）利润分析

在企业经营模拟中，每一个经营团队往往只会拿到一个产品的均价表，为了更好地进行市场分析，经营队伍还可以对均价表进行进一步加工，整理加工出“利润表”，利润表可以更明显地呈现出每种产品的利润变化情况，见表6-2。需要说明的是，利润就是在产品均价的基础上减去产品的成本，而产品的成本来自于产品的物料组成和加工费用，例如P1产品的产品组成为R1原材料，原材料的价格是10 W，加工费10 W，那么P1产品的成本就是20 W。P1产品的均价为49.88 W，减去其直接成本20 W，因此利润就是29.88 W。

表6-2　**各产品在未来5年各市场的利润（部分年份）**　单位：W

年份	市场	P1产品	P2产品	P3产品	P4产品
第二年	本地市场	29.88	40.54	0	78.5
	区域市场	30	40.35	49.89	79.22
第三年	本地市场	29.79	40.04	49.19	0
	区域市场	29.74	40.45	44.93	70.74
	国内市场	30.04	39.34	0	69.85
第四年	本地市场	30.21	39.61	42.56	82.8
	区域市场	28.77	0	41.94	76.58
	国内市场	27.94	37.6	0	68.45
	亚洲市场	0	38.26	49.48	0

通过表6-1和表6-2，可以分别比较四种产品的利润高低，就可以进行粗略的利润分析。首先，通过表6-2可以得出P1产品的利润在30 W左右，P2产品的利润在40 W左右，P3产品的利润在45 W左右。这样一比较，整体看来P3产品的利润是最高的，P4产品次之，再然后是P2产品，最次为P1产品。P1产品作为低端产品，利润低正常的，不过需要注意的是利润低的产品市场竞争激烈程度相对较低。在对每种产品的利润进行分析之后，可以进一步分析每个经营年度的产品的利润情况。比如，以本地市场为例，通过分析每个产品价格的走势，其制作完成后的表格见表6-3。当然还可以进行更复杂的分析，这些将在后面几节内容中详细加以阐述。

表6-3　**各产品在未来5年本地市场的利润**　单位：W

年份	市场	P1产品	P2产品	P3产品	P4产品	P5产品
第二年	本地市场	29.88	40.54	0	39.25	43.685
第三年	本地市场	29.79	40.04	49.19	0	41.32
第四年	本地市场	30.21	39.61	42.56	41.4	42.38
第五年	本地市场	25.46	38.96	0	35.425	44.22
第六年	本地市场	27.27	39.63	45.47	39.025	47.98

通过表6-3可以得出本地市场每年每个产品价格大概走势的柱状图（如图6-1所示）。从该图中，可以清晰地看出本地市场中每种产品的价格走势。

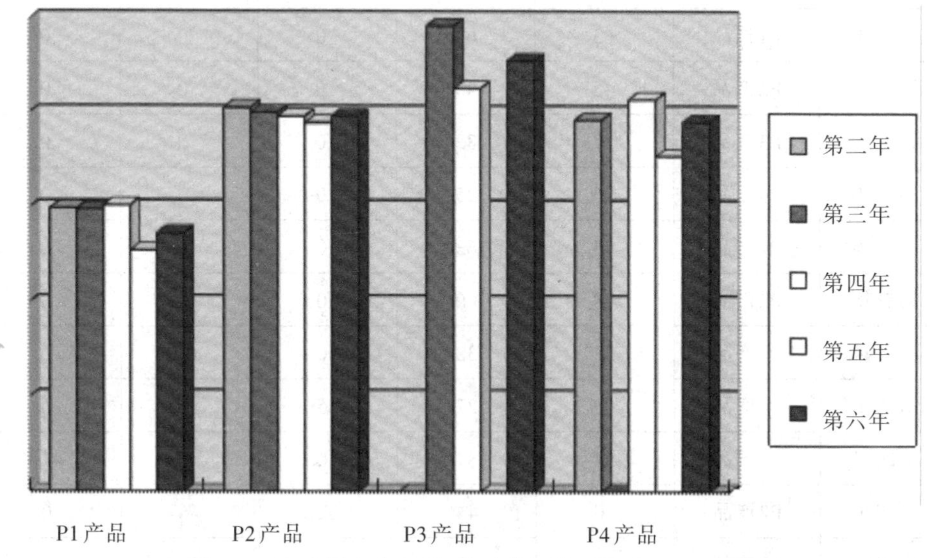

图6-1　各产品在未来6年本地市场的利润（单位：W）

通过表6-3和图6-1，可以横向比较不同产品的利润情况，例如可以看到P1产品利润一直处于低水平，明显低于其他几种产品，但是属于利润比较稳定的产品之一；P2产品相比P1产品来说利润相对较高，而且也比较稳定；P3产品明显利润最高，但利润波动幅度较大；P4产品属于高端产品，利润一直都比较高。从年度上看，比较突出的是第二年P3产品价格高，P1产品价格低。同样，还可以具体分析每种产品的利润变化情况，P1产品在前三年的利润基本持平，变化几乎不大，在第五年的时候价格突然骤降，本来利润就不高的P1产品在利润骤降的同时利润变得更低了，紧接着在第六年利润有一些回涨，但是依旧没有超过前三年的利润。

3）需求量分析

如同价格预测表一样，每个企业在沙盘经营模拟开始之前都可以查看到整个的市场需求量预测表。按照预测表中产品的需求量在各个经营年度的变化情况，按照各个产品需求量的变化趋势，可以将需求量预测表大致分为三类，即逐步增长型、快速增长型和数量骤减型。

第一类是逐步增长型，即从第二年到第六年整个经营年度期间每年的需求量稳步增加，增长速度一致，这样的市场就适合逐步增加的、稳定的产能结构，即按照需求量的增长增加产能。例如，从表6-4可以看出，每种产品的需求量从第二年到第五年都是逐步上升的，每年需求量都稳步上升，没有一种产品出现骤减或者是激增的情况。

表 6-4　　各产品在未来5年各市场的需求量　　单位：个

年份	产品	本地市场	区域市场	国内市场	亚洲市场	国际市场
第二年	P1产品	63	68	0	0	0
第二年	P2产品	48	45	0	0	0
第二年	P3产品	37	33	0	0	0
第二年	P4产品	26	25	0	0	0
第三年	P1产品	59	63	0	0	0
第三年	P2产品	48	0	60	0	0
第三年	P3产品	38	38	50	0	0
第三年	P4产品	0	27	25	0	0
第四年	P1产品	54	61	0	0	47
第四年	P2产品	0	44	62	46	0
第四年	P3产品	36	0	47	39	36
第四年	P4产品	31	26	0	38	0
第五年	P1产品	55	59	0	34	0
第五年	P2产品	47	43	0	55	0
第五年	P3产品	35	32	42	0	28
第五年	P4产品	0	28	28	30	25
第六年	P1产品	0	0	0	0	0
第六年	P2产品	42	0	57	54	35
第六年	P3产品	34	37	0	46	0
第六年	P4产品	0	26	34	0	26

第二类情况是快速增长型，该类型和逐步增长型有一些类似之处，同样是从第二年到第六年的需求量呈现逐步增加的态势，但区别在于该类型前期的需求量明显比较小，后期需求量增加的速度越来越快，这样的市场需求适合在开始的时候匹配较小的产能，然后随着需求量的增加，快速增加生产线。例如，在表6-5中可以看出，每个产品每年的需求量属于不断增加的状态，但是很明显需求量在某一年度有突然激增的状况。以P2产品为例，该产品从第二年开始每年的需求量分别是116个、182个、249个，可以看出在第四年的时候需求量突然急剧增加，在这种情况下，可以新建生产线或者新增租赁线以增加产品销售量，有助于企业净利润的增加。

表6-5　各产品在未来5年各市场的需求量（部分年份）　单位：个

序号	年份	产品	本地市场	区域市场	国内市场	亚洲市场	国际市场
1	第二年	P1产品	81	105	0	0	0
2	第二年	P2产品	58	58	0	0	0
3	第二年	P3产品	49	46	0	0	0
4	第二年	P4产品	85	67	0	0	0
5	第二年	P5产品	18	14	0	0	0
6	第三年	P1产品	78	70	15	0	0
7	第三年	P2产品	75	63	44	0	0
8	第三年	P3产品	56	53	37	0	0
9	第三年	P4产品	36	58	27	0	0
10	第三年	P5产品	19	22	27	0	0
11	第四年	P1产品	105	49	63	0	0
12	第四年	P2产品	129	52	68	0	0
13	第四年	P3产品	62	61	62	51	0
14	第四年	P4产品	41	42	37	34	0
15	第四年	P5产品	30	24	33	27	0

第三类属于数量骤减型，该类产品需求量的变化情况是，某种产品的前期需求数量较多，但到中期的时候需求量突然骤减，后期需求量可能又慢慢增加。例如在表6-6中，P4产品在第二年的总需求量为57个，到第三年却减少到了53个，意味着在新增加一个市场的前提下产品需求数量不增反减。这样的市场适合前期多新建生产线生产产品进行销售，在需求量递减的经营年度就适当地变卖租赁生产线和手工线，使用节省的费用用于购置全自动生产线或者柔性生产线，这样既可以避开了稍微拥挤的市场，还调整了经营企业的生产线组合，是一举两得的策略。

表6-6　各产品在未来6年各市场的需求量（部分年份）　单位：个

年份	市场	P1产品	P2产品	P3产品	P4产品
第二年	本地市场	50	48	0	30
	区域市场	51	46	38	27
第三年	本地市场	56	46	27	0
	区域市场	38	38	30	27
	国内市场	49	41	0	26

4）均价与需求量相结合分析

正如前文所介绍的均价分析和需求量分析，之所以将两种分析方法单独列出是为了强调每种分析的目的。需要注意的是，均价和需求量这两张表格并不能完全地分开去分析，必须进行整体分析。例如，某些产品的需求量很高，但是利润比较低，需要综合考虑是否值得选择。一般来说，可以使用两种方法考量利润和需求量的关系。第一种方法是考量竞争对手的生产线数量，例如通过计算得出第三年P3产品的市场需求量可以供给40条生产线，但是通过分析竞争对手的情况发现所有的P3产品生产线已经达到55条，那么该情况下市场竞争将会非常激烈，这种方式比较适合于前三四年经营过程所选择的策略，原因是此时各个企业库存较少，产品的竞争主要反映在产线结构上；第二种方法是考量竞争对手的产品库存情况，例如通过计算发现第六年各个经营企业的P3产品的库存量很多，那么可以推断出第六年的P3产品的竞争激烈程度将会非常高，原因也在于后期企业的库存产品数量较多。

6.1.2 市场分析

市场分析指的是根据市场预测分析做出合理的生产计划，在企业模拟经营中，往往需要根据数据和经验来制订出生产计划。制订生产计划包括以下几个方面：产品种类、产品选择、产线结合以及产能优化。

1）产品种类

产品种类是指模拟企业生产的产品种类数，例如P1、P2产品组合，P1、P2、P3、P4产品组合。一般来说，产品种类选择是具有阶段性的，分为开局阶段、中期扩张产能阶段以及经营末端阶段。

在开局阶段，主要有单一产品和多样化产品两种选择。单一产品的优势是，前期的产品研发费用低，综合费用少，原材料的预订或购买操作较方便，对竞争对手进行分析的工作量小，广告投放较为集中也容易获得优先选单权；劣势是风险大，特别是遇到与竞争对手的产线策略相同情况的时候。多样化产品的优势是通过多样化的产品组合降低了风险，劣势是研发费用很高，影响了企业前期的经营权益，同时广告分散也会影响选单优先权。

在中期产能扩张阶段，主要是根据竞争对手的情况和市场的变化进行产品种类的调整。一般来说要考虑到三种要素：一是产品的竞争激烈程度，比如某类产品如果竞争激烈就考虑转移生产其他种类产品；二是产品的利润率，比如某类产品的利润过低时考虑转产其他产品；三是订单选取情况，例如选单出现人为的错误或者机动选择了某些订单，为了不造成违约就需要转产或者增加生产线进行生产。

在经营的后期，主要考虑的情况是如何清除库存以及将所有的产品销售出去，此时要考虑到竞争对手的产线情况、库存情况、生产线可转产情况等。

2）产品选择

产品选择可以说是企业模拟经营中最具有博弈性的一个环节了，因为市场预测和需求量是已知的，而订单的账期和交货期都是不确定的，而这大大增加了经营企业选择产品的难度。在企业经营模拟过程中，有几种情况需要各个模拟企业特别加以留意。

第一种情况是产品的交货期和账期不合适。在沙盘实战的过程中，经常会遇到某些产品看上去均价比较高，但是交货期和账期都不合适的情况，交货期不合适是指有的订单要求一季度交货，但是很多时候企业在一季度没有产成品可以供应交货，账期不合适是指账期非常长订单应收款收回周期较长，可能会导致企业资金流非常紧张，不得不靠贴现进行资金运转，导致财务费用过高。

第二种情况是订单数量不合适。例如如果经营企业第二年可以交付的P1数量只有4个，但是市场最小订单数量是5个，那么就没有办法选择该订单。

除了上述两种情况之外，竞争对手策略选择也是经常需要特别关注的问题，企业去规避利润最高的产品时，如果竞争对手也采取这样的方式，其结果将是利润最高的市场反而是最宽松的一个市场。虽然选择产品的时候运气占据一部分成分，但是也可以从以下几个角度进行审视。

（1）第二年高利润的市场竞争未必最激烈

在第二个经营年度里，利润最高的市场未必就是竞争最激烈的市场。主要原因是很多企业在开始经营的时候往往倾向于保守的方案，选择保守的产品产能，然而这样反而使本应该竞争最激烈的产品变得不是很激烈。如表6-7所示，该表显示的是一个比赛的经营案例，从表中不难看出第二年P3的利润明显高于其他产品，而且市场需求量也是最小的，然而在实际的经营过程中，第二年竞争最激烈的产品却是P2，因为很多企业选择利润相对较少的P2产品，造成了P2产品的竞争激烈，反而P3产品市场竞争程度很低。

表6-7　**各类产品均价（部分年份）**　单位：W

年份	产品	P1	P2	P3	P4
第二年	本地市场	49.88	70.54	0	128.5
	区域市场	50	70.35	89.89	129.22

（2）要有长期发展的战略眼光

在比赛中，很多模拟企业由于缺乏比赛经验，在开始做经营规划时只考虑第二年的市场预测，结果就导致在第二年发展良好的情况下，反而到了第三、四年遇到较大的经营困难。以某次比赛为例，某经营企业分析得出第二年的P3市场非常宽松，于是大规模进行生产线建设以生产P3产品，但是到第三年却发现P3的产品需求量不增反减，造成其产品大量积压。因此，在分析市场的过程中，切不可只分析某一年的市场，要具有长远的目光将每年的市场都分析完全再去做决定。

(3) 警惕明显高价市场

所谓明显高价市场，是指在某一经营年度中，相对于其他市场，某市场的某产品相对于其他市场价格过高，超出正常的范围。见表6-8，第四年P3产品在亚洲市场的利润明显高出本地、区域一大截。某经营企业在该次比赛中使用手工生产线生产P3，该类型生产线是每2个季度生产下线1个产品，因此其产品完工时间都集中在一季度和三季度。该企业的销售总监认为在亚洲市场投放84 W的广告费可以第一个进行选择订单，这些订单用来销售交货期为三季度的产品，而前两个市场投10 W的广告费用于销售交货期为一季度的产品。结果选取订单的时候发现，亚洲市场P3所有的交货期全部都是二季度，因此只能放弃，造成广告费用的浪费和产品的积压。

表6-8 **各产品均价** 单位：W

	市场	P1	P2	P3	P4
第四年	本地市场	50.21	69.61	82.56	132.8
	区域市场	48.77	0	81.94	126.58
	国内市场	47.94	67.6	0	118.45
	亚洲市场	0	68.26	89.48	0

上面提到的案例在实战中并不少见，如果某个市场的价格明显高于其他市场，那么该市场的交货期可能会与其他市场不一样，较合理的决策是在价格低的市场投放更多广告去获取一些交货期较长的订单，而在均价高的市场投放较少广告，以销售出交货期较短的产品。

3）产线结合

产线结合是指不同的产品使用什么样的生产线，例如P1产品到底是选择使用手工生产线还是使用全自动生产线。产线结合包括三个方面的决策，第一针对不同的产品选择哪种生产线比较合适，第二是市场竞争激烈情况与生产线的建设，第三是资金链的情况与生产线的建设。从第一个方面来说，产品与生产线往往是紧密相连的，不同的产品适合不同类型的生产线。例如，对于P1、P2产品而言，其市场竞争一般较为宽松，比较适合生产能力强且比较经济实用的租赁线和自动线；而P3、P4产品的市场竞争比较激烈，可以选择更加灵活的手工生产线和柔性生产线。从第二个方面来说，市场竞争的激烈程度和选择的产品组合不同，会造成企业的经营业绩产生巨大的差异和变化，这些差异和变化又决定企业建设新的生产线的类型、产品类型和时间。从第三个方面来说，资金也是制约企业建设生产线的重要因素，一般来说，资金与生产线建设的选择原则是当市场竞争较为宽松时，经营企业为了提高自己的产能以赚取更多的利润，更适合选择自动线和租赁线；而市场竞争非常激烈时，经营企业比较适合选择柔性线和手工线来减轻销售压力，减少产品库存过剩的风险。

4）产能优化

产能优化主要是针对手工线和柔性线等具备灵活转产能力的生产线。在实战的过程中，往往在经营的第四个年份以后，交货期为四季度的订单数量较少。在产品利润较高的市场中，有些经营企业会不惜成本投入较高的广告费，这样会造成市场广告费整体很高，影响企业的利润。在这种情况下，可以通过产能优化的方法来解决这个问题。具体策略就是利用柔性线和手工线的优势，通过选取交货期为一、二季度的订单消耗最难清除的库存；较容易清除库存的产品尽量通过交货期为三季度的订单加以出售；最容易清除库存的产品选择交货期为四季度的订单加以销售，这样不但可以节约广告费用，还可以更稳妥地保证较少的库存积压。

6.1.3　经营过程中的市场把握

市场的选择与开拓节奏，包括ISO认证的选择同样是经营中非常重要的一项决策。一般来说，需要提前研判完成市场的特征和开拓的节奏，同时还需要分析完成对ISO认证有要求的订单数量和占比，同时还要注意市场和ISO的动态变化。另外，市场领导者策略也是企业经营模拟中一项非常重要的决策内容。

1）市场开拓选择及ISO认证

市场开拓是指在每个经营年度中对市场的投资情况，市场一般分为本地、区域、国内、亚洲和国际五个市场。五个市场开拓的年限不一，开发过程可以暂停但是不能加速。例如，本地和区域市场的开拓时间都是一年，如果在第一个经营年度里选择开发市场，那么第二年即可在本地和区域的市场投放广告，选择订单。国内需要两年时间开拓，那么就需要经营企业在第一年、第二年持续投入市场开拓费用，第三年才可以在国内市场上投放广告选取订单，其他市场依此类推。

市场是否全部开拓是经营企业需要做出的一个决策，需要分析的要素一般包括：每个产品在每个市场上的利润和需求量；经营企业的资金情况、权益情况等，例如某些时候模拟企业需要保持所有者权益的额度也可以放弃或者暂缓一些市场的开拓；其他的因素还包括竞争对手的变化情况等。

ISO认证有ISO9001和ISO14000两种类型。有的销售订单没有对ISO认证的需求，有的销售订单只有一种认证需要，但是有的订单则需要有两种ISO认证，当然没有获取该ISO认证资质的企业没有机会选取该类型订单。一般来说，ISO认证是模拟经营企业必须要投资的，如果没有投资ISO认证，可能会不得不放弃一些很不错的订单。正常来说，一般在经营的第三年度里就会出现ISO9001资质认证的单子，第四个年度会出现对ISO14000认证有需求的订单。ISO投资可以暂停，但是不可以追加投资。另外需要注意的是，有时候模拟经营的结果是以A分分数为标准进行评定的，而不是单单参照权益。为了增加A分，一般都会在第六年经营年度中完成所有市场开拓、ISO资质认证和产品的研发投资，提升企业综合竞争力的分数。

2）市场老大

市场老大也称为市场领导者，指的是前一年在某市场上交货订单金额最多的经营企业（有违约情况除外）。例如企业A在第二年本地市场所交订单总金额最高，那么它就是本地市场第二年的市场领导者，也称为“市场老大”，这种优势将在第三年选择订单的时候体现出来。市场老大享有优先选取订单的特权，即对于拥有某市场的市场老大企业来说，只要其在该市场投放10W广告就第一个选单，其他企业投放广告数额再大也要排在其后。

另外，市场领导者对其市场中的每种产品都是第一个选单，并且每一轮次都是第一个选单，不过多轮选单的前提是“粥多僧少”，且该企业投放额度满足多轮选单的必要条件。例如，拥有本地市场领导者地位的企业A在下一个年度选单阶段第一个选单，也就是无论是P1产品还是P2、P3、P4产品都是第一个选单。如果某产品订单数量多，该产品的第一轮选单过后还有剩余订单，同时企业A投放广告金额超过30W，在第二轮选单中依然享有优先权，以后各轮次如果存在可能性并且满足广告条件依然如此（每增加20W多一次选单机会）。

一般来说，第二年本地和区域的市场老大主要取决于广告的额度，在以后的经营年度里主要取决于企业的产品组合以及市场的集中程度，当然和广告额度也是相关的。若有多个企业在某市场的销售总额并列第一，则市场老大由系统随机决定，可能为其中某队，也可能无老大。

6.2 竞争对手分析

竞争对手分析是整个经营活动中的重要环节，也是一项非常复杂和艰巨的工作内容。在制订经营方案的时候，可以全面系统分析对手可能的经营方案和战略选择，并且制订出不同的应对方案；在经营过程中，要针对竞争对手的情况调整经营方向和策略；结束经营后，复盘竞争对手的经营情况，可以看到竞争对手的经营和决策过程，学习对手的长处，避免对手所犯的错误。总之，竞争对手分析是企业沙盘模拟经营中一项系统而重要的工作。

6.2.1 竞争对手信息获取

在企业模拟沙盘经营过程中，主要通过系统的“间谍”功能获取竞争对手信息，这种方式是分析竞争对手信息、帮助企业做出正确决策一项非常重要的方式。

1）间谍含义及规则

在企业模拟经营电子平台中，设置了一个“间谍”功能，通过该功能操作，可以查看其他企业厂房、生产线、市场开拓、ISO开拓、产品研发等情况。

“间谍”功能在不同的经营规则下使用方法也不相同，第一种是任意时间可操作，即模拟企业可随时查看任意一家企业信息，查看总时间为10分钟（属可变参数），第二次查看必须在50分钟后（属可变参数）；第二种是任意时间可查看，但只在投放广告前10分钟是免费的，其余时间每查看一家企业需要付出1 W的信息使用费。使用“间谍”功能，可以帮助企业调整经营方案、制定针对性策略，通过间谍获得的信息可以用于总结经验，学习对手的长处。能否能够有效使用间谍功能和充分利用间谍表的信息，也是判断市场总监是否合格的重要标准。

2）间谍表介绍

如图6-2所示，间谍表主要包含六类基本信息：企业信息、库存信息、银行贷款、研发认证、厂房与生产线和订单信息等。

U18公司详细资料			
制表人	国际企业调查公司	制表时间	2015/5/27 8:13:47
公司现金	75W	公司状态	正在经营
股东注资	0W	系统时间	第二年一季度(年初)
公司名称		所属学校	
组织结构	CEO:1 购务总监:1 采购总监:1 市场总监:1 生产总监:1		
公司宣言	填写简介信息		

企业信息 | 库存信息 | 银行贷款 | 研发认证 | 厂房与生产线 | 订单信息

图6-2　间谍表

（1）企业信息

如图6-2所示，企业信息中主要包括“企业名称”“所属学校”“组织结构”等基本信息，在间谍过程中往往不需特别关注。但要注意第二列的“系统时间”，因为每年生成的间谍表内容是不同的，过去年份的信息并不能完全反映在当前年份的间谍表中，例如已经处理掉的租赁线，就不会反映在当前的间谍表中。

（2）库存信息

如图6-3所示，包括“原材料订购”“原料库存”“产品库存”情况等，内容简单明了，很容易理解。可以据此推测竞争对手的囤货情况（反映在产品库存栏，图例中的数据表明企业无囤货）和生产状况（通过原料订购和原料库存反映）。

原材料订购			
名称	数量	剩余时间	订购时间
R1	8	1Q	第一年四季度

原材料库存	
名称	数量

产品库存	
名称	数量

图6-3　库存信息

（3）银行贷款

如图6-4，包括“应收款”“长短期贷款”和“特别贷款”情况。

应收款	
剩余账期	金额

长期贷款		
剩余时间	金额	贷款时间

短期贷款		
剩余时间	金额	贷款时间
3Q	369W	第一年三季度
4Q	189W	第一年四季度

特别贷款	
金额	贷款时间

图6-4　银行贷款

（4）研发认证

如图6-5所示，包括市场开拓、产品研发和ISO认证信息。大多数企业会选择及时、不间断地投资ISO和市场开拓，所以这两类信息使用较少。但产品研发是很重要的一类信息，特别是在前三年年度经营中，通常可以直接根据对手的产品研发情况推算其生产的产品种类，同时可结合“库存信息”中的“原材料订购”和“原材料库存”情况验证推论。

市场开拓				
名称	开拓费	周期	剩余时间	完成时间
本地	10W/年	1年	-	第一年四季度
区域	10W/年	1年	-	第一年四季度
国内	10W/年	2年	1	-
亚洲	10W/年	3年	2	-
国际	10W/年	4年	3	-

产品研发				
名称	研发费	周期	剩余时间	完成时间
P1	10W/Q	2Q	-	第一年二季度
P4	11W/Q	5Q	4	-

ISO认证				
名称	研发费	周期	剩余时间	完成时间
ISO9000	10W/年	2年	1	-
ISO14000	10W/年	3年	2	-

图6-5　研发认证

（5）厂房与生产线

如图6-6所示，包括“厂房信息”和“生产线信息”。生产线信息，特别是租赁线和自动线，可以帮助企业快速判断竞争对手生产的产品种类，同时估算数量。但在计算数量时要注意，竞争对手可能会在下一年新建租赁线来扩大产能，这种情况并不能通过直接观察得到，只能通过核算原料订购和库存情况来推测。所以在分析对手生产的产品种类和数量时，最好将生产线、研发情况和原料订购一同考虑，信息最完整准确。但若时间有限，首先考虑前两者。此外，生产线和厂房的信息也可用来估算竞争对手的得分情况，便于确定我方和对手差距。

厂房信息								
ID	名称	状态	容量	购价	租金	售价	最后付租	置办时间
23	大厂房	购买	0/4	420W	42W/年	420W	-	第一年三季度
24	大厂房	租用	0/4	420W	42W/年	420W	第一年三季度	第一年三季度

生产线信息										
ID	名称	厂房	产品	状态	累计折旧	开产时间	转产时间	剩余时间	建成时间	开建时间
85	超级手工	大厂房(23)	P1	在产	0W	第一年三季度	-	0Q	第一年三季度	第一年三季度
86	超级手工	大厂房(23)	P1	在产	0W	第一年三季度	-	0Q	第一年三季度	第一年三季度
87	超级手工	大厂房(23)	P1	在产	0W	第一年三季度	-	0Q	第一年三季度	第一年三季度
88	超级手工	大厂房(23)	P1	在产	0W	第一年三季度	-	0Q	第一年三季度	第一年三季度
89	超级手工	大厂房(24)	P1	在产	0W	第一年三季度	-	0Q	第一年三季度	第一年三季度
90	超级手工	大厂房(24)	P1	在产	0W	第一年三季度	-	0Q	第一年三季度	第一年三季度
91	超级手工	大厂房(24)	P1	在产	0W	第一年三季度	-	0Q	第一年三季度	第一年三季度
92	超级手工	大厂房(24)	P1	在产	0W	第一年三季度	-	0Q	第一年三季度	第一年三季度

图6-6　厂房与生产线

（6）订单信息

如图6-7所示，罗列了对手已经得到的所有订单的信息。往往在投放广告之前进行间谍操作，所以这些已经发生在过去时的订单信息使用较少。它主要用来分析对手过去的业绩，作为复盘和学习效仿使用。

订单列表										
订单编号	市场	产品	数量	总价	状态	得单年份	交货期	账期	ISO	交货时间
S222_06	区域	P2	2	141W	已交单	第二年四季度	2Q	3Q		第二年二季度
S211_11	本地	P1	3	156W	已交单	第二年四季度	2Q	4Q		第二年二季度
S211_06	本地	P1	5	246W	已交单	第二年四季度	4Q	2Q		第二年四季度

图6-7　订单信息

3）间谍信息的分类与加工

间谍信息的用途可以分成若干种类，针对不同种类的间谍信息，可以采取不同的加工方法，下面详细地加以介绍。

（1）间谍信息收集用表

在比赛中，无论采用下载间谍信息或是直接记录信息，都需要对取得的信息进行简单的分类整理以便于使用，下面提供一个参考用表，见表6-9。

表6-9　间谍信息收集用表

队伍	库存	产品资格	生产线	在产线	在建工程	原材料		市场开拓
U01	2	P1 √	自动线	2P1	2P3	R1　5	3	本地√
	2	P2 √	柔性线	3	1	R2　2	5	区域√
	1	P3 √	自动线			R3	2	国内√
		P4	柔性线			R4		亚洲

上表“库存”栏，对应于后一列填写各产品库存；“产品资格”填写各产品是否已研发完成，需要指出的是当一些产品只剩余一两个季度即可研发完成时也需标注，因为剩余一两个季度成功也代表着成功在即；“在产线”和“在建工程”栏同时需要填写每种生产线的数量和所生产的产品，尤其是租赁线和自动线需要格外注意；“原材料”分别在两栏中填写一季度和二季度到货原材料；“市场开拓”勾选已开拓市场。

（2）信息分类与加工

根据间谍资料可以得到以下几种主要信息：

产品分析：前期根据竞争对手的产品研发情况进行分析，后期结合生产线和原材料订购情况分析。

生产线分析：直接可以从表格中读到，汇总后即可看到所有在产生产线的情况。

产能分析：根据生产线和原材料采购情况分析。

广告分析：结合市场开拓状况与现金数额及过去年度的投放习惯分析。

过滤竞争对手：找出有潜力的企业和相近的企业，重点分析，学习经营良好的企业。

6.2.2 竞争对手信息使用

竞争对手信息使用是在获取竞争对手信息后，如何有效使用这些信息的一个环节。运用科学方法分析竞争对手信息对于企业制定经营战略非常重要，可以为企业广告投放和产品选择起到关键性作用。对竞争对手信息的正确分析更影响到企业运营过程中的决策制定，从而影响到企业的经营成果。只有了解了竞争对手的多方信息，才能从优规划，从容应战。

1）生产线及产能分析

分析生产线和产能可以得到竞争对手利润的主要来源。通过分析每年竞争对手的生产线和产能，可以预计本年竞争对手的发展潜力及趋势，并结合市场及时调整本企业的发展战略。在企业经营模拟中，生产线信息可以从间谍表中获取，而产能可以通过计算得出。

（1）竞争对手生产线分析

分析竞争对手生产线可以大致推断出竞争对手的发展趋势，在这个过程中，要相应根据各生产线的特点来判断。

手工线的优点是购买价格低、维修费低、折旧费低、安装周期短、即买即用，同时转产费用为零，灵活性较强。其缺点是其生产周期为2Q，相对其他类型的生产线较长，从而一定程度上限制了产能。此外，如果比赛是以A分进行成绩排名，手工线没有加分分值，所以到后期运营年度需要变卖生产线，然后通过建设有分值的生产线来获取更高的A分。当然，在特殊情况下，可以保留手工生产线，这种情况是通过计算发现不变卖手工线的分值比变卖手工线的分值更高。在分析竞争对手的手工线产能时，需要结合原材料订购情况进行分析。

租赁线的优点是免费购进、即买即用，且生产周期短。前期在容易获得销售订单的前提下，能较快提高权益。其缺点是，维修费用很高，约为自动线和柔性线的三倍到四倍，且转产周期需要1Q，灵活性较差。与手工线一样，租赁线也没有A分加分分值，而且清理费用较高，所以后期不宜过多持有。另外，因该类型的生产线不易转产，所以分析竞争对手租赁线产能较容易，只需计算某竞争企业建设完成的租赁线标明的产品种类即可。

自动线和柔性线都是可以增加A分的生产线。自动线安装周期为3Q，比柔性线安装周期少1Q，所以自动线一般于二季度开始建设，在下一个经营年度使用。自动线的优点在于生产周期短，比开建柔性线费用需求低。缺点在于转产周期长且有转产费用，不宜转产，灵活性较差，同时分值也比柔性线低。

柔性线的优点在于转产周期为零且无转产费用、灵活性强，并且A分加分分值高。缺点在于折旧费用也最高、资金需求高。柔性线的建设需要从一季度开始并持续四个季度，才能在下一经营年度使用。相较来说，分析竞争对手的自动线较容易，只需看生产线上的产品即可确定产能。但分析柔性线难度较大，需要结合原材料订购情况分析，推测产品数量。

（2）竞争对手产能分析

产能即生产线产出产品的数量。每季度的产能决定了每季度可拿订单中产品的数量。计算产能是市场销售额度必不可少的环节。分析竞争对手的产能也是分析竞争对手实力、预测广告投放的重要部分。

分析竞争对手产能要与分析竞争对手生产线、原料和产品库存相结合。举例说明，见表6-10至表6-12，从表中可以看出，竞争对手U01在第一年三季度购买了一个大厂房又租了一个大厂房，可以容纳的生产线数量为8个，并于第一年三季度新建了8条手工线，手工线的生产周期为2Q，说明第二年一季度该企业可以交货的数量为8个，又因该规则中，P1产品的产品组成为原材料R1，结合U01原材料订购情况得出，该企业第二年一季度产能为8个P1产品。

表6-10 竞争对手厂房信息及生产线信息（厂房信息）

	名称	状态	容量	购价	租金	售价	最后付租	置办时间
2	大厂房	购买	0/4	420W	42W/年	420W	—	第一年三季度
2	大厂房	租用	0/4	420W	42W/年	420W	第一年三季度	第一年三季度

表6-11 竞争对手厂房信息及生产线信息（生产线信息）

名称	厂房	产品	状态	累计折旧	开产时间	剩余时间	建成时间	开建时间
手工	大厂房	P1	在产	0W	第一年三季度	0Q	第一年三季度	第一年三季度
手工	大厂房	P1	在产	0W	第一年三季度	0Q	第一年三季度	第一年三季度
手工	大厂房	P1	在产	0W	第一年三季度	0Q	第一年三季度	第一年三季度
手工	大厂房	P1	在产	0W	第一年三季度	0Q	第一年三季度	第一年三季度
手工	大厂房	P1	在产	0W	第一年三季度	0Q	第一年三季度	第一年三季度
手工	大厂房	P1	在产	0W	第一年三季度	0Q	第一年三季度	第一年三季度
手工	大厂房	P1	在产	0W	第一年三季度	0Q	第一年三季度	第一年三季度
手工	大厂房	P1	在产	0W	第一年三季度	0Q	第一年三季度	第一年三季度

表6-12 竞争对手U01原料订购情况

名称	数量	剩余时间	订购时间
R1	8	1Q	第一年四季度

另一个例子，见表6-13、表6-14，企业U02第一年一季度租用了一个大厂房，并新建了两条P1产品自动生产线和两条P4产品柔性生产线，目前为在产状态。结合表中的库存产品数量为0可知，第三年一季度该企业会生产2个P1产品和

2个P4产品，再结合上个经营年度第二季度该企业租赁一个大厂房，并且新建了两条P1产品的自动线的情况，所以该企业第三年二季度会比上年增加两个P1产品的产能。结合图6-8可得，该企业本年一季度和二季度可生产4个P1产品和2个P4产品，所以该企业第三年一季度的产能为2个P4产品，二季度的产能为2个P1产品和2个P4产品。

表6-13　　竞争对手U02厂房及生产线信息

ID	名称	状态	容量	购价	租金	售价	最后付租	置办时间
18	大厂房	租用	0/4	420W	42W/年	420W	第二年一季度	第一年一季度
29	大厂房	租用	2/4	420W	42W/年	420W	第二年二季度	第二年二季度

表6-14　　竞争对手U02生产线信息

名称	厂房	产品	状态	累计折旧	开产时间	剩余时间	建成时间	开建时间
柔性线	大厂房（18）	P4	在产	0W	第二年四季度	0Q	第二年一季度	第一年一季度
柔性线	大厂房（18）	P4	在产	0W	第二年四季度	0Q	第二年一季度	第一年一季度
自动线	大厂房（18）	P1	在产	0W	第二年四季度	0Q	第二年一季度	第一年二季度
自动线	大厂房（18）	P1	在产	0W	第二年四季度	0Q	第二年一季度	第一年二季度
自动线	大厂房（29）	P1	在建	0W	—	0Q	—	第一年二季度
自动线	大厂房（29）	P1	在建	0W	—	0Q	—	第二年二季度

原材料订购

名称	数量	剩余时间	订购时间
R1	4	1Q	第二年四季度
R2	2	1Q	第二年四季度
R4	2	2Q	第二年四季度
R4	2	1Q	第二年三季度

原材料库存

名称	数量

产品库存

名称	数量

图6-8　竞争对手U02原料订购及库存情况截图

2）产品研发分析

一般来说，免费间谍时间限制在投放广告之前十分钟，时间很短，为了达到快速掌握市场需求分布的目的，从产品研发情况判断是最快捷有效的方法。

如图6-9所示，“剩余时间”表示对应产品还有多少季度才可研发完成，“完成时间”表示该产品在该时间已研发完成。

产品研发				
名称	研发费	周期	剩余时间	完成时间
P5	10W/Q	6Q	2Q	—
P2	10W/Q	3Q	—	第一年四季度

图6-9　通过间谍查看产品研发情况

图6-10表示的是某次比赛第一年间谍统计的产品研发情况（共19组）。如图所示，P3产品的研发公司数最多，有13组，其次是P2产品，数量为11组，接下来依次是P1产品、P4产品。初步推论，P3产品的市场竞争最为激烈，需要加大广告投放额度才能获得销售订单。

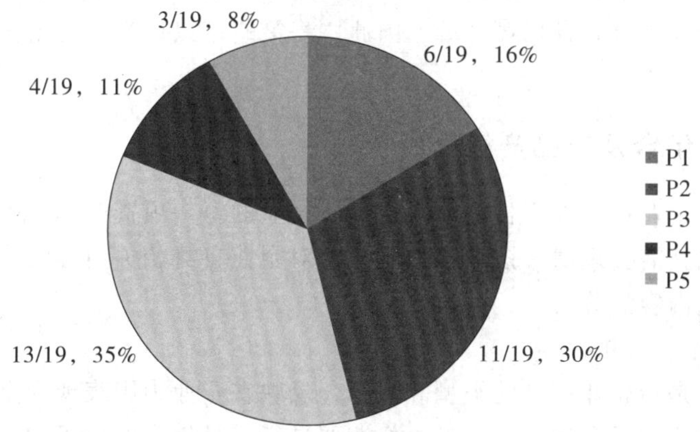

图6-10　产品研发情况

需要注意的是，仅凭以上推论并不能完全确定，还需与市场需求量结合分析。可以用市场需求量除以产品研发组数得出每组平均能拿到的产品数量，可以得出每一组平均可以获得的产品数量，如图6-11所示。

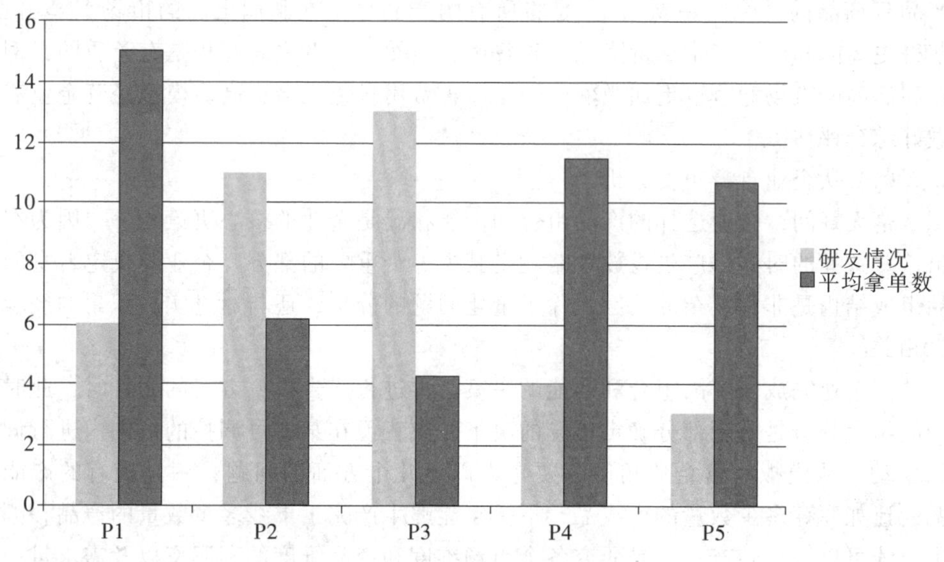

图6-11　将研发情况图形化

从图6-11可以看出，P3产品市场竞争最激烈，其次是P2产品，而P1产品市场竞争最宽松。原因是虽然P1产品研发组数比P4产品多，但P1产品的市场需求量较P4产品更多，所以P1产品成为所有产品中能卖出数量最多的产品，P4产品则紧随其后。

6.3 广告策略

广告策略是市场营销中重要的一项策略，主要内容包括在哪些市场中为哪些产品投放广告，以及投放广告的额度。因为无论是市场分析还是竞争对手分析，最终的目的都是投入广告并且选择订单，因此广告策略可以认为是市场营销的行动计划和执行。

6.3.1 产品组合及产品产能分析

模拟经营企业在投放广告之前，要理清企业的每一项资源，其中产品组合和产品产能情况尤其需要理清，该项工作既包括对企业自身相关内容的分析，也包括对竞争对手相关内容的分析。

1）产品组合分析

产品组合是指企业产品的类型和数量，反映在企业中则表现为企业生产各种类型产品的生产线数量和生产线类型，企业要进行产品组合的分析和研究。产品组合分析是指企业对将要销售的产品进行分析，并且根据产品的利润和需求量进行研究，抽取出重要信息，将产品进行有效的组合以便能够更好地将其销售出去。

更好地销售出去包括三个层面的含义：一是将所有的产品都销售出去，完成从产品到商品的“惊险一跃”；二是将所有的产品尽量在利润更高的市场上卖出去，获得更高的利润；三是尽量降低广告费用，当然，三者之间互相是有矛盾的，例如在利润高的市场竞争也更加激烈，于是广告费用肯定也会更高，模拟经营企业需要做好综合评估。

（1）从企业自身角度分析

毫无疑问，企业选择的产品组合和产能状况是企业的核心决策之一，因为在做出这些选择的时候，广告投放策略就是其中一个重要的部分。企业要决定自身的产品组成结构是非常复杂的问题，除了量化问题的分析，还与通过实战积累的经验直觉相关。

当企业完成了产品组合和产能的决策，再进行广告投放方案的制订时，此时的产品组合分析是基于部分确定信息的决策，或者说在某些可调控的范围内进行调整和变动。从模拟经营企业角度，要考虑以下几个方面的问题：一是现有的产能状况，比如库存多少数量的产成品，下一年能够生产完工下线多少数量的产品，哪些生产线可以进行转产；二是研究各个市场维度和产品维度的利润率以及需求量；三是分析企业的财务状况，例如在广告投放上可以投放的大致额度是多少；四是竞争对手的情况，尤其是主要竞争对手的广告投放情况；五是市场领导者的情况，包括如何保持市场领导者地位以及如何争夺市场领导者。总之，从企业自身角度，就要清晰整理出来企业现有的产、存状况，结合财务状况，初步完成对广告方案的规划。

（2）从竞争对手企业角度分析

除了了解企业自身的状况，竞争对手企业的状况，特别是主要竞争对手企业的状况也是在广告投放时候需要重点了解的工作内容。主要是根据间谍的结果以及综合判断得出，此处不再赘述。

2）产品产能分析

产能分析即对企业生产能力的分析，也可以从企业自身角度和竞争对手角度进行分析。从企业自身角度进行分析主要包括产能的大小，一般来说，如果企业某种产品的产能较多，需要在更多市场上投放更多广告，选择更多的产品订单；如果某种产品较少，可以考虑在重点市场投放广告。如果一些产品特别容易出售，可以考虑只在每个市场投入10W的广告费，这样可以节省广告费用。从竞争对手角度来说，要计算竞争对手的产能，也是一项非常重要的工作，因为这牵涉到广告投放的额度。

6.3.2　财务分析和预算

财务预算是在预测和决策的基础上，围绕企业战略目标，对一定时期内企业资金的取得和投放、各项收入和支出、企业经营成果及其分配等资金运动所做出的具体安排。财务分析在广告策略中也是重要的一个环节，在制定广告策略之前，需要使用一定的程序和方法来完成财务分析，以便更好地平衡企业的财务费用。

1）现金流量的风险性控制

通过计算当年的企业现金流量表分析下一经营年度的现金流量，将现金的预算差异率尽量控制在10%以内，将现金断流的危险性降到最低。在现金能保证正常运营的同时，留出足够的广告费用，这其中预算的重要性不言而喻。

2）预算广告的最大额度

在分析自身及其他企业的产品结构及产品产能后，企业需要计算在满足了企业的日常运营以及之后经营年度所必需的资金之后，企业可以投放广告的最大额度是多少。

3）参照主要竞争对手过往年度的广告额度

每次做完整的财务预算，也需要对广告费进行预测，结合本企业的产能与竞争对手往年的广告费用的使用量。在参照本企业经营战略的背景下，制定合理的广告费用。

6.4 选单策略分析

在企业模拟经营过程中，投放广告完成后就要进行选取订单操作，选取订单也是一个非常重要的环节。因为如果广告投放非常合理并且配合选单策略制定得正确，将有利于企业获得交货期长、账期短、单价高以及保证库存无积压的最佳订单状况。

6.4.1 选单规则

在企业资源规划实践的经营规则里，选单规则即企业优先选择订单的顺序，规则如下：第一优先，上年本市场销售额最高（无违约）者优先，也就是上文所提到的市场领导者；第二优先，看本市场本产品广告额；第三优先，再看本市场广告总额；第四优先，再看市场销售排名；第五优先，如仍无法决定，先投放广告者先选单。

在选单时有五个要素需要考虑，分别是：交货期、账期、单价、数量和产品资格认证。在考虑其他因素之前，首先要考虑企业是否有选择所有订单的资格，不具备选某种产品资格的订单不在考虑范围之内，例如没有ISO9001认证资质的企业不能参与需要该资质订单的选取。在企业经营模拟的电子平台上，没有相应资质认证的企业也没有选择需要该项资质认证订单的机会。

6.4.2 交货期、账期分析

在激烈的市场竞争中，企业按订单要求及时交货显得非常重要。按时或者提前交货能够提前得到账款，未按时交货会产生违约金等进而造成现金流紧张，甚至导致破产。因此，在选取订单需要注意的五个要素中，经营企业要特别注意交货期和账期。

1）交货期分析

订单的交货期即第几季度完成订单的交货，交货期分为1Q、2Q、3Q、4Q几种不同的类型，例如交货期为3Q就是要在三季度交货。订单的交货时间可以提前但是不能延后，不能按时交付就意味着订单违约和需要交付罚款。企业要准确无误地确定交货期的前提是计算自身产能，要保证在交货期之前生产完成出足够的产品。例如，如果确定要选择数量为4个的订单，但是在本年三季度时才能生产完工下线4个产品，则交货期要选择3Q交货期或4Q交货期的订单。所以，选取订单的时候，每种产品的总产品数量不能超过期初该产品的库存数量加当年该产品的最大产能之和，使用公式可以表达为：第t年A产品订单总产品数量≤第t-1年年末A产品库存数量+第t年A产品最大产能。

满足上述要求只是保证能按时交货，这是避免违约的最基本的条件。但只满足该条件是远远不够的，如果交货期不满足订单要求也无法交货。如果订单的交货期都很短，比如交货期全是1Q的时候，因为有些产品在二、三和四季度生产下线，相对于交货期来说已经延迟了，同样会造成违约。因此，企业需要根据已经选取的订单和实际的产品生产情况来选单。比如下面是一次比赛中某企业在第2个经营年度里所选取的订单，见表6-15。

表6-15 **第二年订单**

产品类型	年度	数量	总价	交货期	账期	实际交货期
P1	2	5	276W	4Q	1Q	四季度
P2	2	3	220W	3Q	1Q	三季度
P2	2	4	296W	4Q	1Q	四季度
P4	2	2	238W	4Q	1Q	三季度
P4	2	2	239W	4Q	2Q	四季度

需要说明的是，如果订单交货期为4Q，可以安排在四季度交货，但是模拟企业如果提前交付订单就可以提前得到应收账款，无论是从现金的时间价值还是增加企业的现金流，都是非常正确的策略。

见表6-16，P1产品到四季度一共有5个，恰好能在四季度完成交货。P2产品到三季度有4个数量的产品可以交货，所以在三季度把交货期为3Q、数量为3的订单交货，到四季度的时候还剩4个数量的P2，恰好把剩下的数量为4、交货期为4Q的订单交货。P4产品在三季度和四季度各有2个数量的产品可以交货，所以在三季度和四季度就能把2个数量为2、交货期为4Q的订单交货。

表6-16 **订单交货方案**

	P1	P2	P4
一季度	2	2	0
二季度	2	0	0
三季度	0	2	2
四季度	1	3	2

另外，产能计算部分要特别注意，要清楚每条生产线的安装周期和生产周期，如考虑在后期经营时用非柔性线转产时，还要考虑转产周期然后计算出在第几季不同产品生产的数量，见表6-17的案例：

表6-17　　　　　　　　　　　　　　生产线生产情况

	自动线P2	自动线P2	柔性线P3	自动线P4	自动线P1
1.1			√		
1.2	√	√	√		
1.3	√	√	√		
1.4	√	√	√		
2.1	P2	P2	P3		
2.2	P2	P2	P3	√	√
2.3	P2	P2	P3	√	√
2.4	P2	P2	P3	√	√
3.1	P2	P2	P3	P4	P1
3.2	P2	P2	P3	P4	P1
3.3	P2	P2	P3	P4	P1
3.4	P2	P2	P3	P4	P1

注：1.1表示第一年一季度，√表示当季度安装完成。

在开局阶段安装2条自动线和1条柔性线，分别生产P2产品和P3产品。生产P2的2条自动线从第一年二季度开始安装，安装周期为3Q，在第二年一季度才可以投产，每季度生产出1个产品，就在相应的时间填上1个产品名称，比如第二年P2的产能就是6个，因为第二年四季度生产的P2产品在第三年一季度才能完工入库，所以不能算在第二年的产能内。所以在选单之前，列一张表来记录每季度的生产线安装情况、投产情况和产品数量是个不错的选择。

2）账期分析

账期是指订单完成交付后，需要几个季度完成货款的收回，账期分为0Q、1Q、2Q、3Q、4Q几种，表6-18显示的是一次沙盘比赛中第三年所选订单。毫无疑问，对于企业来说账期越短则资金回收越快，也对企业越有利。选定订单时要特别注意订单的账期情况，如果需要账期短的销售订单来弥补现金流的短缺，在不考虑其他要素的情况下，首选0账期或者1账期的订单，因为0账期交货的同时收回货款，1账期是指在完成订单交付后下一个季度收回货款。

表6-18　**第三年订单**

产品类型	年度	数量	总价	交货期	账期
P1	3	4	214W	4Q	2Q
P2	3	3	208W	3Q	1Q
P2	3	3	217W	3Q	2Q
P2	3	3	209W	4Q	2Q
P3	3	3	254W	4Q	1Q
P4	3	2	245W	3Q	1Q
P4	3	4	496W	4Q	2Q
P4	3	2	241W	1Q	1Q

在调整订单的实际交货期的时候，除了考虑产能、现金流以外还要考虑到账时间来跟未来几季的现金情况相结合。在上面的订单中实际交货期可以有以下两种情况：

根据表6-19，分析P2产品可知：如果在第三年二季度的时候，企业的资金周转很短缺，可能会导致无法周转，而在三、四季度的时候现金流压力变小的话，应该选择方案2。因为方案1在三、四季度的时候才收到货款，而方案2在二季度的时候能收到一笔货款来弥补二季度企业资金短缺。相反，如果企业的资金在第三年二季度的时候充足，在三、四季度的时候会比较短缺的话，应该选择方案1。

表6-19　**交货期、账期方案**

产品类型	年度	数量	总价	交货期	账期	方案1	到账1	方案2	到账2
P1	3	4	214W	4Q	2Q	3.4	4.2	3.4	4.2
P2	3	3	208W	3Q	1Q	3.3	3.4	3.1	3.2
P2	3	3	217W	3Q	2Q	3.1	3.3	3.3	4.1
P2	3	3	209W	4Q	2Q	3.4	4.2	3.4	4.2
P3	3	3	254W	4Q	1Q	3.4	4.1	3.4	4.1
P4	3	2	245W	3Q	1Q	3.2	3.3	3.4	4.1
P4	3	4	496W	4Q	2Q	3.4	4.2	3.3	4.1
P4	3	2	241W	1Q	1Q	3.1	3.2	3.1	3.2

相同的原理，在P4产品交货时，如果资金短缺出现在第三年的时候应该选择方案1，因为方案1在第三年三季度能收到一笔货款。如果资金在第四年年初的时候比较短缺，应该选择方案2。

6.4.3 单价、数量分析

首要考虑数量的情况，也就是从库存角度进行分析，在不需要特别考虑交货期、账期，库存量较多的情况下，需要首先选择数量多的订单，目的是清除库存产品。

1）从利润角度分析

企业选单在考虑订单数量的同时也要兼顾单价，也就是要保证一定的产品利润，企业出售产品的首要目的就是为企业带来利润，以低价格甚至无利润的方式出售产品而达到清除库存的做法是不可取的。如果遇到订单的产品数量很多但单价很低的情况，就要舍弃数量多单价极低的订单，转而选择数量和单价平衡的订单。从库存数量来说，库存数量在2个以下的P1、P2产品是可以接受的，但是P3、P4产品就要保证没有库存或者只有1个库存数量，一般情况下这样的库存量才能保证现金流不断流，不会影响到产能扩大和权益的增长，如果库存太多就会造成现金流紧张。

2）选单过程需要注意的地方

（1）一定要在倒计时10秒之前选定订单，因为选定订单后要把订单信息写入数据库，如果倒计时1、2秒点击选择订单，就极易发生丢失订单现象。

（2）当某一企业处于等待状态时，订单处于红色状态，当订单处于白色状态时，该企业可以进行选单。

（3）如果没有进行ISO9001或者ISO14000的认证，则该资质的订单对于该企业就是红色的、不可选的状态。

（4）选单的时候实际上每一个市场的领导者就已经确定了，那也就是在某市场中选择订单金额之和最高的那个企业，除非该企业发生该市场订单的违约。

（5）交货期为1Q的单子就是指选单当年一季度必须交货，否则违约。

6.4.4 多轮选单

企业模拟经营模拟软件在选单时的规则中设置了多轮选单，在选单过程中存在多轮选单的情况，需要企业认真去分析应对。

1）一轮选单与多轮选单

一轮选单意味着只能在一个市场中获得一个订单，两轮选单可能获得一个订单或者两个订单，三轮选单获得不超过三个订单（根据市场中产品的需求量，形成的实际数量的订单多少，一般情况下的同一市场中的订单数量往往仅够所有组完成一轮选单，部分组完成二轮选单）。一轮选单和多轮选单的区别就在于向同一市场中投入广告费用的多少，如果企业想获得一轮选单的权利，需要向市场中投入至少10W的广告费用，如果想要获得第二轮选单机会，则至少需要投放30W的广告费用，如果想要获得第三轮选单机会，则至少需要投放50W的广告费用。

2）多轮选单策略

无论是一轮选单还是多轮选单，最重要的首先是要根据自己企业的产能和目前经营状况的需要，其次是考虑整个市场需求量的多少，也就是市场中可选订单的数量，这一点是特别要注意的，也是最容易造成失误的。例如，有8家企业竞争的市场，订单的数量在11个左右，从逻辑上说，如果企业A投入了30W的广告费，那么它就获得了参与第二轮选单的机会。但如果另外的3家企业都投入了多于50W的广告费，那最终的结果就是轮到选第二轮订单的时候，其他的三家企业可能将剩余的订单全部选取，企业A没有订单可选。另一种可能就是最后剩下的三个订单不理想，比如单价低、数量多、交货期短、账期长的订单，即便其他企业不选择该订单企业A实际上也不会进行第二轮选单。

避免发生上述两种情况的方法就是将企业的生产情况使用表格整理清楚，每次投放广告之前根据产能情况表决定每种产品的广告策略。一般要结合分析竞争对手的前一年投放广告的情况，有时候还要分析竞争对手的广告投放风格。

3）多轮选单中的其他要素

如果市场竞争非常激烈，根据市场需求分析得知每家企业都能抢到一个订单，所以为了节省广告费，投入了比较少的广告费。但是往往会出现一种情况，也就是最后一到两个订单虽然可选择但是实际不能选择，原因包括订单的数量较多、交货期太短而在交货期内生产不了足够数量的产品、订单的数量超出了产能等，导致企业并不能选择该订单。所以选单的时候仅仅考虑市场需求是不全面的。除了市场需求外，还要考虑竞争情况、生产线的灵活度（转产的可能性）、竞争对手投放广告费的习惯、开发市场的情况、生产情况（包括生产线、生产产品）等。

在市场竞争非常激烈的时候，企业投入更高的广告费，例如30W或者50W来选择一个订单的情况绝非少见，在某些情况下反而是一种最佳选择。

4）多轮选单成功的关键

（1）清楚企业自身的产能。在已经知道企业接下来一年的生产情况的条件下，应该列出表格记录下一年每个产品的产能。如果有转产的可能时，要是用多张表格来记录可能的产能。充分的市场分析和选单准备是成功投入广告和进行选单的基础工作。

（2）使用间谍或者在选单时观察记录每家企业的选单顺序以及投放广告的多少。通过记录每个组的广告费，可以大致了解每个组的生产规模、生产结构等。这些信息在下一次的广告投放、选订单等环节起很重要的参考作用。除此之外，这些信息对于分析该企业的扩产、调整产品结构等重要决策的时候也会起到作用。

5）选单时的应变策略

在选取订单时候要根据情况进行应变。例如，企业要进行两轮选单，在选单开始之后锁定了两个合适的订单，但是如果其中一个订单被其他企业选取，就需要企业重新在剩下的订单中快速做出选择，集中注意力和观察其他企业的选单动向是必备能力。

6）多轮选单中的市场领导者

如果企业在市某市场的市场领导者，意味着可以以30W或50W的广告费在每一轮选单时都是第一个进行选单，如果在经营初期能够当某个市场的老大，就能够保持市场老大的地位，企业也能够省下很多广告费。

6.4.5 并发选单

在模拟经营规则中，存在并发选单的情况。所谓并发选单是指，使用企业模拟经营模拟软件平台在选取订单时，两个市场同时进行，在这种情况下，各企业需要同时关注两个市场的选单进展，如果其中一个市场先结束，则第三个市场立即开始选单，或者说任何时候会有两个市场同开，除非到最后只剩下一个市场选单未结束。

例如某年有本地、区域、国内、亚洲四个市场有选单，在选取订单这个环节，系统同时在本地、区域显示订单以供选取，各市场按P1、P2、P3、P4顺序依次出现订单。若本地市场选单结束，则国内市场立即开始显示订单，此时区域、国内两个市场保持同时进行订单选取，依次类推。选单时各企业需要点击相应的市场按钮（如“国内”），某一市场选单结束，系统不会自动跳到其他市场。

并发选单需要企业组员分成两队同时选单，选单过程中要注意两队之间的交流，事先要初步分配好在各个市场中抢单的数量和各个产品的数量。并发选单的好处在于选单过程比较灵活，比如在本地和区域同时选单，一共有7个P2产品需要进行销售，如果该企业在本地市场是第三个选单，在区域市场是第五个选单，当企业注意到在本地市场有个数量为3的订单比较合适，那么在区域选取订单时就可以选择数量为4的订单，因此，并发选单中数量分配可以根据整个选单情况随时调整。在这个过程中，记录已选到的订单的数量和交货期显得尤为重要。

并发选单需要注意的两点：

（1）避免出现由于没有及时沟通同时注意一个市场，而忽略另一个市场，造成错失选单机会的情况。

（2）不要出现两个队同时选单而导致违约现象的发生。例如，本来只有7个产品可以交付，最后抢了数量为8的订单。

多轮选单和并发选单容易出现低级错误，最重要的就是事前准备充足，将产能计算正确，选单数量和产品数量分配合理，选单过程中出现选单时间剩下不多但还没有做决定的情况时不要慌乱，即使不能选择满意的订单也不要因此而丢了选择其他订单的机会。总之，不要出现多选或者漏选的情况。

6.4.6 突发情况选单策略分析

在选取订单环节，每一个订单都能符合预期的完美情况非常少见，或多或少都会出现一些突发情况。只有灵活应对这些突发情况才能保证企业经营的稳健性。所以，掌握突发情况选单应对策略是经营过程中必不可少的技能。

1）什么是突发情况

选单时的突发情况主要包括可以选的订单数量与实际的产品数量有差异、错过选单时间等。其中，订单数量与实际产品数量的不符是最主要最常见的突发情况，包括订单中的产品数量比可交付产品数量大从而没法选单，也包括订单中的产品数量过小有可能导致出现比较多的库存两种情况。例如，见表6-20，在选P2订单时的情况如下（假设没有库存）：

表6-20　已选好的P2订单

类型	数量	总价	交货期	账期
P2	3	198W	2Q	3Q
P2	3	150W	4Q	4Q

有两条线生产P2产品，总共要出售的P2产品数量为8个，上面已经选了6个数量的订单。选择最后一个P2产品订单的时候尽可能选一个数量为2的订单，但是选单时剩下的可以选的订单有可能会出现以下情况，见表6-21：

表6-21　订单情况

订单号	产品类型	年度	数量	总价	交货期	账期
16	P2	4	4	282W	4Q	2Q
228	P2	4	4	280W	4Q	1Q
267	P2	4	3	209W	4Q	2Q

剩下的3个订单中，不管选择哪个订单，产品数量都超过了2。如果所选订单的数量比2大，很可能会导致无法交货从而导致违约。以上情况属于订单的数量与实际产品不符的突发情况。

第二种错过选单的情况是主观的原因造成的，例如操作的失误导致错过了选单时间，这种情况会打乱原有的计划，导致过多库存甚至诱发各种连锁反应。因此，认真对待操作的每一步是成功的关键所在。

2）针对突发情况的选单策略分析

出现订单数量与实际产品数量不符的突发情况，可以利用生产线转产来调节产品的数量。例如，在选取订单时，P1产品的订单数量比实际P1产品的数量少1个，而P2产品订单的数量正好比实际产品数量多1个，这种情况可以在生产过程中少生产1个P1，转产时多生产1个P2就可以很好地调节了。但是转产时还要考虑转产周期和转产费用等，上面的例子是转产周期为0Q时的情形，如果转产周期为1Q或是2Q，显然上面的方法是不可行的。所以为了应对这种突发情况，建立生产线的时候要把转产的情况考虑在内。一般的经营规则里，手工线和柔性线的总转产费用和转产周期都为零，适合转产应对突发情况。其中由于手工线的生产周期为2Q，转产应对突发情况时比生产周期为1Q的柔性线要复杂一些，所以最适合用来应对突发情况的是柔性线。

下面用一个实例来说明突发情况的选单策略（不考虑库存）：本案例中某企业一共有4条线，1条柔性线（用来生产P3产品）、3条自动线（其中1条自动线生产P1产品、2条自动线生产P2产品），所以选第三年的订单的时候产品数量为4个P1产品、8个P2产品、4个P3产品。选订单的情况见表6-22：

表6-22 选单情况

订单号	产品	年度	数量	总价	交货期	账期
158	P1	3	4	214W	4Q	2
16	P2	3	3	208W	3Q	1
228	P2	3	3	217W	3Q	2
267	P2	3	3	209W	4Q	2
181	P3	3	3	254W	4Q	1

P1产品一共生产完工4个，因此交货期为4Q、数量为4的P1的订单正好能全部销售出去。选取P2产品订单的时候开始选了两个交货期为3Q、数量为3的订单，因为柔性线在生产P3，可以转产生产P2产品，转产周期和转产费用都为零，所以P2的第3个订单选取了数量为3、交货期为4Q的订单。剩下P3一共能生产3个，选取数量为3、交货期为4Q的订单恰好能交货。则第二年四季度到第三年三季度的生产情况见表6-23：

表6-23 生产情况

	柔性线	自动线P1	自动线P2	自动线P2
2.4	P2	P1	P2	P2
3.1	P3	P1	P2	P2
3.2	P3	P1	P2	P2
3.3	P3	P1	P2	P2

当遇到错过选单这样的突发情况时也可以用转产来调节，但是有些情况下会受到限制。在上例中，如果错过了P3产品的选单时间，则可以通过选择数量更大的P1和P2产品订单弥补，然后通过柔性的P3产品生产线转产P1和P2产品。但如果错过了P1和P2的选单时间，虽然也可以转产P3产品，但是由于P1和P2的生产线都属于自动线，转产周期为1Q，转产费用为20W，所以会受到限制。

6.4.7　竞争对手的选单策略分析

在企业的模拟比赛经营中，如果能正确分析竞争对手的策略或者是通过间谍功能得到竞争对手的库存信息、生产线、订单信息等，都会对选单环节带来便利。通过对竞争对手的生产线、库存信息和订单信息来大概推断其产能从而判断其需要的订单，可以在选单环节占据主动，提前预备各种状况。

6.5　竞单及其他

竞单是指获得投标资格的企业在竞单会上通过竞价获取订单的方式。在企业模拟经营中，通过竞单有可能获得高额的利润，但同时也存在着巨大的风险。在普通的班级沙盘经营比赛中，一般没有设置竞单环节，但是考虑到某些时候为了增加课程的深度和趣味性也会增加竞单环节，因此将该部分内容加以介绍。

6.5.1　竞单规则

竞单规则和选单规则一样，需要每个参与的企业掌握，特别是其中的一些细节更需注意。

1）竞单规则及解读

何谓竞单，顾名思义，就是竞拍订单。在竞单会上出现的订单正如待价而沽的商品，根据每个企业开出的条件，得分最高者得到订单。根据赛程设置，在经营到一定年份时会有竞单会（一般为第四年和第六年）。竞单会在当年选单结束后召开，系统会一次同时开放出一定数量的订单，产品种类和数量不定，但会提前给每个企业下发竞单信息。竞单信息中标明了参与竞标订单的编号、市场、产品、数量、ISO及其他特殊要求。

（1）投标资格

首先，参与投标的企业需要有相应市场、ISO认证的资质，但不必有生产资格，例如某企业没有生产P3产品的资格但也可以竞争得到P3产品的竞单。当然，中标的企业需为该单支付一定的标书费，计入广告费。

其次，参与竞单会必须有一定现金库存作为保证金。每扣除一张订单的标书费后剩余的现金库存不得低于起始保证金，否则不能继续竞单。即必须满足条件：已竞得单数+本次同时竞单数）×10 >现金余额。也就是说，假如本次竞单会的保证金为20W，每张订单的标书费为10W，企业的现金余额必须不少于20W才能进入每次竞单会，每竞得一单扣除10W标书费后的现金余额不少于20W才能继续进行下一轮竞单。

（2）投标

竞单会开始后，参与投标的企业需要在系统规定时间内自行填写交货期、账期、总价三项。确认后系统会按照以下公式计算得分：

得分=100+（5-交货期）×2+应收账期-8×总价÷（该产品直接成本×数量）

以得分最高者中标。如果计算分数相同，则先提交者中标。需要注意的事项有以下几种：一是总价不能低于（可以等于）成本价，也不能高于（可以等于）成本价的三倍；二是必须尽早提交以便为竞单留足时间，如在倒计时小于5秒再提交，可能会没有办法将信息写入服务器造成没有参与竞单；三是竞得订单与选取订单一样，计入市场销售额。

从上面的条件可以得知，影响竞单最重要的三大因素就是账期、交货期和价格。如何在保全得分的情况下以更高的价格获得订单则取决于交货期和账期的设置。

例如，有一个数量为3的P1产品的订单，根据计算所得，如图6-12所示，在交货期相同的情况下，账期为4Q的满价竞单（即三倍于直接成本价格）得分为82分，而如图6-13所示，账期为2Q的时候则只能以165W的总价获得同样的分数。通常，在现金无忧的情况下，为了更容易竞得订单，都会把账期设置为4Q。在这个时候，交货期就成了决定分数高低至关重要的地方，交货期越短对于企业获得竞单越有利。

竞单得分计算公式					
产品	数量	交货期	账期	总价	得分
P1	3	4Q	4Q	180	82

图6-12　账期为4Q的P1竞争得分

竞单得分计算公式					
产品	数量	交货期	账期	总价	得分
P1	3	4Q	2Q	165	82

图6-13　账期为2Q的P1竞争得分

在账期相同的情况下，通过计算，如图6-14、图6-15所示，交货期为4Q的企业需要开出比交货期为1Q的企业少45W的价格才能获得同样的分数。所以，交货期的先后在竞单时起着决定性的作用，能否以最大利润拿到订单主要取决于交货期。

竞单得分计算公式					
产品	数量	交货期	账期	总价	得分
P1	3	1Q	4Q	180	88

图6-14　交货期为1Q的P1竞争得分

竞单得分计算公式					
产品	数量	交货期	账期	总价	得分
P1	3	4Q	4Q	135	88

图6-15　交货期为4Q的P1竞争得分

2）竞单与选单的区别与联系

要想获取更大的利润，拿到理想的订单，竞单与选单相结合是必不可少的。两者之间既有联系也有区别。

（1）竞单的博弈性更强

参加订货会正如逛商场，订单就是货架上琳琅满目的商品，广告是可用资本，产成品是购物清单，如何用既定的资本在“商场”挑选到最大利润的商品是选取订单的目的。企业的选单策略就是有技巧地去挑选这些“商品”来清空产品库存。而竞单会则更像是一次博弈，交货期是手里的筹码，账期和总价是开出的条件，不能确定订单到底会花落谁家，如何合理开价，在拿单分数尽可能高的情况下获取最大利润则是竞单时需要做的。

（2）竞单可以作为选单的备选方案

竞单与选单看似都是为了出售产品获得利润，实则目的不尽相同。通常情况下，在选单时都要争取清空库存，竞单更像是一个第二方案，这也是竞拍会在订货会结束后开始的一个原因。在沙盘模拟中，每年卖出产品获得的毛利直接影响到当年权益，而一般来说每年的权益都是至关重要的，因为它直接决定下一年的贷款额度，将会影响到整个后续的生产建设，所以每年都应该尽可能地清空库存，保证当年资金流转和权益上升。不过很多情况下，企业往往会因为选单时可能出现的状况导致订单没有拿满无法清空库存，此时就需要在竞单会上把剩余库存卖出。所以，在这种市场竞争激烈的情况下，竞单时都难以以市场价卖出产品，甚至在最后一个经营年度为了清除库存，很多企业都以略高于成本价的价格来竞单。这个时候的竞单会就变成了一种清除库存机制。

（3）竞单也可以用作非常规策略

除了常规策略，也有使用竞单作为非常规策略，即企业有意囤货，试图在竞单会上赚取超额利润的做法。在市场竞争程度低的时候，这也是一种增加权益的好方法，只是风险较大，需要慎重考虑。

总的来说，竞单与选单都是售出产品的方式，如何合理利用两种途径获得更大的利润，需要企业根据市场竞争激烈程度、产品需求等情况来考虑。

3）选择性竞单与目标性竞单

参与竞单一般有两种情况：一是订货会上未能拿到预期订单，需要在竞单会上清空库存；二是市场较松有意囤货，预留1、2交货期的产品来争取好的价格赚取超额利润。针对这两种情况，都会在竞单会开始前计算产能，根据事先拿到的竞单信息聚焦目标订单，有计划地参与竞标，这就是目标性竞单。目标性竞单一般都是事先规划好产能，并且对于竞单开出的条件有了充分的计算后去参与的。对于这类竞单，企业大多数情况下都会深思熟虑精心准备，抱着势在必得的心态去竞争，因为竞单能否得到往往会影响企业整体运营，特别是在市场紧缩难以清空库存的情况下，目标订单很可能决定了企业是否能继续生存下去。

与目标性订单不同的是，选择性订单带有更多的随机性。在某种产品市场十分宽松的情况下，竞单会上很有可能没有人参与竞争或者以高价甚至满价竞得。这时，可以根据订单情况，选择性地违约一些订单来参与竞单。

6.5.2 影响竞单因素

竞单的成功是企业市场营销的重要一环，因此竞货会常常成为强者的兵家必争之地。要做好竞单，模拟经营企业就需要分析影响竞单的因素。竞单受多种因素影响，其中以市场情况、竞争对手、模拟经营企业自身的产能结构与灵活性为主。

1）市场分析

在影响竞单的诸多因素中，对市场的分析和把握是最为重要的一环。

（1）竞单的市场分析与选单的市场分析

竞单的市场分析和选单的市场分析既有联系又有区别，两者的联系体现在竞单的市场分析是建立在整体市场分析的基础上。在进行整体市场分析时，通过市场预测表中可以得到市场需求量及均价的基本信息，通过分析可以得出每种产品的价格及需求量变化趋势，通过前两年的经营（第一次竞单一般在经营第三年）可以得出每种产品的市场松紧程度，这些信息都是竞单市场分析的基础。进行市场分析时要考虑到整体市场竞争特别激烈的产品在竞货会上也会很难出售，应该将其在订货会卖出。可以选择市场较宽松的产品在竞货会出售从而获得超额利润。

两者的区别体现在竞单市场分析的独特性。经营企业的竞单产品与该企业研发销售的产品通常是一致的，因此竞单的市场分析重点在数量及价格。在选单前模拟经营企业要根据竞单的总体数量判断可能竞单的个数，根据市场均价及市场松紧判断竞单应出标价格。当市场较宽松竞单个数较多时可以高价竞单，反之低价竞单。由于竞货会是在订货会之后进行，所以有两种情况会参加竞单：订货会少投放广告、把主要产能放在竞货会出售的企业，和主要产能在订货会但是有意外囤货的企业。由此可见竞单的市场分析有很大的灵活性，要结合整体市场情况及竞争对手情况随时转变竞单战略。

（2）数量分析及价格分析

在竞单时主要关注竞单的数量及价格，这里首先要区分两种情况：一是存在市场领导者时，当模拟经营企业有市场领导者地位或者要获取市场领导者地位，就应该将主要竞单集中在该市场以巩固或者获得市场领导者地位。在违约竞单时也要权衡利弊，尽量不要违约拥有市场领导者地位所在的市场订单。二是无市场老大时：在没有市场老大的经营规则中，竞单则无须考虑以上问题，以数量和价格为主即可。

①数量分析

竞单的相关信息会提前下发给每个模拟经营企业，通过竞单信息可以了解到总体竞货会数量的多少，结合自己企业的产能剩余判断应该竞哪几张竞单，再根据订货会市场松紧情况预测可能竞得单数，不要盲目预留大量超出竞单数量的产品。在选择竞单数量时，清楚地计算产能是选择竞单目标的关键。例如，当剩余两个库存产品时，可以选择直接竞两个数量的产品竞单，也可以选择紧急采购竞两个数量以上的产品竞单。

②价格分析

竞单市场的价格分析主要来自于订货会的市场均价，但是由于价格由各模拟经营企业给出，又会出现很多极端的现象。当市场较宽松时，很多人会选择在订货会出售库存，竞货会上参与竞争的企业数量会减少，通过高价竞单获得超额利润的可能性增大。但也要考虑到竞单会的风险成本问题，不要盲目竞单。当市场很紧张，很多企业都有囤货参与竞单时，竞单的价格会整体压得很低，就要随时观察竞单的变化，调整出标价格，避免出现过多的囤货。

2）竞争对手分析

在竞单时，主要的压力来源于竞争对手。参与某产品竞单的企业越多，则需压低价格以求清货，反之，竞争对手越少，则可在清货的同时获取相对高额的利润，合理分析对手并准确把握对手心理，才能在竞单中获取最大的利益。

竞单时对竞争对手分析与制定总体战略时的对手分析都需要着眼于在市场中较为宽松的产品，但侧重点又各有不同。在竞单中分析对手时主要从以下几个方面着手：

（1）库存产品结构

所谓知己知彼，百战不殆，了解对手的库存产品结构，才能根据自身库存结构，更好地选择参与竞单的产品和竞单价格。这一点主要通过两个途径获知：一是间谍，通常在间谍时模拟经营企业都会关注对手的研发情况、库存产品和生产线结构。一般来说，在三年后再新建租赁线和手工线的可能性都不大，所以模拟经营企业间谍时看到的生产情况基本上代表了该企业下一年的生产情况。二是选单，通过观察选单时的市场状况，以及对手选单时的侧重点来判断竞单会上的主要竞争对手。假如A企业选单时在一个市场中就获得了6个P4的订单，那在竞单会上大数量的P4订单A企业参与竞单的概率就很小，由此可以粗略地判断P4减少了一个竞争对手。如果在选单时某产品竞争激烈，某企业没能拿到订单，模拟经营企业则判断该企业在竞单会上为了清货一定会压低价格，这时就需要根据情况对本企业的战略进行调整。

（2）交货期

交货期在竞单时至关重要，在计算得分时占比重最大，只要有占优势的交货期，就有资格抬高价格获取更高的利润。对竞争交货期等信息的判断至关重要，需要在选单时对相同产品的竞争企业进行观察和分析。假如在选单时，某产品交货期为1Q的订单被剩下了，就说明囤有交货期为1Q的该产品的企业很少甚至没有，在本企业拥有交货期为1Q的该产品时就可以在竞单会上把价格抬得更高。反之，如果在选单时连交货期为1Q和2Q的产品都被抢得一干二净甚至还有企业没能拿到订单，就应该审视自己库存产品的交货期，适当地调整价格和账期来保证能够清货。

从以上两个方面可知，在选单时对于市场与对手的观察是十分重要的，就算本企业的选单已经结束，只要订货会还在进行，就应该时刻注意对手的选单动向以便于判断竞单会时的竞争情况，做出更好的调整。因此，在订货会时应时时提高注意力，不能掉以轻心。

3）产能结构与灵活性分析

竞单是根据选单情况来进行调整，更多的是扮演一种补单的角色。在竞单时需要进行的战略调整在清货的同时获取更高的利润。因为不同产品在当年市场中的松紧程度在选单前并不能清楚地知道，所以，产品结构的灵活性就显得至关重要。

在本企业库存较多的某产品竞争激烈的情况下，可以转而生产大部分原材料重叠并且竞争压力相对较小的另一产品。在出现某产品无人竞单的情况时，根据对现有库存和生产线的分析，在考虑紧急采购原材料等情况的前提下仍然利润可观时，可以转而生产该产品。在该市场无市场老大时，计算对比利润差后，甚至可以考虑违约某张已拿订单。

在竞单会上可能会出现更多的情况，需要经营者根据当时状况以及自身情况做出更多的调整。这对于产品与生产线的选择都是十分重要的，产品和生产线的灵活性越大，针对某种情况可以做出的调整方案越多，便有更多的机会在竞单会上取得优势。

6.5.3 竞单策略

为了制定更合理的竞单策略，除了了解竞单规则，更重要的是明确竞单的作用。竞单主要具有以下两个作用：其一，在市场宽松时战略性囤货然后竞单谋取超额利润；其二，在市场紧缩时通过策略性竞单清理过剩产能。

1）利润最大化策略

如上文所述，交货期对竞单分值的影响最大，账期次之，最后才是价格。因此，当市场比较宽松时，可以在选单的过程中将3、4交货期的产品全部清理，留出1、2交货期的产品去以高的价格竞单，成功的概率会很大。但是如果所有的产品竞争都比较宽松，就需要计算各个产品的超额利润，如表6-24所示，P3产品的超额利润是最高的，因此在市场比较宽裕时，要尽可能去竞P3产品的超额利润订单。如果P3产品市场比较紧或竞争对手很多，那么就需要去聚焦P1产品和P2产品，而不能聚焦在P4产品上。

表6-24　**各产品超额利润**　单位：W

产品	成本	最高竞单单价	市场均价	超额利润
P1	20	60	50	10
P2	30	90	70	20
P3	40	120	85	35
P4	50	150	130	20

2）清库存策略

之前的超额利润获得只在竞争宽松的市场环境下是可行的，然而这种情况在正式比赛中并不常见。如果能敏锐地发现机遇并大胆囤货竞单必然能给企业带来巨大的收益，然而如果在分析时出现误判或被竞争对手抢占先机，这也将会是极具风险的行动。因此在正式比赛中，往往清理过剩产能，弥补在选单过程中未清理掉的囤货才是竞单的主要功能。当市场拥挤导致企业被迫囤货时的竞单技巧：

（1）如何降低竞单成本：通常在市场竞争激烈时，企业都尽可能地在选单过程中将产品尽可能多地出售，使所经营企业的囤货风险降到最低，其实这是一个常见的误区。由于市场广告会在选单之前发布，所以当第六年选完三四个市场时能否将货清出，心里就可以有数了，如果可以通过选单清理库存，那么自然要这样做，但如果在选单时不能清理库存，也不能盲目地选择最大数量的订单使囤货竞单的数量最少。正确的行为应该是及时关注要囤货产品在之后竞单中的竞单数量和每单单量。比如，当已经知道P3产品有3~5个产品清理不出去，而竞单中P3产品的竞单数量是4、4、5时，那么就应该果断留下4个P3产品去竞单而不是3个。因为如果模拟经营企业希望通过竞单来清理掉P3产品的话，那么必将要紧急采购一个P3产品，这就使竞单成本提高了90W。这势必会提高在竞单过程中的底线价格，大大降低获得竞单的可能，从而使囤货风险变成了3个P3产品，这在最后一年将会是非常严重的打击。因此，当市场拥挤时，应该及时观察竞单规律，找出在选单时最合理的清除库存数量而不是盲目清除库存。

当第六年市场拥挤时，一定要明确竞单的意义：在囤货和低价出售之间抉择，而不是仅仅只关注利润。在竞单过程中第一轮就要将价格压低，而不要抱着高价试单的心态。因为根据社会心理的规律，第一单的竞单往往会报出自己的理想价格，而随着竞单数量的减少则会报出底线价格，第一轮压价，不仅可以尽可能地获得更多利润还可以对竞争对手造成心理压力，迫使对手以更低的价格去竞后面的竞单。

（2）竞单中还存在一条规律：往往数量越多的竞单单价越高，数量越少的竞单单价越低。这是因为，很少有人敢在第六年大量囤货，所以往往企业在竞数量多的单子时都要紧急采购成品或者对已有订单违约，这样就提高了它们的竞单成本，使它们在竞单的过程中不能把价格压得太低，而且也很少有人能在一季度就出大量的单产品（尤其是P4产品，P5产品），所以在竞单时企业的交货期也不会很靠前，因此逆向思维去考虑在选单时多囤货在竞单时去竞大单，也不妨是一种冒险的策略。

（3）需要注意的是，利用竞单清理过剩产能是一种很冒险的做法，一旦有人恶意破坏市场，用成本价竞单，就会造成大量囤货，后果不堪设想。

3）总结

（1）根据竞单的规则，竞单最高价格4账期去竞单再贴现要优于低价0账期去竞单。

（2）战略性囤货竞单是一种冒险的行为，要在充分分析市场和主要竞争对手的情况下使用。

(3) 依靠竞单清除库存要与选单相结合，在选单时不要贪图为了一两个产品的清除库存而增加竞单成本。

(4) 在竞单时第一轮就要压低价格，不要抱侥幸心理。

(5) 在竞单时如果没有库存产品，可以采用高价竞单，然后违约均价较低订单的方法，当然这属于一种非常规方法。

(6) 市场宽松时优先竞P3产品，其次竞P2产品，再其次是P1产品。

(7) 违约竞单要考虑到有无影响到市场领导者的问题。

(8) 算清竞单成本，理解竞单意义和对企业的收益，果断出价不犹豫。

本章小结

本章首先讲授了市场营销的重要性以及主要的工作内容，市场营销包括市场分析、竞争对手分析、广告策略、选单策略以及竞单等几个部分的内容。在市场分析方面，主要讲述了如何根据市场预测表进行市场分析，强调市场分析分为动态的和静态的两个过程；在竞争对手分析这部分内容中，主要讲述了获取并分析对手信息的方法和分析的方法；在广告策略这一部分内容中主要讲述了产品组合和产能分析两个主要内容；在选单策略分析中，则详细讲述了基本的选单规则，并对交货期、账期等做了详细的解读；在竞单这部分内容中，也对规则和一些参与的策略做了详细的解读。

(1) 市场分析主要包括静态的市场预测分析和动态的竞争对手分析两大类，对需求量和对价格或者说利润的分析非常重要。

(2) 选取订单需要注意到的5个要素：交货期、账期、单价、数量和产品资格认证。特别要优先选择交货期较长的订单以保证能按时交货，并且做到不违约。

(3) 考虑账期的情况：在现金流短缺且不需优先考虑交货期的情况下首要考虑账期，尽量选择账期短的订单，从而缩短资金收回的时间，以保证现金不断流。

(4) 多轮选单要注意广告的投放，需要分析竞争对手的投放广告情况并且结合自己企业的产能和资金状况，不要造成因多轮选单而出现违约情况。

(5) 并发选单要注意分配好不同市场各种产品的数量，避免多选或漏选订单。

练习题

1.简述企业进行市场营销的过程。

2.对需求预测表分析的主要内容有哪些？

3.选单过程中需要注意哪些点？

习题答案

1.企业进行市场营销分为三个主要的阶段，每个阶段的目标和主要过程重点不一。一是辅助决策制定阶段，市场营销主要是为决策提供数据支撑，包括产品的需求量、价格、利润率、价格变化等，其主要的过程就是分析市场预测表；二是经营过程中，主要根据竞争对手以及市场的变化做出调整，主要的过程就是竞争对手分析和市场竞争程度分析；三是经营后期，这一阶段就是为了清除库存制定合理的营销策略。

2.对市场预测表的分析内容包括以下几点：一是根据市场预测表，可以对产品均价进行分析；二是在企业模拟经营中，往往只会给出均价表，要根据均价表进行利润分析；三是如同价格预测表一样，每个企业在沙盘经营模拟开始之前都可以查看到整个的市场需求量预测表。按照预测表中产品的需求量在各个经营年度的变化情况，一般可以将需求量预测表大致分为三类，即逐步增长型、快速增长型和数量骤减型。

3.选单过程中应当注意的方面包括：①读懂选单规则，并且严格遵照选单的规则在规定时间内选择订单；②要特别注意多轮次选单；③要注意订单的数量、交货期、账期；④要注意多个市场的并发选单，并发选单过程中要注意配合；⑤要准备一些突发情况下的选单策略的预案，以备在出现突发状况时有所准备。

第7章 企业经营分析

学习目标

（1）了解本量利分析的主要内容；

（2）了解成本性态的概念；

（3）掌握进行盈亏平衡点确定的基本方法；

（4）了解偿债能力分析、运营能力分析和盈利能力分析的主要财务指标；

（5）掌握应用杜邦分析法进行综合分析的基本方法。

7.1 本量利分析

本量利分析是成本、产量（或销售量）、利润依存关系分析的简称，也称为CVP分析（cost-volume-profit analysis），它是企业进行预测、决策、计划和控制等经营活动的重要工具。要进行本量利分析，首先要对成本有一个清楚的认识。成本是指为了达到某一特定目的而做出的牺牲，这个牺牲通常需要以消耗的资源来计量。

7.1.1 成本分类

1）按成本与产品之间的关系划分

（1）产品成本

产品成本（product cost）是指与产品生产有关的成本，包括直接成本和间接成本。

①直接成本

直接成本（direct cost）是指为生产某种产品所发生的成本，包括直接材料成本和直接人工成本。直接材料成本是指直接用于产品生产、构成产品实体的材料成本。如生产家具使用的木材、油漆，建造房屋使用的钢筋、混凝土等。直接人工成本是指在生产过程中发生的生产工人的工资。

②间接成本

间接成本（indirect cost）是指与生产产品和服务难以形成直接量化关系的资源投入成本，如固定资产的维修费、折旧、生产管理人员工资、维修工人工资、厂房租金、生产用水、电费等。这些间接成本需要按照一定的标准经过分配后，才能计入产品成本中去。

③沙盘企业的产品成本

在沙盘课程中，为了简化成本核算，产品成本只包括材料成本和加工费两项直接成本，把生产线的维护费、折旧、转产费、租金以及厂房的租金等均计入综合费用，按照期间费用处理。

（2）期间费用

期间费用（period cost）是指企业本期发生的、不能直接或间接归入产品成本，而是直接计入当期损益的各项费用，包括销售费用、管理费用和财务费用等。在沙盘企业中，除了产品成本之外，发生的所有费用均视为期间费用，这里不再一一列举。

例7-1：假设某沙盘企业在第二年租用大厂房一个；在本年初建设完工并投入使用的全自动生产线3条，柔性线1条；开始持续对P3产品进行研发投资；年初广告投入65W，继续开拓国内、亚洲和国际市场；为ISO9000资格认证投入10W；因供产销三大部门配合不力，造成计划失误，于当年三季度紧急采购1个原材料R2，产生10W的损失；违约订单1张，产生20W的损失；第一年年初借入长期贷款700W，本年产生70W利息费用；第一年三季度借入短期借款160W，本年产生8W的利息费用；本年四季度贴现一笔3Q的应收账款，产生10W的贴现息。则该沙盘企业第二年的期间费用见表7-1。

表7-1　**某沙盘企业第二年的期间费用**

期间费用		金额(W)
管理费用	行政管理费	40
	设备维修费	80
	设备转产费	0
	厂房租金	45
	设备折旧	0
	损失	30(=10+20)
财务费用	长期借款利息	70
	短期借款利息	8
	应收账款贴现息	10
销售费用	广告费	65
	信息费	0
	市场开拓费	30
	资格认证费	10
合计		

2）按成本性态划分

成本性态是指成本总额与业务量（产量或销售量）之间的依存关系。通过成本性态分析，可以考察成本总额与业务量之间规律性的联系。按照成本性态可以将成本划分为固定成本和变动成本两类。

（1）固定成本

固定成本（fixed cost）是指在一定时期和一定业务量范围内，成本总额与业务量增减变动无关的成本。沙盘企业的固定成本包括行政管理费、利息、租金、折旧、维修费、广告费、信息费、市场开拓费和资格认证费等。

固定成本的基本特征是：

①总额的不变性

在企业正常经营的条件下，这些成本是必须要发生的，且在一定的业务量范围内，成本总额保持稳定，成本性态模型为Y=a（其中：a为固定成本总额）。

②单位固定成本的反比例变动性

单位产品负担的固定成本与业务量呈反比例变动，其单位固定成本性态模型为Y=a/X（其中：a为固定成本总额，X为业务量），即业务量越小，单位产品所负担的固定成本就越高；业务量越大，单位产品所负担的固定成本就越低。反映在平面直角坐标图上是一条反比例曲线。

固定成本通常按其是否受企业管理当局短期决策行为的影响又可以进一步划分为约束性固定成本和酌量性固定成本。

约束性固定成本是指企业管理当局的短期决策行为无法改变其支出数额的，是与形成企业的生产经营能力相关的成本。具体到企业经营沙盘，约束性固定成本包括行政管理费、厂房租金、租赁线的租金、生产线折旧、维修费、长期借款利息等。这类成本的固定成本发生并不会因为是否生产以及生产多少而发生改变。

酌量性固定成本是指企业管理当局的短期决策行为可以改变其支出数额的固定成本。具体到企业经营沙盘，酌量性固定成本包括广告费、产品研发费、设备转产费、信息费、市场开拓费、资格认证费、短期借款利息等。这类成本的特征是其数额的大小直接取决于管理层根据当前的企业经营状况而做出的决策。比如广告费，每年在每个市场针对每种产品所投放的广告额要根据对市场需求的预测，并结合自身的生产能力来确定具体的投放金额，是管理当局可以控制的成本。

（2）变动成本

变动成本是指成本总额在相关范围内随着业务量的变动而呈线性变动的成本。直接人工、直接材料都是典型的变动成本，在一定期间内它们的发生总额随着业务量的增减而成正比例变动，但单位产品的耗费则保持不变。变动成本的性态模型是：Y=bX（其中：b为单位变动成本，X为业务量）。在企业经营沙盘中，变动成本就是产品的材料费和加工费。

7.1.2 成本性态分析

成本性态分析是指在成本按性态分类的基础上，按一定的程序和方法，对成本和业务量之间的关系进行具体分析，区分每一成本项目中的变动成本和固定成本特征，将全部成本最终区分为固定成本和变动成本两大类，并建立相应的成本函数模型。

1）根据成本性态建立的总成本模型

前面已经给出了固定成本的性态模型和变动成本的性态模型，将两个模型合并便得到成本性态分析的总成本模型：Y=a+bX（其中：a为固定成本总额，b为单位变动成本，X为业务量）。

例7-2：续例7-1，假设该沙盘企业第二年可以生产P1和P2两种产品，且可以在本地市场和区域市场进行销售；第二年发生的各项固定成本合计225W，根据前述规则，P1产品的单位成本是20W，P2产品的单位成本是30W，则该企业的总成本模型为：

$Y=225+20（X_{11}+X_{12}）+30（X_{21}+X_{22}）$

其中：X_{11}表示P1产品在本地市场的销售量；X_{12}表示P1产品在区域市场的销售量；X_{21}表示P2产品在本地市场的销售量；X_{22}表示P2产品在区域市场的销售量。

企业利用总成本模型，可以进行成本的预测，编制成本预算，进行业绩考核和其他短期经营决策。

例7-3：续例7-2，如果该企业预测第二年在本地市场销售的P1产品和P2产品分别为4个和3个，在区域市场销售的P1产品和P2产品分别为2个和3个，则依据总成本模型可预测第二年的总成本是：

Y=225+20×（4+2）+30×（3+3）=525（W）

第二年的实际总成本是：

Y=225+20×（4+2）+30×（3+2）=495（W）

可见实际值低于预测值，经过进一步分析，发现P2产品的实际销售量低于预计销售量，说明营销不力，出现了产品积压的现象，下一步应加大营销力度，清理库存。

2）成本性态分析在企业管理中的作用

成本性态分析所提供的变动成本和固定成本信息，对于企业的规划、决策和控制有重要的指导作用。

首先，成本性态分析较为科学、客观地反映了成本和业务量之间的依存关系，为本量利分析提供了基础；

其次，利用成本性态分析确定企业的总成本模型，只要确定了预算期的业务量，就可以根据该模型直接进行成本预测；

最后，成本性态分析有助于加强成本控制。一般来说，固定成本采用总额控制的方法，而变动成本的控制重点在于单位成本。对于生产企业的生产车间来说，大多数变动成本属于可控成本，而固定成本对于管理层来说是可控成本。

7.1.3　本量利分析

在企业经营沙盘模拟过程中，经常会遇到这样一些问题：如果沙盘企业增加1条全自动生产线，会对企业的利润产生什么影响？如果某产品的销售量增加了2个单位，企业的利润将会如何变化？沙盘企业必须销售多少产品才能保本？

要解决这些问题，必须进行本量利分析。

1）本量利分析的基本前提假设

（1）相关范围假设

相关范围是指在一定期间和业务量范围内。因此相关范围假设也包括期间假设和业务量假设。假定全部成本都已可靠地划分为变动成本和固定成本，其固定性和变动性均体现在特定的期间内，其金额的大小也是在特定的期间内加以计量而得到的。产品成本是按变动成本法计算的，即产品成本中只包括变动成本，而所有的固定成本，包括固定制造费用，均作为期间费用处理。

（2）模型线性假设

销售单价、单位变动成本和固定成本总额保持不变。业务量（自变量）是影响销售收入和总成本的唯一因素；并且假定在一定时期内，业务量总是在保持单价水平和成本消耗水平不变所允许的范畴内变化。因此，反映销售收入和总成本的收入函数和成本函数均为线性函数，都可以用直线来描述。

（3）产销平衡假设

一般产量的变化会影响到成本的变化，而销量的变化则影响到收入的变化。在单一品种情况下，假定产销平衡，即在企业只安排一种产品生产的条件下，是以生产出来的产品总是可以实现销量，达到产销平衡为前提条件。因此，在模型分析中通常不考虑“产量”而只考虑“销量”这一数量因素。

（4）品种结构不变假设

在多品种产销的情况下，假定品种结构稳定。所谓品种结构是指各产品的产销额占全部产品产销总额的比重，即在企业安排多种产品生产的条件下，假定产销平衡，而且在销售总量发生变化时，是以产品品种结构比重不变为前提条件的。

2）本量利分析的基本模型

本量利分析的基本模型是：

利润 = 销售收入 - 变动成本总额 - 固定成本总额

其中：销售收入 = $\sum$单价 ×销售量，变动成本总额= $\sum$单位变动成本 ×销售量。因此，本量利分析的基本模型也可以演变为：

利润 = $\sum$(单价 - 单价变动成本)×销售量 - 固定成本总额

在经营决策沙盘中，企业一般都会进行两种或两种以上产品的生产。

3）盈亏平衡点分析

盈亏平衡点也称为盈亏平衡点、保本点、两平点等，即指利润为零时的销售量或销售额。盈亏平衡是获利的基础，也是企业经营安全的前提，只有在销售量超过盈亏平衡点时企业才能获利，企业经营才是有效的，否则企业就是亏损的。

（1）盈亏平衡点的确定

对于生产多种产品的企业而言，确定盈亏平衡点分为以下几个步骤：

第一步，计算各种产品的单位贡献毛益：

各种产品的单位贡献毛益 = 该产品的单价-该产品的单位变动成本

第二步，计算各产品的贡献毛益总额：

各种产品的贡献毛益总额 = $\sum$ 各种产品的单位贡献毛益×某一产品的销售量

第三步，计算全部产品的综合贡献毛益率：

综合贡献毛益率 =（$\sum$ 各种产品的贡献毛益总额）÷全部产品销售收入总额

第四步，计算盈亏平衡点销售额：

盈亏平衡点销售额=固定成本总额÷综合贡献毛益率

例7-4：续例7-3，假设沙盘企业P1产品和P2产品在本地市场的销售单价分别为50W和65W，在区域市场的销售单价分别为47W和68W，预计P1产品在本地市场和区域市场的销售量分别为4个和2个，P2产品在本地市场和区域市场的销售量分别为3个和3个，则第二年的盈亏平衡点销售额计算如下：

P1在本地市场的单位贡献毛益 = 50-20 = 30（W）

P1在区域市场的单位贡献毛益 = 47-20 = 27（W）

P2在本地市场的单位贡献毛益 = 65-30 = 35（W）

P2在区域市场的单位贡献毛益 = 68-30 = 38（W）

P1的贡献毛益总额 = P1在本地市场的销售量×P1在本地市场的单位贡献毛益+
P1在区域市场的销售量×P1在区域市场的单位贡献毛益
= 4×30+2×27 = 174（W）

P2的贡献毛益总额 = P2在本地市场的销售量×P2在本地市场的单位贡献毛益+
P2在区域市场的销售量×P2在区域市场的单位贡献毛益
= 3×35+3×38 = 219（W）

两种产品的贡献毛益总额 = 174+219 = 393（W）

全部产品的销售收入总额 = P1产品的销售收入总额+ P2产品的销售收入总额
= 4×50+2×47+3×65+3×68 = 693（W）

两种产品的综合贡献毛益率 = 394÷693 = 56.86%

该企业第二年预计的盈亏平衡点销售额 = 225÷56.85%≈395（W）

上面的计算结果说明，如果该沙盘企业的实际销售额大于395 W，则该企业当年就是盈利的，否则就是亏损的。

上述盈亏平衡点是针对整个企业的成本进行计算的，按照此方法，还可以进一步计算一项产品、一组产品的盈亏平衡点，从而为产品的生产、研发提供决策依据。

（2）相关因素变动对盈亏平衡点的影响

①销售价格变动的影响

产品的销售价格是影响企业盈亏平衡点最敏感的因素。在其他条件保持不变的情况下，销售价格提高，意味着企业用较少产品销售提供的贡献毛益就可以弥补固定成本，即盈亏平衡点降低，在销售量不变的情况下，企业会取得更多的利润；反之，如果销售价格降低，则意味着会导致盈亏平衡点提高，需要用更多产品的销售提供的贡献毛益才能弥补固定成本。

②单位变动成本变动的影响

单位变动成本的变化对盈亏平衡点的影响仅次于产品销售价格。在其他条件保持不变的情况下，单位变动成本降低，单位贡献毛益或产品贡献毛益率就会提高，盈亏平衡点就会下降；反之单位变动成本增加，单位贡献毛益或产品的贡献毛益率就会降低，盈亏平衡点就会上升。

③固定成本变动的影响

固定成本的高低与企业经营规模直接相关，企业的经营规模越大，固定成本就越高。固定成本总额的升高或降低，同样会影响盈亏平衡点，在其他因素保持不变的情况下，固定成本总额上升则会使盈亏平衡点上升，如果销售量不变，利润减少；反之，盈亏平衡点就会相应降低，利润增加。

4）本量利分析在目标利润规划中的应用

在企业规划之中，利润规划是基本的规划之一。利润规划规定了在未来一定时期内所要达到的目标利润及其实现方法。与企业损益表中的事后利润不同，目标利润是一种对未来某时期利润的预期。目标利润可以根据企业过去的相关数据和同类企业的情况进行估算而得。

目标利润的确定方法与前述盈亏平衡点的确定方法十分相似，只要对其中第四步的计算公式进行微调，就可以得到实现目标利润的销售额，具体公式是：

$$\text{实现目标利润的销售额}=\frac{\text{固定成本总额}+\text{目标利润}}{\text{综合贡献毛益率}}$$

例 7-5：续例 7-4，假设该沙盘企业在第二年必须实现 118W 的利润，才能避免第二年亏损，那么企业必须完成的销售额是多少呢？在这个问题中，118W 的利润就是该企业进行第二年规划时的目标利润。

该企业第二年实现目标利润的销售额=（225+118）÷56.85%≈603（W）

也就是说，企业如果能在第二年完成 603W 的销售额，就可以实现 118W 的目标利润。

需要说明的是，产品的单价、单位变动成本和固定成本总额等因素发生变化，也会影响企业实现目标利润的销售额，其分析方法与盈亏平衡点的分析一样，这里不再赘述。

7.2 偿债能力分析

企业的偿债能力反映的是长期借款、短期借款等债务在某个时点所具有的还本付息的能力。企业有无支付现金的能力和偿还债务能力，是企业能否生存和健康发展的关键。企业偿债能力是反映企业财务状况和经营能力的重要标志，也是企业偿还到期债务的承受能力或保证程度。

企业经营沙盘涉及的债务有长期借款、短期借款、特别贷款三种方式，如何合理利用好这三种借款方式，必须要对企业的偿债能力进行分析，才能选择好恰当的借款时间和借款方式。本节将应用常用的偿债能力指标，对沙盘企业进行偿债能力分析。

7.2.1 短期偿债能力分析

对经营沙盘企业的短期偿债能力分析，通常使用的指标有流动比率、速动比率和现金比率等。

1）流动比率

流动比率是指流动资产与流动负债的比值，其计算公式为：

流动比率=流动资产÷流动负债

流动比率越高，公司的短期偿债能力或资产变现能力就越强，财务风险也就越小。

在沙盘企业中，流动资产包括现金、应收款、产成品、在制品和原材料五项，流动负债包括短期贷款、特别贷款、应交税金、次年应缴纳的长期借款的利息以及一年内到期的长期负债等。流动比率指标关注流动负债到期时是否有足够的现金偿还其本金和利息。一般认为，生产企业合理的最低流动比率的值为“2”。这是因为流动资产中变现能力较差的存货资产（包括产成品、在制品和原材料）约占流动资产总额的一半，剩下的流动性较大的流动资产至少要等于流动负债。流动比率太高和太低都不可取，太高意味着企业的经营比较保守，没有合理地利用负债的财务杠杆效应为企业创造价值，过低说明企业的财务风险较大。

在企业经营沙盘模拟过程中，每一个经营年度系统都自动生成企业的资产负债表，根据资产负债表中的相应报表项目可以计算出流动比率。在应用该指标进行偿债能力分析时，不仅要关注其计算结果，更要关注流动资产和流动负债的结构，比如在流动资产中，要关注应收款的账期，账期长的应收款的偿债能力要弱于账期短的；再比如存货中的原材料要转化为现金还要经历在制品、产成品、应收款各个环节，在这个过程中，如果选择生产周期较短的自动线（或柔性线）进行生产，并且假设获得的订单的账期为0，原材料转化为现金也需要2个季度。因此存货中的原材料基本不能增加短期负债的偿债能力。

2）速动比率

速动比率是速动资产与流动负债的比值，所谓速动资产，是指流动资产中扣除了存货后的资产。速动比率的计算公式是：

速动比率=（流动资产-存货）÷流动负债

由上述计算公式可见，速动比率是在流动比率基础上更严格地对公司资产质量所做的评价，该指标在去除了库存等不容易变现的流动资产之后，能够更加展现公司的瞬时变现支付能力。

在企业经营沙盘模拟提供的经营环境中，原材料、在制品、产成品三项存货资产的变现速度是较慢的，有的资产甚至超过4个季度，这些资产的存在实际上是虚夸了流动比率所反映的短期偿债能力，因此剔除了存货的速动比率反映的偿债能力更准确。

通常认为速动比率的值为“1”是比较合适的，低于“1”的速动比率往往被认为是短期偿债能力偏低。与流动比率一样，速动比率的值既不是越高越好，也不是越低越好，太高说明资金使用效率低，太低说明企业的短期偿债能力差，财务风险高。就沙盘企业而言，重点要考虑应收款账期对速动比率的影响，当应收款的账期大于短期负债的偿还期时，就会加大企业的财务风险。

3）现金比率

现金比率是指现金类资产与流动负债的比率。现金类资产包括企业拥有的货币资金和有价证券，是速动资产扣除应收款后的余额。其计算公式如下：

现金比率=（流动资产-存货-应收款）÷流动负债

现金比率能反映企业直接偿还流动负债的能力。需要说明的是，虽然现金是直接用于偿还到期债务，但是过高的现金比率说明企业的资金使用效率较低，应加大扩大再生产的投资力度，如进行厂房购买、生产线扩建、产品研发等方面的投资，从而使企业获得更多的收益。在企业经营沙盘中使用该指标时，要结合沙盘经营规则，合理规划现金的使用，最大限度地发挥现金的作用。

7.2.2 长期偿债能力分析

长期偿债能力分析关注的是企业偿还长期负债的能力，具体到企业经营模拟沙盘，则是指沙盘企业对长期贷款的偿还能力。反映企业长期偿债能力的财务比率主要有：资产负债率、产权比率和利息保障倍数。

1）资产负债率

资产负债率是期末负债总额除以资产总额的百分比，也就是负债总额与资产总额的比例关系。资产负债率反映在总资产中有多大比例是通过借债来筹资的，也可以衡量企业在清算时保护债权人利益的程度。资产负债率这个指标反映债权人所提供的资本占全部资本的比例，也被称为举债经营比率。其计算公式为：

资产负债率=（总负债÷总资产）×100%

该指标是评价公司负债水平的综合指标，同时也是一项衡量企业利用债权人资金进行经营活动能力的指标，也反映了债权人所发放贷款的安全程度。如果资产负债比率达到100%或超过100%，说明公司已经没有净资产或资不抵债。

对于股东而言，通过借款，可以在短时间内扩大企业规模，只要全部资本利润率超过借入资本的利率，投资人所得到的利润就会加大，此时举债经营是有利的；反之，如果全部资本利润率低于借入资金利息率，投资人所得到的利润就会减少，因为借入资本的多余的利息要用投资人所得的利润来弥补，此时举债经营对投资人是不利的。

在企业经营沙盘模拟中，贷款是唯一的外部筹资途径，由于受融资规则的约束（即本年度的贷款额度为上年权益的3倍），一般不会出现资产负债比率大于或等于100%的情况，但是该指标人能在一定程度上反映经营团队的风险偏好。如果经营团队是风险厌恶者，则该指标就会比较低，这样做的好处是企业会稳步经营，破产风险较小，缺点是发展后劲不足，在经营了五六年之后，往往表现为业绩平平。反之，如果经营团队是风险喜好者，则该指标就会比较高，这样的企业在经营初期有充足的现金，在生产线扩建、产品研发、市场开拓、广告策略的制定上都增加了更多的选择，但是较高的资产负债率对企业经营者的管理水平也提出了更高的要求，比如要制定好合适的广告策略，获取足够的订单以弥补高额负债的利息费用，这样的经营方式可能会使企业高速发展，但是稍有不慎也可能导致因到期债务偿还不起，造成资金链的断裂而破产。

2）产权比率

产权比率是负债总额与所有者权益总额的比率。其计算公式是：

产权比率=（负债总额÷股东权益）×100%

该指标表明由债权人提供的资金和由投资者提供的资金之间的相对关系，是反映企业财务结构是否稳定的重要指标之一。产权比率高，表明企业采用的是一种高风险、高收益的财务策略；反之，产权比率低，表明企业采用的是一种低风险、低收益的财务策略。一般认为这一比率为1以下时，应该是有偿债能力的，但还应该结合企业的具体情况加以分析。当企业的资产收益率大于负债成本率时，负债经营有利于提高权益资金的收益率，获得额外的利润，此时的产权比率可适当高些。

在企业经营沙盘模拟过程中应用该指标进行偿债能力分析时，还应结合负债的到期日加以判断，比如某沙盘企业在第一年做了一笔1 000W、5年期的长期贷款，假设系统的初始状态为权益资本700W，则此时的产权比率大于1（1 000÷700≈1.43），从数值上看该企业的偿债能力似乎很差，财务风险很高，但是由于此笔贷款在第六年才到期，实际上在短期内企业并不会出现很大的偿债危机。

3）已获利息倍数

已获利息倍数是指企业息税前利润（利润表中未扣除利息费用和所得税之前的利润）与利息费用的比率，或者说息税前利润相对于所需支付债务利息的倍数，该指标可用来分析企业在一定盈利水平下支付债务利息的能力，亦称利息保障倍数。其计算公式为：

已获利息倍数=息税前利润总额÷利息支出

已获利息倍数反映了企业的经营收益支付债务利息的能力。这个比率越高说明偿债能力越强。只要已获利息倍数足够大，企业就有足够的能力偿付利息。

7.3 运营能力分析

运营能力是指企业的经营运行能力，即企业运用各项资产赚取利润的能力，反映管理人员经营管理和资金运用的能力。这方面的财务分析指标有：应收账款周转率、存货周转率、资产周转率等。

1）应收账款周转率

应收账款周转率（receivable turnover）是反映应收账款周转速度的指标，它是一定时期内的销售收入与应收账款平均余额的比率。其计算公式为：

应收账款周转率=销售收入÷应收账款平均余额

其中：应收账款平均余额=（期初应收账款余额+期末应收账款余额）÷2

该比值反映应收账款在一定时期内（通常为一年）的周转次数。该指标也可以用一年内应收账款周转天数表示。其计算公式为：

应收账款周转天数=360÷应收账款周转率

一般来说，在一定时期内应收账款周转率越高，表明应收账款回收速度越快，企业管理工作的效率越高。这不仅有利于企业及时收回货款，减少或避免发生坏账损失的可能性，而且有利于提高企业资产的流动性，从而提高企业短期债务的偿还能力。

例 7-6：某沙盘企业某年的销售收入为3 540W，该年年初应收账款为1 032W，年末应收账款为1 850W，则该企业的本年度应收账款周转率和应收账款的周转天数计算如下：

应收账款平均余额=（1 032+1 850）÷2=1 441（W）

应收账款周转率=3 540÷1 441≈2.46

应收账款周转天数=360÷2.46≈146（天）

从计算结果看，该企业的应收账款周转率较低，周转天数较长，如果在企业资金流不紧张的情况下，这样的应收账款周转率对企业的经营结果不会造成不良影响，但是在企业资金流较为紧张的情况下，则应采取的一定的措施，提高应收账款周转率。

在企业经营沙盘中，应收账款的账期较为简单，即1Q、2Q、3Q、4Q，如果要提高企业的应收账款周转率，基本的策略一是尽量拿账期短的订单；二是合理确定每张订单的交货时间，比如账期为3Q的订单，如果在一季度交货，则本年四季度就可以收款，从而减少期末应收账款；但是如果放在二季度交货，则收款时间是下年的一季度，那么这笔货款就形成了当年年末的应收账款，在其他条件不变的情况下，两种做法中前者的应收账款周转率会高于后者的应收账款周转率。

2）存货周转率

存货周转率（inventory turnover）是一定时期内企业销货成本与存货平均余额间的比率。其计算公式为：

存货周转率=销售成本÷存货平均余额

其中：存货平均余额=（期初存货余额+期末存货余额）÷2

该指标是反映企业销售能力和流动资产流动性的一个指标，一般情况下，在存货平均水平一定的条件下，存货周转率越高越好。存货周转率越高，表明企业的销货成本数额增多，产品销售的数量增长，企业的销售能力越强。反之，则销售能力不强。企业要扩大产品销售数量，增强销售能力，就必须在原材料购进、生产管理、产品销售、账款收回等方面做好协调和衔接工作。因此，存货周转率是一个综合性指标，不仅可以反映企业的销售能力，而且能用以衡量企业生产经营中的各个环节运营效率。

存货周转率还可以衡量存货的储存是否适当，是否能保证生产不间断地进行和产品有秩序地销售。存货既不能储存过少，造成生产中断或销售紧张；又不能储存过多形成呆滞、积压。

例7-7：某沙盘企业某年的销售成本为1 650W，该年年初存货为330W，年末存货为740W，则该企业的存货周转率计算如下：

存货平均余额=（330+740）÷2=535（W）

存货周转率=1 650÷535≈3.08

从计算结果看，该企业的存货周转还是比较快的。

在企业经营沙盘中，存货是由在产品和产成品两项内容构成，在生产能力一定的情况下，在产品的存量是相对稳定的，因此沙盘企业要提高存货周转率，唯一的途径就是做好市场营销，降低产成品的库存，从而降低存货平均余额。

3）资产周转率

资产周转率（assets turnover），它是企业销售收入净额与资产平均余额的比率，反映企业总资产周转情况的指标。其计算公式为：

资产周转率=销售收入÷资产平均余额

其中：资产平均余额=（期初资产总额+期末资产总额）÷2

这一比率可用来分析企业全部资产的使用效率。如果这个比率较低，则说明企业利用全部资产进行经营的效率较差，最终会影响企业的获利能力。当企业的资产周转率较低时，企业就应该采取措施提高销售收入或者处理多余资产，以提高资产周转率。

例7-8：某沙盘企业某年的销售收入为5 320W，该年年初资产总额为4 779W，年末资产总额为7 238W，则企业的资产周转率计算如下：

资产平均余额=（4 779+7 238）÷2=6 008.5（W）

资产周转率=5 320÷6 008.5≈0.89

从计算结果看，该企业的资产周转率是比较低的，企业经营沙盘中的资产是由现金、应收款、在制品、产成品、原料等流动资产以及厂房、机器设备、在建工程等固定资产构成，分析造成资产周转率较低的原因，应从每项资产入手进行分析。

比如若企业存在大量的现金和应收账款，则会造成该指标的指标值偏低；再比如若企业中有闲置的生产线，说明机器设备这项资产的使用效率较低，也会造成资产周转率指标偏低。

7.4 盈利能力分析

盈利能力就是企业赚取利润的能力。一般来说，公司的盈利能力是指正常的营业状况。非正常的营业状况也会给公司带来收益或损失，但这只是特殊情况下的个别情况，不能说明公司的能力。盈利能力分析常用的指标有销售毛利率、净资产利润率、资产利润率、资本保值增值率等。

1）销售毛利率

销售毛利率（gross profit percentage）是毛利占销售收入的百分比，其中毛利是销售收入与销售成本的差。其计算公式为：

$$销售毛利率=\frac{销售收入-销售成本}{销售收入}\times 100\%$$

销售毛利率表示每1元销售收入扣除销售成本后，有多少钱可以用于支付各项期间费用和形成盈利。销售毛利率越高，企业盈利的可能性越大，没有足够大的毛利率便不能盈利。

例7-9：某沙盘企业的第五年的产品销售汇总表见表7-2，则该企业的销售毛利率为：

$$销售毛利率=\frac{2\,160-930}{2\,160}\times 100\%\approx 56.9\%$$

表7-2　产品销售汇总表　单位：W

产品	P1	P2	P3	P4	合计
数量	4	15	10	0	29
金额	210	1 160	790	0	2 160
成本	80	450	400	0	930
毛利	130	710	390	0	1 230

从计算结果看，该企业的销售毛利率是很高的。如果企业的各项期间费用（包括综合费用、折旧、财务费用等）小于1 230W时，企业就可以盈利的，否则企业就会亏损。利用该指标可以确定期间费用支出的上限，为企业费用控制提供依据。

2）净资产利润率

净资产收益率是净利润与所有者权益平均余额的比值，反映所有者对企业投资部分的盈利能力，又称所有者权益报酬率。其计算公式为：

$$净资产利润率=\frac{净利润}{所有者权益平均余额}\times 100\%$$

其中：所有者权益平均余额=（期初所有者权益余额+期末所有者权益余额）÷2

净资产利润率越高，说明企业所有者权益的盈利能力越强。影响该指标的因素，除了企业的盈利水平以外，还有企业所有者权益的大小。对所有者来说，该比率越大，投资者投入资本盈利能力越强。

例7-10：某沙盘企业某年的净利润为974W，该年年初所有者权益余额为1 582W，年末所有者权益余额为2 556 W，则该企业本年度的净资产利润率计算如下：

所有者权益平均余额=（1 582+2 556）÷2=2 069（W）

$$净资产收益率=\frac{974}{2\ 069}\times 100\%=47\%$$

从计算结果看，该企业的净资产收益率还是比较高的，说明企业在市场定位、产品选择、广告投放等方面做得都很好。在企业经营沙盘模拟中，该企业净资产利润率的高低要结合其他小组的经营结果进行综合分析。

3）资产利润率

资产利润率又叫资产报酬率、投资报酬率或资产收益率，是企业在一定时期内的净利润和资产平均总额的比率，计算公式为：

$$资产利润率=\frac{净利润}{资产平均总额}\times 100\%$$

其中：资产平均总额=（期初资产总额+期末资产总额）÷2

资产利润率主要用来衡量企业利用资产获取利润的能力，反映了企业总资产的利用效率，表示企业每1元资产能获得净利润的数量，这一比率越高，说明企业全部资产的盈利能力越强。该指标越高，表明资产的利用效率越高，说明企业在增加收入、资金使用等方面取得了良好的效果；否则相反。影响资产利润率高低的因素主要有：产品价格、产品成本、产品产量和销售数量等。

例7-11：某沙盘企业某年的净利润为974W，该年年初资产总额为4 779W，年末资产总额为7 238W，则该企业本年度的资产利润率计算如下：

资产平均总额=（4 779+7 238）÷2=6 008.5（W）

$$资产利润率=\frac{974}{6\ 008.5}\times 100\%\approx 16.2\%$$

4）资本保值增值率

资本保值增值率是指年末所有者权益与期初所有者权益的比值。其计算公式为：

$$资本保值增值率=\frac{年末所有者权益}{年初所有者权益}\times 100\%$$

该指标反映了企业资本的运营效益与安全状况，是评价企业经济效益状况的辅助指标。资本保值增值率指标是根据资本保全原则设计的，反映企业资本的保全和增值情况。它充分体现了对所有者权益的保护，能够及时、有效地发现所有者权益减少的现象。该指标越高，说明企业资本保全状况越好，所有者权益增长越快，债权人的权益越有保障，企业发展后劲越强。

7.5 财务状况综合分析

财务状况综合分析就是将偿债能力、运营能力、盈利能力等方面的分析纳入一个有机的整体之中，对企业的经营状况、财务状况进行综合的、全面的剖析，从而对企业的经济效益的优劣做出判断。杜邦分析法（DuPont analysis）是目前进行财务状况综合分析时最常用的方法。

1）杜邦分析法的概念

杜邦分析法是利用几种主要的财务比率之间的关系来综合地分析企业的财务状况。具体来说，它是一种用来评价公司盈利能力和股东权益回报水平，从财务角度评价企业绩效的经典方法。其基本思想是将企业净资产收益率逐级分解为多项财务比率乘积，这样有助于深入分析比较企业经营业绩。由于这种分析方法最早由美国杜邦公司使用，故名杜邦分析法。

2）杜邦分析法的基本思路

（1）净资产利润率是一个综合性最强的财务分析指标，是杜邦分析系统的核心和起点。

（2）资产净利率是影响净资产净利率的最重要的指标，具有很强的综合性，而资产净利率又取决于销售净利率和总资产周转率的高低。总资产周转率是反映总资产的周转速度。对资产周转率的分析，需要对影响资产周转的各因素进行分析，以判明影响企业资产周转的主要问题在哪里。销售净利率反映销售收入的收益水平。扩大销售收入，降低成本费用是提高企业销售利润率的根本途径，而扩大销售，同时也是提高资产周转率的必要条件和途径。

（3）权益乘数表示企业的负债程度，反映了公司利用财务杠杆进行经营活动的程度。资产负债率高，权益乘数就大，这说明公司负债程度高，公司会有较多的杠杆利益，但风险也高；反之，资产负债率低，权益乘数就小，这说明公司负债程度低，公司会有较少的杠杆利益，但相应所承担的风险也低。

3）杜邦分析法的财务指标关系

根据上述基本思路，以净资产利润率为起点进行层层分解，可以得到杜邦分析法中的几种主要的财务指标关系。

（1）净资产利润率与资产净利率和权益乘数之间的关系

净资产利润率=资产净利率×权益乘数

（2）资产净利率与销售净利率和资产周转率之间的关系

资产净利率=销售净利率×资产周转率

因此，净资产收益率=销售净利率×资产周转率×权益乘数上述公式就是杜邦分析法的指标体系。从公式中可以看出，决定净资产收益率高低的因素有三个：销售净利率、资产周转率和权益乘数。

例7-12：某沙盘企业第六年的利润表和资产负债见表7-3、表7-4。

表7-3　**利润表**　单位：W

项目	上年数	本年数
销售收入	3 540	5 320
直接成本	1 650	2 440
毛利	1 890	2 880
综合费用	771	1 040
折旧前利润	1 119	1 840
折旧	180	350
支付利息前利润	939	1 490
财务费用	164	191
税前利润	775	1 299
所得税	194	325
年度净利润	581	974

表7-4　**资产负债表**　单位：W

资产	期初数	期末数	负债及所有者权益	期初数	期末数
流动资产：			负债：		
现金	579	1 468	长期贷款	728	2 471
应收款	1 850	3 310	短期贷款	2 275	1 886
在制品	520	0	特别贷款	0	0
产成品	220	0	所得税	194	325
原料	0	0			
流动资产合计	3 169	4 778	负债合计	3 197	4 682
固定资产：			所有者权益：		
厂房	0	450	股东资本	700	700
机器设备	1 210	2 010	利润留存	301	882
在建工程	400	0	年度净利	581	974
固定资产合计	1 610	2 460	所有者权益合计	1 582	2 556
资产总计	4 779	7 238	负债和所有者权益总计	4 779	7 238

杜邦分析的计算过程如下：

销售净利率=（净利润÷销售收入）×100%=（974÷5 320）×100%≈18.3%

总资产周转率=销售收入÷平均资产余额=5 320÷［（4 779+7 238）÷2］≈0.89

资产净利率=销售净利率×总资产周转率=18.3%×0.89=0.163

资产负债率=（总负债÷总资产）×100%=（4 682÷7 238）×100%=64.89%

权益乘数=1÷（1-资产负债率）=1÷（1-64.89%）=2.85

净资产收益率=资产净利率×权益乘数=0.163×2.85=0.465

从以上计算结果可以看出，该企业目前的经营状况还是比较好的，通过对指标之间的关系的分析，可以发现该企业的资产负债率不高但也不是很低，说明该企业在合理控制财务风险的情况下，能够有效地利用负债的财务杠杆效应为股东谋取最大的经济效益。

本章小结

本章主要介绍了对企业进行经营分析的主要内容，包括本量利分析、偿债能力分析、运营能力分析和盈利能力分析等，旨在让学生在进行企业经营决策模拟时，能够通过这些方法对自己经营沙盘企业做出正确的分析和评价。

本量利分析是成本、产量（或销售量）、利润依存关系分析的简称，它是企业进行预测、决策、计划和控制等经营活动的重要工具。偿债能力分析是对企业对长期借款、短期借款等债务在某个时点所具有的还本付息能力的分析，是分析企业有无支付现金的能力和偿还债务的能力，是企业能否生存和健康发展的关键。短期偿债能力分析通常使用的指标有流动比率、速动比率和现金比率等；长期偿债能力的财务比率主要有资产负债率、产权比率和利息保障倍数。运营能力分析是对企业的经营运行能力，即企业运用各项资产以赚取利润的能力所做的分析，通过运营能力分析，可以反映管理人员经营管理和资金运用的能力水平的高低。运营能力分析指标有：应收账款周转率、存货周转率、流动资产周转率和总资产周转率等。盈利能力分析就是对企业赚取利润的能力的分析，常用的指标有销售毛利率、净资产利润率、资产利润率、资本保值增值率等。

练习题

1.简述成本的分类方法。

2.企业为什么要进行盈亏平衡点分析？

3.偿债能力分析有哪些财务指标？

4.杜邦分析法使用哪些财务指标，这些指标之间的关系是什么？

习题答案

1.成本的分类方法有两种：一种是按成本与产品之间的关系划分，一种是按成本性态进行划分。

按成本与产品之间的关系，可以将成本划分为产品成本与期间费用，而产品成本又包括直接成本和间接成本。直接成本是指为生产某种产品所发生的成本，包括直接材料成本和直接人工成本。间接成本是指与生产产品和服务难以形成直接量化关系的资源投入成本，如固定资产的维修费、折旧、生产管理人员工资、维修工人工资、厂房租金、生产用水、电费等。这些间接成本需要按照一定的标准经过分配后，才能计入产品成本中去。期间费用是指企业本期发生的、不能直接或间接归入产品成本，而是直接计入当期损益的各项费用，包括销售费用、管理费用和财务费用等。

按照成本性态可以将成本划分为固定成本和变动成本两类。固定成本是指在一定时期和一定业务量范围内，成本总额与业务量增减变动无关的成本。沙盘企业的固定成本包括行政管理费、利息、租金、折旧、维修费、广告费、信息费、市场开拓费和资格认证费等。固定成本通常按其是否受企业管理当局短期决策行为的影响又可以进一步划分为约束性固定成本和酌量性固定成本。变动成本是指成本总额在相关范围内随着业务量的变动而呈线性变动的成本。直接人工、直接材料都是典型的变动成本，在一定期间内它们的发生总额随着业务量的增减而成正比例变动，但单位产品的耗费则保持不变。变动成本的性态模型是：Y=bX（其中：b为单位变动成本，X为业务量）。在企业经营沙盘中，变动成本就是产品的材料费和加工费。

2.因为盈亏平衡点也称为盈亏保本点、两平点等，即指利润为零时的销售量或销售额。可见盈亏平衡是企业获利的基础，也是企业经营安全的前提，只有在销售量超过盈亏平衡点时企业才能获利，企业经营才是有效的，否则企业就是亏损的。

3.偿债能力分析分为短期偿债能力分析和长期偿债能力分析。对企业经营沙盘企业的短期偿债能力分析，通常使用的指标有流动比率、速动比率和现金比率等。反映企业长期偿债能力的财务比率主要有资产负债率、产权比率和利息保障倍数。

流动比率是指流动资产与流动负债的比值，流动比率越高，公司的短期偿债能力或资产变现能力就越强，财务风险也就越小。速动比率是速动资产与流动负债的比值，所谓速动资产是指流动资产中扣除了存货后的资产。速动比率是在流动比率基础上更严格地对公司资产质量所做的评价，该指标在去除了库存等不容易变现的流动资产之后，能够更加展现公司的瞬时变现支付能力。现金比率是指现金类资产与流动负债的比率。现金类资产包括企业拥有的货币资金和有价证券，是速动资产扣除应收款后的余额。现金比率能反映企业直接偿还流动负债的能力。

资产负债率是期末负债总额除以资产总额的百分比，也就是负债总额与资产总额的比例关系。资产负债率反映在总资产中有多大比例是通过借债来筹资的，也可以衡量企业在清算时保护债权人利益的程度。资产负债率这个指标反映债权人所提供的资本占全部资本的比例，也被称为举债经营比率。产权比率是负债总额与所有者权益总额的比率。该指标表明由债权人提供的资金和由投资者提供的资金之间的相对关系，是反映企业财务结构是否稳定的重要指标之一。产权比率高，表明企业采用的是一种高风险、高收益的财务策略；反之，产权比率低，表明企业采用的是一种低风险、低收益的财务策略。已获利息倍数是指企业息税前利润（利润表中未扣除利息费用和所得税之前的利润）的与利息费用的比率，或者说息税前利润相对于所需支付债务利息的倍数，该指标可用来分析企业在一定盈利水平下支付债务利息的能力，亦称利息保障倍数。

4.杜邦分析法用到的财务指标有净资产利润率、资产净利率、权益乘数、销售净利率和资产周转率。以净资产利润率为起点进行层层分解，可以得到杜邦分析法中的几种主要的财务指标关系。

（1）净资产利润率与资产净利率和权益乘数之间的关系

净资产利润率=资产净利率×权益乘数

（2）资产净利率与销售净利率和资产周转率之间的关系

资产净利率=销售净利率×资产周转率

第8章　案例分析

学习目标

（1）掌握如何在毛利高、需求量小和毛利低、需求量高的市场中做出抉择；

（2）掌握市场分析、竞争对手分析的基本方法和应用技巧；

（3）掌握使用概率分析的方法来规划企业的经营方案；

（4）掌握一些能够减少企业费用的经营技巧；

（5）每个经营年度使用间谍的主要视角和方向，把握每个经营年度间谍的重点。

8.1　案例一

8.1.1　案例说明

案例说明：下面的这个案例具有如下几个较典型的特征：第一，该公司选择的是市场毛利最高的产品，当然也是市场上竞争最为激烈的产品，该公司采用的方法就是在广告费上增加了很多额度；第二，坚持利润最高的产品组合，始终也没有经营利润较低的产品；第三，在结束年广告投放上更是以清除库存为导向，完成所有产品的出售。

该案例包括25家模拟经营企业，每家企业的股东资本为600 W，经营期限为6年。下面以U12企业为例，对该公司进行经营分析。

8.1.2　经营过程

第一年：U12公司采用的是贷入短期贷款归还去年短期贷款这样的滚动方式经营完成六个经营年度的。在六年的经营过程中，保证现金不断流的方式是通过借入短期贷款维持经营，每年再通过借入一定的短期贷款来偿还上年的贷款，也会适当地借入一些长期贷款来缓解过多短贷的压力。U12公司采用的是第一年购置厂房、建设4条自动线的开局模式。之所以不选择柔性线的原因是前期资金紧张，柔性线花费太多，在前期费用较多的前提下后期会经营得比较艰难。U12研发了P2产品、P3产品和P5产品，这三种产品属于五种产品中利润较高的，投资回报率相对较高，属于比较好的产品选择。在开拓市场方面，U12公司并没有放弃任何一个市场，而是选择将五个市场全部开拓。

第二年：见表8-1，从第二年的广告投放上看，U12公司把广告的侧重点投入到了利润最高的P3产品上，这是一种非常明智的做法，可以避免竞争过于激烈而无法将产品全部清货的状况发生。

表8-1 U12第二年的广告投放 单位：W

产品	本地	区域	国内	亚洲	国际
P1	0	0	0	0	0
P2	27	41	0	0	0
P3	44	37	0	0	0
P4	0	0	0	0	0
P5	13	17	0	0	0

通过表8-2可以看出，上面的广告投放方案正好能够将所有库存清除，而且选到的订单交货期都为3Q、4Q交货期，这样就避免了因为交货期问题交不了货的情况；同时每个订单的账期也相当有利，有0Q账期的，其余的订单也是以1Q、2Q账期居多，对企业的经营是非常有利的。由于其所获取的销售订单账期非常理想，所以在第二年的时候U12公司也发展得很顺利。在第二年的时候，建立了4条超柔租赁线，以此来弥补生产线缺少柔性、可调节程度小的缺陷。

表8-2 U12第二年所获得的订单

产品	数量	交货期(Q)	账期(Q)	金额(W)
P2	4	3	3	323
P2	4	4	1	268
P3	4	4	2	360
P3	4	4	3	370
P5	2	4	0	328
P5	2	4	1	280

第三年：由于可以贷款的额度增加了，因此该公司选择了新建4条柔性线，扩大自身的产能提升竞争力。在销售产品这一方面，P2产品、P3产品和P5产品依旧是该公司经营选择的产品，该公司没有选择研发新产品。

第四年：该公司已经有12条线的产能了，属于较大的产能状况。同时在第四年，该公司继续新建了两条柔性生产线。U12公司意识到只有通过投放更多的广告才能将所有的产品都卖出去，所以第四年该公司的广告投放见表8-3。

表8-3　**U12第四年的广告投放**　单位：W

产品	本地	区域	国内	亚洲	国际
P1	0	0	0	0	0
P2	38	0	0	0	0
P3	41	0	0	0	0
P4	0	0	0	0	0
P5	44	57	57	44	0

可以看出该公司把大量的广告费用都压在了P5产品上，总金额达到了202 W，因为出售一个P5产品的利润相当于销售出其他的两个产品。可以看出通过大额广告投放U12选到了适合自己的订单，从而做到没有任何的囤货，把该年生产的产品全都销售出去，该年权益增长了322 W。

第五年：因为存在4条租赁线，这4条线并不是加分线，所以为了能获得更多的A分，该公司选择在第五年四季度将这4条租赁线拆除，同时新建4条柔性生产线用来加分。在第五年的生产经营过程中，和第四年相似，该公司依旧有较大的产能，为了将所有的产品都清出去，能做的只有在广告上下功夫，本年度投放了大量的广告，见表8-4。

表8-4　**U12第五年的广告投放**　单位：W

产品	本地	区域	国内	亚洲	国际
P1	0	0	0	0	17
P2	0	0	10	0	17
P3	0	0	30	0	0
P4	0	0	0	0	0
P5	57	57	30	41	41

第六年：对于前五年的经营都相当顺利的U12公司来说，只要第六年不出现什么重大的失误，正常经营将所有的产品都加以出售，就完美完成了所有经营年度的经营。第六年完成产品的库存是一个至关重要的因素，如果第六年无法将所有产品加以出售，就意味着产品再也不能给企业带来利润，因为这是结束年度的经营。

通过表8-5可以看出，U12为了销售所有的库存产品投入了巨额的广告费用。同时，在第六年的时候，U12公司选择把剩下的P1和P4产品研发完，该经营决策是为了增加A分。

表8-5 U12第六年的广告投放 单位：元

产品	本地	区域	国内	亚洲	国际
P1	0	0	0	0	0
P2	0	0	10	0	0
P3	0	0	30	0	0
P4	0	0	0	0	0
P5	60	60	30	11	11

8.1.3 案例总结

综合来看，该公司采用了稳步推进的经营策略，产能从小慢慢变大，每年都将本年生产的产品销售出去，做到不囤货，这得益于营销策略得当，因此资产飞速增长，企业进入了良性发展的阶段，最后在第六年年度经营结束后所有者权益达到了2 548 W。

8.2 案例二

8.2.1 案例说明

本案例选取了某次比赛成绩第一名的案例，该案例的最大特点有两个：一是采用非常规的产线结构组合方案，大量采用租赁线的方式扩大产能，从而出售更多的产品，获取更多的所有者权益，以超高的所有者权益弥补在A分加分系数上的劣势；二是对竞争对手的产线类型和产品都做了非常细致的分析。

通过图8-1可以看到，该公司在第二年租赁了8条租赁线，以此来保证开局阶段的大量产能，在第二年完成大量产能的基础上，第三年选择大规模扩大产能战略，另外又租赁了8条租赁线，此时公司的产能已经达到了极值。本公司的所有者权益从第四年开始飞速提升，原因可能为第三年大量增加租赁线后第四年产能剧增从而导致利润增加。在经营的后半段，该公司以比较大胆的16条租赁线收尾，巨大的产能带来了巨大的销售收入，最后，该公司以3 988W的超高权益弥补了租赁线不加分的不足，以A分最高取得了第一。当然，该公司的经营决策也同样存在不足之处，例如其维护费、广告费居高不下。下面将从市场、产线和竞争对手三个方面对本公司的经营过程进行分析。

厂房信息								
ID	名称	状态	容量	购价	租金	售价	最后付租	置办时间
52	大厂房	购买	0/4	410W	41W/年	410W	—	第二年一季度
53	大厂房	购买	0/4	410W	41W/年	410W	—	第二年一季度
64	大厂房	购买	0/4	410W	41W/年	410W	—	第三年一季度
65	大厂房	购买	0/4	410W	41W/年	410W	—	第三年一季度

生产线信息										
ID	名称	厂房	产品	状态	累计折旧	开产时间	转产时间	剩余时间	建成时间	开建时间
193	租赁线	大厂房(52)	P1	空闲	0W	—	—	0Q	第二年一季度	第二年一季度
194	租赁线	大厂房(52)	P1	空闲	0W	—	—	0Q	第二年一季度	第二年一季度
195	租赁线	大厂房(52)	P1	空闲	0W	—	—	0Q	第二年一季度	第二年一季度
196	租赁线	大厂房(52)	P1	空闲	0W	—	—	0Q	第二年一季度	第二年一季度
197	租赁线	大厂房(53)	P2	空闲	0W	—	—	0Q	第二年一季度	第二年一季度
198	租赁线	大厂房(53)	P2	空闲	0W	—	—	0Q	第二年一季度	第二年一季度
199	租赁线	大厂房(53)	P2	空闲	0W	—	—	0Q	第二年一季度	第二年一季度
200	租赁线	大厂房(53)	P2	空闲	0W	—	—	0Q	第二年一季度	第二年一季度
232	租赁线	大厂房(64)	P4	空闲	0W	—	—	0Q	第三年一季度	第三年一季度
233	租赁线	大厂房(64)	P4	空闲	0W	—	—	0Q	第三年一季度	第三年一季度
234	租赁线	大厂房(64)	P4	空闲	0W	—	—	0Q	第三年一季度	第三年一季度
235	租赁线	大厂房(64)	P4	空闲	0W	—	—	0Q	第三年一季度	第三年一季度
236	租赁线	大厂房(65)	P5	空闲	0W	—	—	0Q	第三年一季度	第三年一季度
237	租赁线	大厂房(65)	P5	空闲	0W	—	—	0Q	第三年一季度	第三年一季度
238	租赁线	大厂房(65)	P5	空闲	0W	—	—	0Q	第三年一季度	第三年一季度
239	租赁线	大厂房(65)	P5	空闲	0W	—	—	0Q	第三年一季度	第三年一季度

图8-1 生产线情况

8.2.2 案例中的市场分析

通过市场预测，可以预见市场的发展趋势，提高企业经营的预见性和市场适应性，从而指导经营决策，避免走弯路。在该案例中，通过分析得知，P1产品的利润第二年为32 W左右，P2产品的利润在45 W左右，P3产品的利润在52 W左右。因P4产品、P5产品需要结合P1产品、P2产品分析，估算出P4产品的利润在48 W左右，P5产品的利润在45 W左右。由此可见，P3产品的利润最高，其次是P4产品、P5产品和P2产品。通过对产品需求量的分析，第二年P1产品的需求量最大，其次是P2产品、P3产品、P4产品和P5产品。

综上所述，第二年P3产品因其利润最高而需求量适中所占据的优势最明显。但高利润必然伴随着激烈的市场竞争，见表8-6，为了拿到优先选单权，P3产品的广告费会比较高。所以为了节省广告费用赚取更高利润，也可采取避开高利润的产品，本组比赛则选取了需求量最大的P1产品和利润较高的P2产品作为开局。

同时分析需求量表可以发现，市场需求较大。在市场需求量大且有足够资金的情况下，可以选择尽可能大的扩建生产线来提升产能，以获得高利润。

表8-6 P3产品的广告投放情况 单位：W

产品	本地	区域
P3	84	76
P3	60	61
P3	73	59
P3	58	61
P3	71	81
P3	62	31
P3	31	0
P3	18	0

8.2.3 进行产线分析

方案的成功与企业生产线的结构组成有极大联系。在此次比赛规则中，自动生产线的购买价格为150 W，维护费和折旧费用分别是20 W和30 W，柔性生产线的购买价格为200 W，维护费和折旧费用分别是20 W和40 W；手工生产线的购买价格为35 W，维修费和折旧费用分别是5 W和10 W；租赁线价格为0，维护费用为60 W。

相比较来说，手工线维护和折旧费用最低，租赁线维护费用虽然最高，但与产品利润水平相比，可发展空间巨大。所以在本场比赛中如果使用手工线和租赁线，前期优势地位会比较明显。本场比赛中第二年权益最高的企业生产线的构成为8条手工线。而本组比赛则以租赁线作为主要扩大产能的生产线。

8.2.4 进行竞争对手产品分析

分析竞争对手产品需要结合竞争对手的生产线计算竞争对手的产能和发展潜力，从而调整预算。在本次比赛中，通过间谍可以看出，P1产品有11个公司制造生产，P2产品有9个公司制造生产，P3产品有17个公司制造生产，P4产品有9个公司制造生产，P5产品有7个公司制造生产。由于P3产品利润高且需求大，P1产品、P2产品竞争压力较小，P4产品、P5产品竞争压力最小。所以前期权益增长较快的公司多由制造P4产品、P5产品的公司组成。而本企业在分析了竞争对手产品结构组成后，选择了建设4条P1租赁线和4条P2租赁线的形式，后期则顺应市场需求，增加P4产品和P5产品的租赁线，高利润低风险市场需要清库存从而达到超高权益。

8.2.5 案例总结

这种经营策略毫无疑问属于非常规经营策略，其基本思维是，在需求量大且租赁线价格低的情况下，采用多建租赁线提高权益的方式。当然，这种方案也具有一定风险。比如，库存产品积压，广告费用太高等风险。所以在实战过程中，需要充分研究和分析市场需求，理解并运用好生产线规则，利用多种方法解决问题。

8.3　案例三

8.3.1　案例说明

本案例中介绍了几个在经营过程中的小技巧：第一，利用产品物料结构的特点增强抵抗市场竞争风险能力，是指利用有些低级产品是高级产品的物料组成的特点，既能出售低端产品，也能出售高端产品，相机而动以增加对市场竞争风险的抵御能力；第二，第二年年初贴现厂房保证资金流，是指既可以保证第一年的权益不会因为租用厂房而减少，以此相应增加第二年的贷款额度，同时也可以为第二年的生产线建设提供融资资金来源；第三，长短期贷款相结合的方法，是指根据订单的获得情况，调配长期贷款和短期贷款的比例，既能保证现金不断流，也可以保持财务费用不至于过高；第四，逐年稳步扩大产能，是指当公司资金流较为宽松的时候，可以扩大产能。

8.3.2　利用产品物料结构增强抵抗市场竞争风险能力

首先，通过对市场预测的价格和需求数量的分析，得出P3产品和P5产品的利润较高，需求量相差不大，但是由于P3产品生产容易，研发周期较短，生产P3产品的公司会比较多，P3产品的市场竞争会比较激烈，在广告费用方面会有大量支出。

其次，P5产品由于研发周期长研发费用高，需要用P2产品来生产，生产较为困难，由此推测生产P5产品的企业会比较少，市场相对较宽松。然后，选择P5产品的另一个重要原因在于，当P5产品市场紧张的时候，可以选择出售作为原材料使用的P2产品，而当P2产品市场紧张的时候，可以选择把它作为原材料生产出售P5产品，这样使生产结构更加灵活。

但是在同样都是用另一种原材料生产的P4产品和P5产品的比较中，可以发现P4产品的利润低于P5产品，作为原材料的P1产品和P2产品均价相差不多，P1产品的需求量高于P2产品，且P1产品的研发周期短研发费用少。由此推测生产P4产品的人数多于P5产品。根据躲避紧张市场选择宽松市场的经营方式，该公司选择生产P2产品和P5产品，其选择的技巧就是利用产品物料结构清单互相搭配，减少市场竞争的风险。

8.3.3　第二年年初贴现厂房保证资金流

第一年购买厂房、建设4条柔性线，在第二年年初把厂房贴现，建设4条手工线。厂房第二年贴现可以比第一年多出40 W的权益，按照贷款额度为权益3倍的融资规则，为第二年增加120 W的贷款额度，这是一种既能保持第一年权益，同时又能为第二年融资的方案。U08第一年和第二年的综合费用表见表8-7。

表8-7 U08第一年和第二年的综合费用表

U08	第一年(W)	U08	第二年(W)
管理费	40	管理费	40
广告费	0	广告费	102
维护费	0	维护费	100
损失	0	损失	0
转产费	0	转产费	0
租金	0	租金	80
市场开拓费	50	市场开拓费	30
产品研发费	70	产品研发费	20
ISO认证费	25	ISO认证费	25
信息费	0	信息费	0
合计	185	合计	397

8.3.4 长短期贷款相结合的方法

该模拟经营企业选择长期贷款和短期贷款相结合的贷款方式，第一年全部申请短期贷款，以降低财务费用，第二年申请了74 W的长期贷款，在保证资金运转的情况下依然以短期贷款为主，可以最大效用地利用资金。经营后期逐渐增加长期贷款的比例，达到贷款额度的最大有效利用。贷款情况汇总表见表8-8。

表8-8 贷款情况汇总表 单位：W

	第一年	第二年	第三年	第四年	第五年	第六年
长期贷款	0	74	274	1 004	1 764	3 378
短期贷款	796	1 171	1 343	1 356	1 452	1 452
特别贷款	0	0	0	0	0	0
所得税	0	0	63	95	179	271
负债合计	796	1 245	1 680	2 455	3 395	5 101

采用长期贷款和短期贷款相结合的方法，并且前期以短期贷款为主，就要求该模拟经营企业要最大限度地做到销售完成所有产品，才能够保证权益的稳定增长、贷款额度和应收账款的增加，以及资金流的充足供应，从而避免大量贴现。因此清理库存至关重要，该企业在经营期间基本保证了每年的零库存。

8.3.5 逐年稳步扩大产能

该模拟经营企业在产能扩张方面很有优势。在第一年建设4条柔性生产线，在第二年4条手工线的基础上，第三年新建4条柔性生产线，第四年新建4条自动生产线，第五年把4条手工线换成4条柔性线，到第六年年初共有12条柔性线和4条自动线。产能的稳定迅猛增长与成功清理库存是该企业最终发展壮大的原因。固定资产汇总表见表8-9。

表8-9 固定资产汇总表 单位：W

	第一年	第二年	第三年	第四年	第五年	第六年
厂房	400	0	0	0	0	1 600
机器设备	0	940	740	1 340	1 560	1 920
在建工程	800	0	800	600	800	0
固定资产合计	1 200	940	1 540	1 940	2 360	3 520

表8-10反映了该企业六年所有者权益增长情况，可以看出在前四年的经营期间，该企业因为一直保持扩张并没有在权益方面显出巨大优势，但到了第五年和第六年，权益分别增长538 W和817 W，可见前期扩大产能打好基础是取胜的关键。

表8-10 所有者权益合计汇总表 单位：W

	第一年	第二年	第三年	第四年	第五年	第六年
股东资本	600	600	600	600	600	600
利润留存	0	-185	-61	187	472	1 010
年度净利	-185	124	248	285	538	813
所有者权益合计	415	539	787	1 072	1 610	2 423
负债和所有者权益总计	1 211	1 784	2 467	3 527	5 005	7 524

8.3.6 案例总结

该案例中的经营方案，在各个方面都进行了系统和深度的思考，尤其是在产线组合、财务费用控制和产能扩张等方面。在产线组合方面，利用了产品的物料组成相互搭配的特点；在财务费用上的许多细节处做了思考和整合；另外，在产能扩张方面，其选择产品具有博弈论的思维，正确分析准确把握了市场需求和竞争对手的情况。

8.4 案例四

8.4.1 案例介绍

本案例主要介绍一种在需求量大但毛利低的产品和需求量小但毛利高的产品间

如何进行平衡的经营策略。在本案例中，经过对市场预测的分析，发现其特点非常明显，P1和P2产品的需求量多于P3和P4的需求量，但P3和P4产品的毛利润高于P1和P2产品，这也就意味着如果企业的最初定位是把经营重心放在P3或P4产品上，就需要平衡广告额和产品利润，切不可使得广告投放的增加额超过产品单价提高而带来的利润，导致企业亏损。

8.4.2 采取的经营策略

在这样的市场情况下，P1和P2可以归为低端产品，经营前期使用薄利多销的方法可以使企业继续经营下去甚至可以有初步的发展，而P3和P4可以归为高端产品，经营后期可以使企业规模扩大，更多、更快地发展，所以使用产品组合的方法会使企业在此类市场下较好地发展，可以使用的组合方案见表8-11：

表 8-11 产品组合方案

	自动线P1	自动线P2	自动线P2	柔性线P1	柔性线P2
1.1				√	√
1.2	√	√	√	√	√
1.3	√	√	√	√	√
1.4	√	√	√	√	√
2.1	P1	P2	P2	P1	P2
2.2	P1	P2	P2	P1	P2
2.3	P1	P2	P2	P1	P2
2.4	P1	P2	P2	P1	P2
3.1	P1	P2	P2	P3	P4
3.2	P1	P2	P2	P3	P4
3.3	P1	P2	P2	P3	P4
3.4	P1	P2	P2	P3	P4

注：1.1表示第一年一季度，√表示当季度安装完成。

8.4.3 经营方案解读

该组合方案的思路是经营第二年生产P1和P2，第三年P4研发成功，将两条柔性线分别生产P3和P4，这样就能保证低端产品向高端产品的过渡。因为经营初期企业依靠薄利多销的手段有了一些资金基础，为企业的产品结构升级提供了资金保障，企业在经营第四年或第五年可将生产P3的柔性线转产P4，P1和P2的市场需求量很多，所以在经营后期仍可以生产P1和P2，需不需要增加生产线来生产P1和P2则取决于竞争企业投放广告和销售订单的获取情况。如果P3和P4的竞争压力比较大，需要投入的广告额过多则需要用P1和P2分担竞争压力，但是如果在经营前期企业就成为某个市场的市场老大并且一直保持市场老大的位置，会为企业在高端产品竞争中带来很多优势。

8.4.4 案例总结

产品组合经营旨在企业可持续发展，且能够完成产品结构的升级，经营前期依靠低端产品，中期由低端产品向高端产品平稳过渡，后期重点生产高端产品。产品定位是企业制定经营策略和选单策略的核心，合理的产品组合和足够的产能是企业经营成功的关键，所以企业要通过全面分析市场来制订清晰的产品生产方案。

8.5 案例五

8.5.1 案例介绍

该案例主要介绍使用概率分析的方法来制订经营方案，以减少经营的风险，在本次比赛中，团队便是选择了概率分析法来制订前两年方案以增强抵御风险的能力。经过分析市场需求预测，可以做出如下推断：

第一，从表8-12中可以看到，第二年市场需求量很小，但是第三年往后市场需求量很大且毛利稳定在一个较高的水平，因此非常适合用租赁线扩大产能。

表8-12 市场预测简化表 金额单位：W

	年份	2	3	4	5	6
P1	均价	51	50	49	51	53
	需求量	137	218	241	297	298
P2	均价	71	71	70	72	75
	需求量	97	167	185	303	214
P3	均价	87	84	85	88	92
	需求量	71	109	156	178	195
P4	均价	133	127	126	131	137
	需求量	41	71	69	107	118
P5	均价	149	145	145	149	154
	需求量	32	54	55	73	113

第二，但是如果按照大产能生产，第二年建设4条自动线和4条租赁线，只有引入高端产品P4、P5才有可能将如此大的产能全部卖出。

第三，通过对比P1、P4的需求和产品利润情况，发现将目标产品定位为P2、P5是明智的选择。但是，问题是，如果该产品市场竞争过度激烈怎么办？

8.5.2 使用概率分析方法进行分析

如前面所说，选择P2和P5的产品组合存在风险，但是不要盲目对P2、P5的竞争激烈情况进行臆测，而是要做细致入微的分析，这样才能更好地把握其特点。那么使用概率分析的方法无疑是一种非常有效的方法，如果公司制订了第二年建设4条自动线和4条租赁线的方案，那么通过概率分析可以得出如下可能性，针对不同的可能性也要采用不同的方案，见表8-13。

表8-13 **对竞争对手的各种情况进行概率分析**

<table>
<tr><th rowspan="2">概率</th><th rowspan="2">生产P5的公司数量</th><th colspan="2">选择P2产品的公司</th><th colspan="2">广告策略</th></tr>
<tr><th>概率</th><th>数量</th><th>P2</th><th>P5</th></tr>
<tr><td rowspan="3">30%</td><td rowspan="3">3~4家</td><td>10%</td><td>13~14家</td><td>两个市场:一个重点多投放广告,一个平均投放。
预计可获得8个P2产品订单
广告费:本地30 W、区域20 W</td><td>两个市场:一个重点多投放广告,一个平均投放。
预计可以获得8个P5产品订单
广告费:本地30 W、区域20 W。</td></tr>
<tr><td>15%</td><td>15~16家</td><td>加大广告投放
广告费:本地40 W、区域30 W</td><td>同上</td></tr>
<tr><td>10%</td><td>17~18家</td><td>加大广告投放
广告费:本地50 W、区域40 W</td><td>同上</td></tr>
<tr><td rowspan="2">40%</td><td rowspan="2">5~6家</td><td>20%</td><td>15~16家</td><td>一个市场重点投放,一个市场平均投放
本地广告费30 W,区域40 W</td><td>两个市场都重点投放大额度广告
本地广告费40 W,区域40 W</td></tr>
<tr><td>20%</td><td>17~18家</td><td>加大广告投放
本地广告费60 W,区域40 W</td><td>同上</td></tr>
<tr><td rowspan="2">25%</td><td rowspan="2">7家</td><td>10%</td><td>15~16家</td><td>转卖P2,加大投放广告,每个市场广告投放60 W</td><td>放弃P5市场</td></tr>
<tr><td>15%</td><td>17~18家</td><td>两个市场加大广告投放
本地投放40 W 区域投放60 W</td><td>两个市场加大广告投放
本地投放20 W
区域投放50 W</td></tr>
<tr><td>5%</td><td>8家以上</td><td>5%</td><td>17~18家</td><td>同上</td><td>同上</td></tr>
</table>

但此后应用概率分析法分析完所有可能发生的事件之后坚定了短贷4条自动生产线和4条租赁线的激进战略。在比赛开始前预算了8种方案分别对应了P2的竞争对手在14～18家公司，P5的竞争对手在3~7家公司及7家以上的情况。并且依据经验和对市场的分析，将每一种情况发生的概率进行了合理性估计，然后运用了数学期望的方法计算出第二年的权益在520 W左右，且在第三年具备较大的发展潜力，因此认定这个看似激进的战略实际上是可行的。

8.5.3 实际比赛状况

而事实证明以上的分析十分合理，在本次比赛中第二年一共有16家企业选择P2产品，6家企业选择P5产品，对应了预算方案二的预想中最可能发生的事件之一。于是采取了计划内的广告投放策略，并在选单过程中实现清货达到了的预期制订的计划。唯一美中不足的地方就是，选单的账期都高于预算的账期，因此未能达到520 W的期望权益，过高的贴现费用使最终权益为482W。

8.5.4 案例总结

综上，概率分析法是管理会计中企业经营决策制定的有效方法，引入到ERP沙盘中依然是有效的。在时间充裕的情况下，运用这种方法可以有效地将一切合理的事件全部考虑进去确保万无一失。这种通过一定的经验和数学手段计算出的结果往往与实际的情况不会相差太大。熟练地运用概率分析法做决策也许不会都实现利益的最大化，但一定让决策都可以在情况糟糕时实现损失的最小化。万无一失的战略配合精打细算的战术是ERP虚拟运营成功的关键，而概率分析自然会成为每一位理性决策者的选择。

8.6 案例六

8.6.1 案例说明

本案例主要呈现间谍的使用方法。以一次比赛的6年经营过程为例，通过间谍等方式获取对手信息，分析并应用到实战中。因为每年信息收集的方式和关注的重点不尽相同，以下将对各年情况分别进行讨论：

8.6.2 第一年进行间谍工作

第一年间谍数据如图8-2、图8-3、图8-4所示。

以表8-14为例填制间谍表，并汇总，见表8-15。

第一年结束后的间谍过程，着重关注产品研发状况，可以更加快捷地统计各产品的销售组数，用于投放广告。如果有充裕的时间，可结合生产线和原材料订购状

原材料订购			
名称	数量	剩余时间	订购时间
R1	2	1Q	第一年四季度
R2	2	1Q	第一年四季度
R3	4	2Q	第一年四季度
R3	4	1Q	第一年三季度
R4	2	2Q	第一年四季度
R4	2	1Q	第一年三季度

原材料库存	
名称	数量

产品库存	
名称	数量

图 8-2　库存信息

市场开拓				
名称	开拓费	周期	剩余时间	完成时间
本地	10W/ 年	1 年	—	第一年四季度
区域	10W/ 年	1 年	—	第一年四季度
国内	10W/ 年	2 年	1Q	—
亚洲	10W/ 年	3 年	2Q	—
国际	10W/ 年	4 年	3Q	—

产品研发				
名称	研发费	周期	剩余时间	完成时间
P3	10W/ 季	4Q	—	第一年四季度
P2	10W/ 季	3Q	—	第一年四季度
P5	13W/ 季	5Q	4Q	—

图 8-3　研发认证

生产线信息										
ID	名称	厂房	产品	状态	累计折旧	开产时间	转产时间	剩余时间	建成时间	开建时间
8	柔性线	大厂房 (6)	P2	在建	0W	—	—	0Q	—	第一年一季度
19	自动线	大厂房 (6)	P2	在建	0W	—	—	0Q	—	第一年二季度
22	自动线	大厂房 (6)	P3	在建	0W	—	—	0Q	—	第一年二季度
23	自动线	大厂房 (6)	P3	在建	0W	—	—	0Q	—	第一年二季度

图 8-4　厂房与生产线

表 8-14　　间谍表信息

队伍	库存	产品资格	生产线	在产线	在建工程	原材料		市场开拓
U01		P1	自动线		1P2,2P3	R1　2		本地 √
		P2 √	柔性线		1P2	R2　2		区域 √
		P3 √	租自			R3　4	4	国内
		P4	租柔			R4　2	2	亚洲
		P5	手工线			R5		国际

表 8-15　　间谍表信息汇总

产品种类	P1	P2	P3	P4	P5
销售组数	14	14	12	6	5

况推测同产品主要竞争对手的产能，进一步完善信息。而各组的权益和利润表综合费用表等可以忽略不看，理由是第一年各组选择不同产品的费用不同，造成权益不

同，但每种产品选择方案的费用大同小异，不必深究。

如何利用间谍获得的信息呢？首先，结合上述规则与市场需求量和均价分析，各产品的销售组数都在比较正常的范围，所以市场拥挤程度正常，无论选择的是哪些产品，都可以按照正常的广告投放标准投放广告，也不大可能会出现破产状况。这是初步从“产品研发”中得到的信息。

然后进行生产线分析，这一年进行生产线分析的主要目的是通过分析生产线进而推断对手的产能，辅助投放广告。因此主要分析同产品竞争对手的生产线，有时会出现交叉的状况，如选择了P2、P5产品，则重点关注生产P5的小组；P1、P4产品同理；如果选择了生产P2和P3产品，可以同时关注。这里以生产P2和P3的U01组为例，下季到货的原材料有2R1、2R2、4R3、2R4，用来生产P2和P3产品，有两条自动线生产P3和一条自动线生产P2，另外还有一条柔性线。根据规则，自动线若全部用于生产，下一季共需原材料2×1=2个R1，1×1=1个R2，2×1+1=3个R3，2×1=2个R4，剩余的1个R2原材料，1个R3原材料正好可以用于柔性线生产P2产品。由此可以推知，该公司在第二年年初增加租赁线或者手工线的可能性不大。

最后进行总结，将第二步中推测的主要竞争对手的产能结合各产品研发状况，进一步用于投放广告。

8.6.3　第二年进行间谍工作

对各组逐一进行间谍分析，间谍仍然重点关注“产品研发”情况，因为前两年的资金比较紧张，特别是在使用短贷作为主要融资手段的情况下，为了有尽可能高的权益来保障贷款额度，往往研发的产品都会生产。因此从“产品研发”可以快速判断各组销售产品。此外原材料和生产线、在建工程，在时间允许的情况下也可以一一记录下来，具体方法与上年相同。其他指标在时间紧张的情况下，可以快速浏览同产品主要竞争对手的原材料订购情况。方法同上，但可简单定性观察而不详细计算。汇总“产品研发”情况见表8-16。

表8-16　**产品研发情况汇总**

产品种类	P1	P2	P3	P4	P5
销售组数	15	14	14	6	6

可以看出，销售组数增加幅度不大，同样是由于新研发产品较少。但结合市场预测可以发现在这一年需求量有大幅提高，体现在实际中就是可能出现在第三年一季度建租赁线和手工线扩大产能的情况，资金需求较大的自动线和柔性线情况较少。但这两种生产线在“在建工程”中无法体现，只可以通过原材料估算。

8.6.4 第三年进行间谍工作

这一年的竞争对手信息主要来源于三个地方：一是三表，也就是综合费用表、利润表和资产负债表；二是间谍，是指在ERP沙盘中的“间谍功能”；三是过去三年的经营和广告数据经验，是指通过行为分析总结的其他公司的经营特点和广告额度。

三表可以帮助确定主要竞争对手，包括同产品竞争对手和权益较高的综合竞争对手。从这一年起，经营成果逐渐拉开差距，需要有针对性地制订计划。对于同产品竞争对手需要估算其产能，P4产品和P5产品竞争对手较少，效果更佳，特别在这一年有竞单的情况下需要格外关注。方法如下：首先针对不同公司估算产能，方法同上，并记录；然后在选单过程中仔细留意其所选订单，并记录。如果实在困难也可以选择花费1 W再次间谍其订单信息；最后统计其预计可生产产品和已选产品的差值，即预计需竞单产品，作为竞争对手竞单信息用于竞单过程使用。综合竞争对手可以从资产负债表上直接观察得知，可结合固定资产和利润表等判断其发展潜力。

间谍还可根据“产品研发”“生产线”“在建工程”“原料订购”等大致确定各产品市场拥挤程度，方法与前三年相同。同时结合上年的经营经验灵活分析。另外，已完成经营年度的广告数据在订货会前被发送到各组，可以及时拷贝，从中发现规律。

8.6.5 第四年进行间谍工作

从这一年起，间谍的主要功能将不再是获悉竞争对手的产能，因为各组的生产线都不断扩增，产品组合更加多样化，短时间内难以一一计算。而产品资格也不能全数代表其生产的产品种类，各产品拥挤程度往往更随市场需求量和均价变动而变动。

所以将以分析竞争对手为主，确定自己目前所处的权益排名，重点分析排名靠前或相当的竞争对手，综合评估其发展潜力。对竞争情况有一个基本的了解。

8.6.6 第五年进行间谍工作

这一年的重点仍是分析竞争对手，预估正常情况下的最终名次，决定采取稳定型战略或是激进型战略。如目前结果较满意，可以在接下来多投放广告，确保清货，稳中求胜。如正常经营实在难以得到理想的名次，也可放手一搏，估算同产品，特别是同生产P4、P5产品的竞争对手产能后，适当减少广告投放量，在竞货会上谋求更高的利润，以高风险高利润低广告费用取胜。

除此以外，保留尽可能多的间谍信息，可以在每一次比赛后总结优秀小组的经验，学习其长处用以借鉴和发挥。

8.7　案例七

这个案例展示一个比较完整的企业经营的过程，从前期的市场分析，到经营后期的市场策略等。可以从中审视企业制定战略的依据、思考方向和决策依据。

8.7.1　结合产品结构与市场进行分析

在第一年就能研发完成的产品中，P3利润最高，甚至在第二、三年里是5个产品中利润最高的。P2次之，P1最低。而P4和P5的研发周期都为5Q，也就是最早能在第二年三季度交货。但P5的利润在第二年比P4高出了14W之多，并且P5的均价逐年上升，而P4在第三、四、五年略有下降。就订单数来说，P4和P5前几年的相差也不是很大。由于P4是以P1为原材料，P5以P2为原材料。所以P1和P4，P2和P5需要同时进行研发。综上所述，在初期产品的研发和生产上，P2、P5和P3为最佳选择。

8.7.2　第一年经营分析

正如上面分析得出的结论，U15在初期便是以P2和P5为产品开始经营的。第一年以短贷开局，以后每年的长贷金额恰好能还上当年一季度的短贷。这种贷款方式能实现资金调度的最大化，并尽可能地降低贷款利息。运用这一方案的重点在于资金链的衔接，每年必须尽可能地清货，以保证下一年有足够的贷款额度。

可以看到，该公司在第一年买了一个大厂房，然后在第二年年初把厂房贴现。这是很理性的融资方法，因为对于短贷的贷款方式，第二年的资金都会紧张，对于这种厂房购置的做法既可以保证第二年的贷款额度，又可以在交单前有足够的现金流用以维持经营和投放广告。

8.7.3　第二年经营分析

U15在第一年建了4条柔性线，这给了公司的经营以很大的灵活性。因为使用间谍就能得知同类产品竞争激烈与否。然后根据选单情况，选择第二年新建生产线类型。如果得到的产品数量多，则可以新建租赁线，如果得到的产品数量少，则可以选择新建手工线，在更糟的情况下甚至可以不建线。在企业经营模拟中，前两年权益低并不可怕，重要的是要让公司存活下去。在此案例中，U15在第二年新建了4条租赁线，由此可知该公司在第二年的选单中十分成功，拿到了大量的销售订单。

根据表8-17可知，第二年P2产品的竞争应该较为激烈。因为在年初进行了厂房贴现，且第二年新建的是租赁线，所以交单前的资金较为充裕，使得U15有足够的资金投放在广告上来获得大量的订单。

表 8-17　　U15 第二年的广告投放　　单位：W

产品	本地	区域	国内	亚洲	国际
P1	0	0	0	0	0
P2	40	60	0	0	0
P3	0	0	0	0	0
P4	0	0	0	0	0
P5	15	35	0	0	0

应该知道，虽然广告费扣取的是直接的权益，但是与之相比，特别是对于将短贷作为主要融资手段的公司来说，当年卖出产品的数量才是最重要的。所以在竞争激烈的情况下，为了销售更多的产品，在广告上多投入一些资金是非常值得的。这其中，间谍功能的使用就显得尤为重要。在每年投放广告前，每个组都有一定的间谍时间，先拟出大概的广告方案，然后在了解本公司经营产品的竞争情况后迅速地对广告方案进行适当的调整以实现各方面利益的最大化。

8.7.4　第三年经营分析

由于前两年的妥善经营，U15在第三年有足够的资金和贷款额度，所以该公司在第三年又租了一个大厂房，新建了4条自动线，并研发了P3。P3的利润一直很高，随着时间的推移，利润最高的P5的竞争开始变得激烈，可拿单数有限，公司需要扩大经营规模。选择P3是很明智的选择，也归功于前两年的妥善经营，使得U15有资本卖P3。因为P3产品生产时需要更多的现金，竞争也同样激烈，需要更多的广告投入。

到了第三年，P5的生产量开始变大，所以广告投放重心由P2转到了P5。从U15在国内市场投入的53W可知，该公司把销售的重心放在了国内市场，有想要抢占新市场获得市场老大的意图。第三年的广告投放情况见表8-18。

表 8-18　　U15 第三年的广告投放　　数量：W

产品	本地	区域	国内	亚洲	国际
P1	0	0	0	0	0
P2	11	30	11	0	0
P3	0	0	0	0	0
P4	0	0	0	0	0
P5	20	30	53	0	0

8.7.5 第四年经营分析

U15在第四年又租入了两个大厂房，新建了4条自动线和1条租赁线。从生产情况来看，该公司的经营重心仍是P5，这一点由表8-19中该公司在亚洲市场中为P5投入的70 W广告费也可以看出。

表8-19 **U15第四年的广告投放** 单位：W

产品	本地	区域	国内	亚洲	国际
P1	0	0	0	0	0
P2	0	10	0	38	0
P3	0	10	0	42	0
P4	0	0	0	0	0
P5	0	30	0	70	0

从生产线的建设情况得知，该公司发展得十分顺利，一切都在稳步前进中，公司的规模每年都在逐步扩大，这与前期的开局战略与后期的广告投入、拿到的订单数量是密不可分的。从这几年的广告中可以看出，U15在广告上一直都比较慷慨，这使得该公司每年都能卖出大量的产品，回笼资金，下一年又有足够的资金和贷款额度进行建设和广告投入，形成了一个良性循环。

这个时候，U15的生产线建设已经达到饱和，产能巨大，而产品需求量并不大，即使投入再多的广告能拿到的订单也有限。这个时候就需要使产品结构更加多元化。U15在这一年研发了P1和P4，为下一年销售P4做准备。

8.7.6 第五、六年经营分析

表8-20和表8-21分别为U15第五、六年的广告投放情况。在上文中提到，U15的产能在第五年已经达到了最大化，而市场需求是有限的，所以必须改变产品结构。通过之前的市场分析得知，产品P1的利润是很低的。该公司把P1的广告都投在最后一个市场，显而易见是为了在P4无法清除库存的情况下转卖P1以达到清库存的目的。

表8-20 **U15第五年的广告投放** 单位：W

产品	本地	区域	国内	亚洲	国际
P1	0	0	0	0	40
P2	20	30	0	30	0
P3	0	30	0	30	30
P4	0	10	0	10	0
P5	10	30	0	30	60

表 8-21　　U15第六年的广告投放　　单位：W

产品	本地	区域	国内	亚洲	国际
P1	0	0	0	0	30
P2	60	30	50	30	0
P3	60	0	12	30	30
P4	0	10	0	10	0
P5	60	30	0	10	30

在沙盘模拟中，选择利润高的产品是理所应当的。但是在第五、六年这样接近经营结束的年份里，将所有的库存产品完全出售才是第一原则，能以高额的利润清理库存固然是最好的情况，但在市场不允许的情况下，只要尽可能卖出去更多的产品，较低的利润也好过囤货。特别是第六年，产品卖出去了就是权益，囤在手里就没有任何意义。

因此，在最后两年产能较大，且产线灵活性较高、资金富余的情况下，可以在最后一个市场为P1投适量的广告以应对其他产品库存较多的情况。产品能否卖出去不仅关系到权益，也决定了公司的资金能否迅速回笼。有更多的资金，就能建设数量更多的生产线，也可以将租赁的厂房购回。

8.7.7　案例总结

总的来说，在经营开始前，应对市场与规则进行全面的分析，选择最优的产品与最适合的方案。方案的灵活性应较大以应对各种突发情况。毕竟，在沙盘模拟比赛中，企业能够生存是第一要义。

本章小结

作为本书的最后一个章节，本章介绍了几个实战案例，这些案例有详有略，各有侧重，涉及财务、市场分析、广告投放、选单策略、竞争对手分析以及其他的一些技术和方法，对于指导经营者规划、调整、完善乃至反思公司战略规划和经营方案具有很强的借鉴意义。

沙盘经营策略分为常规策略和非常规策略，在案例一中，详细阐述了快速产能这种策略应用的条件和基础，特别指出了非常规策略是基于市场需求进行的决策；在案例二中，介绍了一种矛盾的解决办法，就是如果遇到毛利高、需求量少的产品和毛利少、需求量多的产品如何选择的问题，并且给出了解决该问题的思路和方法；在案例三中，介绍了几种抵御市场风险、降低财务费用以及长期贷款和短期贷款如何配合的方法；在案例四中，介绍了前期和后期使用两种不同的产品结构的方法；在案例五中，介绍了使用概率进行分析的方法；在案例六中，介绍了间谍如何使用的方法；在案例七中，对产品结构的选择策略进行了深入的介绍。

练习题

1.每个阶段间谍的重点工作内容是什么？

2.如何使用概率的方法分析竞争对手？

3.如何利用产品物料结构抵御市场风险？

习题答案

1.第一、二年结束后的间谍过程，着重关注产品研发状况，可以更加快捷地统计各产品的销售组数，用于投放广告。对各组逐一进行间谍，间谍仍然重点关注"产品研发"情况。第三、四年主要分析竞争对手的三表信息，主要看对手产能。包括同产品竞争对手和权益较高的综合竞争对手。从这一年起，经营成果逐渐拉开差距，需要有针对性地制订计划。最后在第五、六年的时候，查看竞争对手特别是主要竞争对手的库存情况。

2.第一，分析市场需求量，从表中可以看到，查看适合什么类型的生产线和什么样的产品；第二，确定一种方案，这个方案是针对市场预测而制订的方案；第三，通过预估每个竞争对手的可能性计算竞争的激烈程度，选择一种可能性最大的经营方案，并提前做好各种情况下的预案。

3.首先，通过对市场预测的价格和需求数量的分析，得出每种产品的利润水平和竞争激烈程度，例如如果P2和P5是包含关系，当P5产品市场紧张的时候，可以选择出售作为原材料使用的P2产品，而当P2产品市场紧张的时候，可以选择把它作为原材料生产出售P5产品，这样使生产结构更加灵活。用产品之间的物料组成包含的关系进行均衡。其次，在市场投放上可以考虑互相搭配，在广告投放上要可以选择一种产品重点投放广告保证获取订单等方式增强安全性。

附录1　规则测试题

一、判断题

（　　）1.柔性线转产期为0Q、建设完成的柔性生产线有维修费，维修费在每年年末扣除。

（　　）2.第二年年初建设完成的自动生产线，在第七年完成了全部折旧，该生产线在第七年无法使用投入生产。

（　　）3.P3的研发需要6个季度，每季度都要投入资金10W，研发过程可暂停但是不能追加。

（　　）4.破产的标准是权益为负并且现金断流。

（　　）5.厂房出售后，厂房中的生产线将无法生产。

（　　）6.厂房贴现会立刻得到现金，大厂房贴现时从现金流上直接会获得300W的现金收入。

（　　）7.厂房出售可以直接得到现金，厂房出售所获得的应收款的账期为0，也就是直接收回厂房的价值。

（　　）8.租厂房必须租够整年，租用期限不到整年者无法进行租转买操作，厂房没有折旧。

（　　）9.生产线有四种：手工线、租赁线、自动线、柔性线。

（　　）10.生产线的折旧影响企业的现金，当然也影响到企业的利润，折旧的现金在投放广告时扣除。

（　　）11.虽然折旧影响企业的利润，但是折旧不影响企业的权益。

（　　）12.某一市场的老大，即便其不在该市场上投入任何广告，也可以拿到该市场的订单。

（　　）13.产品有四种：P1、P2、P3、P4。

（　　）14.如果第一年租厂房而第二年没有进行租转买的操作，创业者系统将自动续租，生产线不受影响，自动续租扣除现金的时间点是在当季度末。

（　　）15.一个公司在使用商战系统运营时可以分别购买和租用1个大厂房，总共2个大厂房，可以容纳12条生产线。

（　　）16.小厂房的生产线可以移动到大厂房，大厂房的生产线也可以移动到小厂房，只要生产线数量不超过厂房的容量即可。

（　　）17.销售订单产生的违约金、生产线维修费的扣除都是在年末进行，由系统自动完成。

（　　）18.如果应收账款忘记及时去收，这笔应收账款将再也无法收回。

（　　）19.市场老大是指在某个市场上所有产品销售总额最多的公司，如果有违约情况除外。

（　　）20.如果订单无法全部上交，可先交一部分产品，剩余没有上交的产品扣除违约金。

（　　）21.0账期的订单完成交货后系统会自动把应收账款打给公司。

（　　）22.如果在某个市场某个产品进行第二轮选单，则至少需要投30W广告费，如果要选第三轮，至少投放50W广告费。

（　　）23.投放广告时，同时扣除长期贷款的本金（如果有）、利息和上年应交税金。

（　　）24.如果一条生产线属于建设完成的生产线，若这条生产线不生产产品就不收取维修费。

（　　）25.对于已经购买的厂房来说，随时都可以将厂房贴现或者出售。

（　　）26.间谍可以观察到竞争对手的生产线建设情况、产品研发情况和市场开拓情况。

（　　）27.订单的交货期有两种：1Q、4Q。

（　　）28.订单的账期是指在完成了订单交货之后开始计算的。

（　　）29.在第二年进行长期贷款，如果贷款期限是5年的话，第六年将还清这笔贷款的本息。

（　　）30.在系统中，存在这样的订单，即今年拿到订单，下一年交货。

（　　）31.无论做不做生产决策，每季度10W的行政管理费是必须要缴纳的。

（　　）32.对于按订单交货来说，提早提交订单就可以早得到应收账款。

（　　）33.对于任何订单来说，交单时间可以提前，但是不能推后。

（　　）34.贴现必须按照已交订单的额度来进行操作，例如如果有两个订单，订单总额分别是100W和200W，账期一致，想要贴现的必须按订单逐个进行贴现，不能累加然后一起贴现。

（　　）35.进行贴现操作时，只能将整个订单的所有金额全部加以贴现，而不能将部分贴现。

（　　）36.每年年初投放广告之前无法进行贴现操作。

（　　）37.转产、变卖生产线的必要前提是该生产线是已经建成的生产线并且处于停产状态。

（　　）38.订单的账期只有4种：1Q、2Q、3Q、4Q。

（　　）39.无论何时出售生产线，均是以该生产线的残值进行出售。

（　　）40.所得税的税率是20%，但是要向下取整。

（　　）41.违约金的比例是20%，但是要向上取整。

（　　）42.如果不考虑产品研发情况，一条新建的手工生产线一年可以产出一个可以交货的产品。

（　　）43.在某个市场上投入的广告额度为30W，则至少能够选取到一个销售订单。

（　）44.如果没有进行ISO9000或者ISO14000的认证，将无法拿到需要该认证资质的订单。

（　）45.出售原材料会按照原材料总价进行折扣（9折）并且向下取整的方式立刻得到现金。

（　）46.市场开拓和ISO认证操作都是在年末进行，每年只有一次机会。

（　）47.行政管理费和租金都是系统在季度末自动扣除。

（　）48.长期贷款是在每年年初进行操作，一年只有一次机会。短期贷款在每季度初进行操作，一年可进行四次操作。

（　）49.紧急采购原材料和产成品比正常采购和生产成本高的部分计入损失；生产线变卖时，残值与生产线的净值之间的差额计入损失；违约金也计入损失。

（　）50.当年的订单当年必须交，如果当年不交订单属于违约，违约不但要收取违约金，而且订单也要收回。

二、填空题

1.安装一条全自动生产线，每季度花费的安装费是______W。

2.安装一条柔性生产线，每季度花费的安装费是______W。

3.第一年二、三、四季度安装四条全自动生产线，到第四年这四条生产线的净值是______W。

4.第一年一、二、三、四季度安装四条柔性生产线，到第五年这四条生产线的净值是______W。

5.P1产品的直接成本是______W。

6.P2产品的直接成本是______W。

7.P3产品的直接成本是______W。

8.P4产品的直接产品是______W。

9.本地、区域市场的研发时间是______年。

10.国内市场的研发时间是______年。

11.亚洲市场的研发时间是______年。

12.贷款额度的公式：当前可以贷款的额度=去年年度的权益×____减去当前未还长短贷的和。

13.如果第二年二季度短期贷款60W，则第三年二季度需要还本付息______W。

14.如果第三年长期贷款70W，贷款期限5年，则第六年需要归还该长贷的利息为______W。

15.如果第二年三季度交货了一个产品订单，金额为55W，账期为4Q，则该订单应当在第______年______季度收回。

16. 如果第二年四季度交货了一个产品订单，金额为60W，账期为3Q，则在第三年投放广告之前对该销售订单进行贴现时，贴现的账期是______Q。

17. 在某一年的运营过程中，以下哪些运营活动直接减少运营团队当年的权益，请在其括号中写明减少，否则写明不减少。

产品研发（　　）、市场开拓（　　）、厂房购买（　　）、厂房贴现（　　）、生产线建设（　　）、短期贷款（　　）、长期贷款（　　）、ISO认证（　　）、长贷还息（　　）、短贷还息（　　）、产品违约（　　）、生产线维修（　　）、购买原材料（　　）、生产产品（　　）、广告投放（　　）、缴纳税金（　　）、紧急采购产品（　　）、贴现应收账款（　　）、应收账款更新（　　）、生产线停产（　　）、全自动生产线转产（　　）、出售库存产品（　　）、出售库存原材料（　　）。

18. ISO9000投资周期为______年，每年需要投资______W。ISO14000投资周期为______年，每年需要投资______W。

19. 某企业第二年权益为62，第三年权益为81，第三年的税前利润为22，则第三年应交税金为______W。

20. 某企业第三年权益为81，第四年权益为100，第四年的税前利润为22，则第四年应交税金为______W。

21. 第一年二季度新建2条P1的全自动生产线，经过三季度和四季度的继续投资在建，2条P1的全自动生产线建成时间为______，第二年这两条全自动生产线能生产入库______个P1（假设原材料充足、每季度都开工生产）。

22. 生产线的净值指________________________________。

23. 在沙盘课中，资产负债表中的应收账款指的是______________________。

24. 出售小厂房所得到的应收账款的金额是______W、账期是______Q。

25. 长期贷款利息的扣除时间为________________________________。

26. 建设完成的生产线的维修费的扣除时间为______________________。

27. 在企业运营的过程中，企业的利润来源主要是______________________。

附录2 经营记录表格

附表1-1　　　　公司年度报表——操作流程明细表　　　　第一年　第　公司

	序号	操作		广告信息	本地	区域	国内	亚洲	国际
年初操作	1	投放广告							
	2	支付应交税金		P1					
	3	长期贷款(本/息)还款		P2					
	4	申请长期贷款		P3					
	5	应收账款/厂房贴现(随时)		P4					

	序号	时间	一季度	二季度	三季度	四季度
年中操作	6	短期贷款(本/息)还款				
	7	申请短期贷款				
	8	更新原材料				
	9	产品入库				
	10	下原材料订单				
	11	(购买/租用)厂房				
	12	新建/在建/转产生产线				
	13	紧急采购原材料(随时)				
	14	开始下一批新生产				
	15	应收账款更新				
	16	紧急采购产品(随时)				
	17	按订单交货				
	18	产品研发投资				
	19	出售原材料/产品(随时)				
	20	厂房处理(买转租/租转买)				
	21	厂房贴现(随时)				
	22	应收账款贴现(随时)				
	23	支付行政管理费				
	24	季末数额对账				

	序号	操作	
	25	缴纳违约订单罚款	
	26	支付生产线维护费	
	27	计提折旧	
	28	市场开拓	
	29	ISO认证	

附表1-2 **公司年度报表二——现金收支明细表** 第一年 第 公司

<table>
<tr><td rowspan="6">年初</td><td>年初余额</td><td></td><td colspan="4" rowspan="3"></td></tr>
<tr><td>广告费</td><td></td></tr>
<tr><td>支付应交税金</td><td></td></tr>
<tr><td>长期贷款(本/息)还款</td><td></td><td colspan="4">季初余额</td></tr>
<tr><td>申请长期贷款</td><td></td><td></td><td></td><td></td><td></td></tr>
<tr><td>应收款/厂房贴现(随时)</td><td></td><td>一季度</td><td>二季度</td><td>三季度</td><td>四季度</td></tr>
<tr><td>1</td><td colspan="2">短贷还本付息</td><td></td><td></td><td></td><td></td></tr>
<tr><td>2</td><td colspan="2">申请短贷</td><td></td><td></td><td></td><td></td></tr>
<tr><td>3</td><td colspan="2">原材料更新</td><td></td><td></td><td></td><td></td></tr>
<tr><td>4</td><td colspan="2">购买(租入)厂房</td><td></td><td></td><td></td><td></td></tr>
<tr><td>5</td><td colspan="2">生产线投资</td><td></td><td></td><td></td><td></td></tr>
<tr><td>6</td><td colspan="2">紧急采购原材料</td><td></td><td></td><td></td><td></td></tr>
<tr><td>7</td><td colspan="2">生产加工费</td><td></td><td></td><td></td><td></td></tr>
<tr><td>8</td><td colspan="2">应收账款更新</td><td></td><td></td><td></td><td></td></tr>
<tr><td>9</td><td colspan="2">紧急出售库存</td><td></td><td></td><td></td><td></td></tr>
<tr><td>10</td><td colspan="2">厂房/应收款贴现</td><td></td><td></td><td></td><td></td></tr>
<tr><td>11</td><td colspan="2">紧急采购产品</td><td></td><td></td><td></td><td></td></tr>
<tr><td>12</td><td colspan="2">产品研发费用</td><td></td><td></td><td></td><td></td></tr>
<tr><td>13</td><td colspan="2">支付行政管理费用</td><td></td><td></td><td></td><td></td></tr>
<tr><td colspan="3">季度末余额</td><td></td><td></td><td></td><td></td></tr>
<tr><td rowspan="5">年末</td><td colspan="2">缴纳违约订单罚款(20%)</td><td colspan="4"></td></tr>
<tr><td colspan="2">支付生产线维护费</td><td colspan="4"></td></tr>
<tr><td colspan="2">支付市场开拓费</td><td colspan="4"></td></tr>
<tr><td colspan="2">支付ISO资格认证费</td><td colspan="4"></td></tr>
<tr><td colspan="2">年末余额</td><td colspan="4"></td></tr>
</table>

附表1-3 **公司年度报表三——产品销售汇总表** 第一年 第 公司

产品	P1	P2	P3	P4	合计
数量					0
金额					0
成本					0
毛利					0

附表1-4 公司年度报表四——综合费用表

第一年 第 公司

项目	金额
管理费	
广告费	
维修费	
转产费	
厂房租金	
产品研发	
新市场开拓	
ISO认证	
损失	
信息费	
合计	

附表1-5 公司年度报表五——利润表

第一年 第 公司

项目	上年实际	本年实际
一、销售收入		
减:直接成本		
二、毛利		
减:综合费用		
三、折旧前利润		
减:折旧		
四、利息前利润		
减:财务费用		
五、税前利润		
减:所得税		
六、年度净利润		

附表1-6 公司年度报表六——资产负债表 第一年 第 公司

资产	年初数	年末数	负债和所有者权益	年初数	年末数
流动资产:			负债:		
货币资金			长期负债		
应收账款			短期负债		
在制品			应交所得税金		
产成品					
原材料					
流动资产合计			负债合计		
固定资产:			所有者权益:		
厂房			股东资本		
生产线设备			利润留存		
在建工程			年度净利润		
固定资产合计			所有者权益合计		
资产总计			负债和所有者权益总计		

附表2-1 **公司年度报表——操作流程明细表** 第二年 第 公司

<table>
<tr><td rowspan="5">年初操作</td><td>1</td><td>投放广告</td><td></td><td>广告信息</td><td>本地</td><td>区域</td><td>国内</td><td>亚洲</td><td>国际</td></tr>
<tr><td>2</td><td>支付应交税金</td><td></td><td>P1</td><td></td><td></td><td></td><td></td><td></td></tr>
<tr><td>3</td><td>长期贷款(本/息)还款</td><td></td><td>P2</td><td></td><td></td><td></td><td></td><td></td></tr>
<tr><td>4</td><td>申请长期贷款</td><td></td><td>P3</td><td></td><td></td><td></td><td></td><td></td></tr>
<tr><td>5</td><td>应收账款、厂房贴现(随时)</td><td></td><td>P4</td><td></td><td></td><td></td><td></td><td></td></tr>
<tr><td rowspan="20">年中操作</td><td></td><td>时间</td><td>一季度</td><td colspan="2">二季度</td><td colspan="2">三季度</td><td colspan="2">四季度</td></tr>
<tr><td>6</td><td>短期贷款(本/息)还款</td><td></td><td colspan="2"></td><td colspan="2"></td><td colspan="2"></td></tr>
<tr><td>7</td><td>申请短期贷款</td><td></td><td colspan="2"></td><td colspan="2"></td><td colspan="2"></td></tr>
<tr><td>8</td><td>更新原材料</td><td></td><td colspan="2"></td><td colspan="2"></td><td colspan="2"></td></tr>
<tr><td>9</td><td>产品入库</td><td></td><td colspan="2"></td><td colspan="2"></td><td colspan="2"></td></tr>
<tr><td>10</td><td>下原材料订单</td><td></td><td colspan="2"></td><td colspan="2"></td><td colspan="2"></td></tr>
<tr><td>11</td><td>(购买/租用)厂房</td><td></td><td colspan="2"></td><td colspan="2"></td><td colspan="2"></td></tr>
<tr><td>12</td><td>新建/在建/转产生产线</td><td></td><td colspan="2"></td><td colspan="2"></td><td colspan="2"></td></tr>
<tr><td>13</td><td>紧急采购原材料(随时)</td><td></td><td colspan="2"></td><td colspan="2"></td><td colspan="2"></td></tr>
<tr><td>14</td><td>开始下一批新生产</td><td></td><td colspan="2"></td><td colspan="2"></td><td colspan="2"></td></tr>
<tr><td>15</td><td>应收账款更新</td><td></td><td colspan="2"></td><td colspan="2"></td><td colspan="2"></td></tr>
<tr><td>16</td><td>紧急采购产品(随时)</td><td></td><td colspan="2"></td><td colspan="2"></td><td colspan="2"></td></tr>
<tr><td>17</td><td>按订单交货</td><td></td><td colspan="2"></td><td colspan="2"></td><td colspan="2"></td></tr>
<tr><td>18</td><td>产品研发投资</td><td></td><td colspan="2"></td><td colspan="2"></td><td colspan="2"></td></tr>
<tr><td>19</td><td>出售原材料/产品(随时)</td><td></td><td colspan="2"></td><td colspan="2"></td><td colspan="2"></td></tr>
<tr><td>20</td><td>厂房处理(买转租/租转买)</td><td></td><td colspan="2"></td><td colspan="2"></td><td colspan="2"></td></tr>
<tr><td>21</td><td>厂房贴现(随时)</td><td></td><td colspan="2"></td><td colspan="2"></td><td colspan="2"></td></tr>
<tr><td>22</td><td>应收账款贴现(随时)</td><td></td><td colspan="2"></td><td colspan="2"></td><td colspan="2"></td></tr>
<tr><td>23</td><td>支付行政管理费</td><td></td><td colspan="2"></td><td colspan="2"></td><td colspan="2"></td></tr>
<tr><td>24</td><td>季末数额对账</td><td></td><td colspan="2"></td><td colspan="2"></td><td colspan="2"></td></tr>
<tr><td rowspan="5"></td><td>25</td><td>缴纳违约订单罚款</td><td colspan="7"></td></tr>
<tr><td>26</td><td>支付生产线维护费</td><td colspan="7"></td></tr>
<tr><td>27</td><td>计提折旧</td><td colspan="7"></td></tr>
<tr><td>28</td><td>市场开拓</td><td colspan="7"></td></tr>
<tr><td>29</td><td>ISO认证</td><td colspan="7"></td></tr>
</table>

附表2-2　　**公司年度报表二——现金收支明细表**　　第二年　第　公司

<table>
<tr><td rowspan="6">年初</td><td>年初余额</td><td></td><td colspan="4" rowspan="4"></td></tr>
<tr><td>广告费</td><td></td></tr>
<tr><td>支付应交税金</td><td></td></tr>
<tr><td>长期贷款(本/息)还款</td><td></td></tr>
<tr><td>申请长期贷款</td><td></td><td colspan="4">季初余额</td></tr>
<tr><td>应收款/厂房贴现(随时)</td><td></td><td>一季度</td><td>二季度</td><td>三季度</td><td>四季度</td></tr>
<tr><td>1</td><td colspan="2">短贷还本付息</td><td></td><td></td><td></td><td></td></tr>
<tr><td>2</td><td colspan="2">申请短贷</td><td></td><td></td><td></td><td></td></tr>
<tr><td>3</td><td colspan="2">原材料更新</td><td></td><td></td><td></td><td></td></tr>
<tr><td>4</td><td colspan="2">购买(租入)厂房</td><td></td><td></td><td></td><td></td></tr>
<tr><td>5</td><td colspan="2">生产线投资</td><td></td><td></td><td></td><td></td></tr>
<tr><td>6</td><td colspan="2">紧急采购原材料</td><td></td><td></td><td></td><td></td></tr>
<tr><td>7</td><td colspan="2">生产加工费</td><td></td><td></td><td></td><td></td></tr>
<tr><td>8</td><td colspan="2">应收账款更新</td><td></td><td></td><td></td><td></td></tr>
<tr><td>9</td><td colspan="2">紧急出售库存</td><td></td><td></td><td></td><td></td></tr>
<tr><td>10</td><td colspan="2">厂房/应收款贴现</td><td></td><td></td><td></td><td></td></tr>
<tr><td>11</td><td colspan="2">紧急采购产品</td><td></td><td></td><td></td><td></td></tr>
<tr><td>12</td><td colspan="2">产品研发费用</td><td></td><td></td><td></td><td></td></tr>
<tr><td>13</td><td colspan="2">支付行政管理费用</td><td></td><td></td><td></td><td></td></tr>
<tr><td colspan="3">季度末余额</td><td></td><td></td><td></td><td></td></tr>
<tr><td rowspan="5">年末</td><td colspan="2">缴纳违约订单罚款(20%)</td><td colspan="4"></td></tr>
<tr><td colspan="2">支付生产线维护费</td><td colspan="4"></td></tr>
<tr><td colspan="2">支付市场开拓费</td><td colspan="4"></td></tr>
<tr><td colspan="2">支付ISO资格认证费</td><td colspan="4"></td></tr>
<tr><td colspan="2">年末余额</td><td colspan="4"></td></tr>
</table>

附表2-3 **公司年度报表三——产品销售汇总表** 第二年 第 公司

产品	P1	P2	P3	P4	合计
数量					0
金额					0
成本					0
毛利					0

附表2-4 **公司年度报表四——综合费用表**

第二年 第 公司

项目	金额
管理费	
广告费	
维修费	
转产费	
厂房租金	
产品研发	
新市场开拓	
ISO认证	
损失	
信息费	
合计	

表2-5 **公司年度报表五——利润表**

第二年 第 公司

项目	上年实际	本年实际
一、销售收入		
减:直接成本		
二、毛利		
减:综合费用		
三、折旧前利润		
减:折旧		
四、利息前利润		
减:财务费用		
五、税前利润		
减:所得税		
六、年度净利润		

附表2-6 **公司年度报表六——资产负债表** 第二年 第 公司

资产	年初数	年末数	负债和所者者权益	年初数	年末数
流动资产:			负债:		
货币资金			长期负债		
应收账款			短期负债		
在制品			应交所得税金		
产成品					
原材料					
流动资产合计			负债合计		
固定资产:			所有者权益:		
厂房			股东资本		
生产线设备			利润留存		
在建工程			年度净利润		
固定资产合计			所有者权益合计		
资产总计			负债和所有者权益总计		

附表3-1　　**公司年度报表——操作流程明细表**　　第三年　第　公司

				广告信息	本地	区域	国内	亚洲	国际
年初操作	1	投放广告							
	2	支付应交税金		P1					
	3	长期贷款(本/息)还款		P2					
	4	申请长期贷款		P3					
	5	应收账款、厂房贴现(随时)		P4					

		时间	一季度	二季度	三季度	四季度
年中操作	6	短期贷款(本/息)还款				
	7	申请短期贷款				
	8	更新原材料				
	9	产品入库				
	10	下原材料订单				
	11	(购买/租用)厂房				
	12	新建/在建/转产生产线				
	13	紧急采购原材料(随时)				
	14	开始下一批新生产				
	15	应收账款更新				
	16	紧急采购产品(随时)				
	17	按订单交货				
	18	产品研发投资				
	19	出售原材料/产品(随时)				
	20	厂房处理(买转租/租转买)				
	21	厂房贴现(随时)				
	22	应收账款贴现(随时)				
	23	支付行政管理费				
	24	季末数额对账				
	25	缴纳违约订单罚款				
	26	支付生产线维护费				
	27	计提折旧				
	28	市场开拓				
	29	ISO认证				

附表3-2　**公司年度报表二——现金收支明细表**　第三年　第　公司

年初	年初余额					
	广告费					
	支付应交税金					
	长期贷款(本/息)还款		季初余额			
	申请长期贷款					
	应收款/厂房贴现(随时)		一季度	二季度	三季度	四季度
1	短贷还本付息					
2	申请短贷					
3	原材料更新					
4	购买(租入)厂房					
5	生产线投资					
6	紧急采购原材料					
7	生产加工费					
8	应收账款更新					
9	紧急出售库存					
10	厂房/应收款贴现					
11	紧急采购产品					
12	产品研发费用					
13	支付行政管理费用					
季度末余额						
年末	缴纳违约订单罚款(20%)					
	支付生产线维护费					
	支付市场开拓费					
	支付ISO资格认证费					
	年末余额					

附表3-3　**公司年度报表三——产品销售汇总表**　第三年　第　公司

产品	P1	P2	P3	P4	合计
数量					0
金额					0
成本					0
毛利					0

附表3-4 **公司年度报表四——综合费用表**

第三年 第 公司

项目	金额
管理费	
广告费	
维修费	
转产费	
厂房租金	
产品研发	
新市场开拓	
ISO认证	
损失	
信息费	
合计	

附表3-5 **公司年度报表五——利润表**

第三年 第 公司

项目	上年实际	本年实际
一、销售收入		
减:直接成本		
二、毛利		
减:综合费用		
三、折旧前利润		
减:折旧		
四、利息前利润		
减:财务费用		
五、税前利润		
减:所得税		
六、年度净利润		

附表3-6 **公司年度报表六——资产负债表** 第三年 第 公司

资产	年初数	年末数	负债和所有者权益	年初数	年末数
流动资产:			负债:		
货币资金			长期负债		
应收账款			短期负债		
在制品			应交所得税金		
产成品					
原材料					
流动资产合计			负债合计		
固定资产:			所有者权益:		
厂房			股东资本		
生产线设备			利润留存		
在建工程			年度净利润		
固定资产合计			所有者权益合计		
资产总计			负债和所有者权益总计		

附表4-1 **公司年度报表——操作流程明细表** 第四年 第 公司

<table>
<tr><td rowspan="5">年初操作</td><td>1</td><td>投放广告</td><td></td><td>广告信息</td><td>本地</td><td>区域</td><td>国内</td><td>亚洲</td><td>国际</td></tr>
<tr><td>2</td><td>支付应交税金</td><td></td><td>P1</td><td></td><td></td><td></td><td></td><td></td></tr>
<tr><td>3</td><td>长期贷款(本/息)还款</td><td></td><td>P2</td><td></td><td></td><td></td><td></td><td></td></tr>
<tr><td>4</td><td>申请长期贷款</td><td></td><td>P3</td><td></td><td></td><td></td><td></td><td></td></tr>
<tr><td>5</td><td>应收账款、厂房贴现(随时)</td><td></td><td>P4</td><td></td><td></td><td></td><td></td><td></td></tr>
<tr><td rowspan="20">年中操作</td><td></td><td>时间</td><td>一季度</td><td colspan="2">二季度</td><td colspan="2">三季度</td><td colspan="2">四季度</td></tr>
<tr><td>6</td><td>短期贷款(本/息)还款</td><td></td><td colspan="2"></td><td colspan="2"></td><td colspan="2"></td></tr>
<tr><td>7</td><td>申请短期贷款</td><td></td><td colspan="2"></td><td colspan="2"></td><td colspan="2"></td></tr>
<tr><td>8</td><td>更新原材料</td><td></td><td colspan="2"></td><td colspan="2"></td><td colspan="2"></td></tr>
<tr><td>9</td><td>产品入库</td><td></td><td colspan="2"></td><td colspan="2"></td><td colspan="2"></td></tr>
<tr><td>10</td><td>下原材料订单</td><td></td><td colspan="2"></td><td colspan="2"></td><td colspan="2"></td></tr>
<tr><td>11</td><td>(购买/租用)厂房</td><td></td><td colspan="2"></td><td colspan="2"></td><td colspan="2"></td></tr>
<tr><td>12</td><td>新建/在建/转产生产线</td><td></td><td colspan="2"></td><td colspan="2"></td><td colspan="2"></td></tr>
<tr><td>13</td><td>紧急采购原材料(随时)</td><td></td><td colspan="2"></td><td colspan="2"></td><td colspan="2"></td></tr>
<tr><td>14</td><td>开始下一批新生产</td><td></td><td colspan="2"></td><td colspan="2"></td><td colspan="2"></td></tr>
<tr><td>15</td><td>应收账款更新</td><td></td><td colspan="2"></td><td colspan="2"></td><td colspan="2"></td></tr>
<tr><td>16</td><td>紧急采购产品(随时)</td><td></td><td colspan="2"></td><td colspan="2"></td><td colspan="2"></td></tr>
<tr><td>17</td><td>按订单交货</td><td></td><td colspan="2"></td><td colspan="2"></td><td colspan="2"></td></tr>
<tr><td>18</td><td>产品研发投资</td><td></td><td colspan="2"></td><td colspan="2"></td><td colspan="2"></td></tr>
<tr><td>19</td><td>出售原材料/产品(随时)</td><td></td><td colspan="2"></td><td colspan="2"></td><td colspan="2"></td></tr>
<tr><td>20</td><td>厂房处理(买转租/租转买)</td><td></td><td colspan="2"></td><td colspan="2"></td><td colspan="2"></td></tr>
<tr><td>21</td><td>厂房贴现(随时)</td><td></td><td colspan="2"></td><td colspan="2"></td><td colspan="2"></td></tr>
<tr><td>22</td><td>应收账款贴现(随时)</td><td></td><td colspan="2"></td><td colspan="2"></td><td colspan="2"></td></tr>
<tr><td>23</td><td>支付行政管理费</td><td></td><td colspan="2"></td><td colspan="2"></td><td colspan="2"></td></tr>
<tr><td>24</td><td>季末数额对账</td><td></td><td colspan="2"></td><td colspan="2"></td><td colspan="2"></td></tr>
<tr><td rowspan="5"></td><td>25</td><td>缴纳违约订单罚款</td><td colspan="7"></td></tr>
<tr><td>26</td><td>支付生产线维护费</td><td colspan="7"></td></tr>
<tr><td>27</td><td>计提折旧</td><td colspan="7"></td></tr>
<tr><td>28</td><td>市场开拓</td><td colspan="7"></td></tr>
<tr><td>29</td><td>ISO认证</td><td colspan="7"></td></tr>
</table>

附表 4-2　　**公司年度报表二——现金收支明细表**　　第四年　第　公司

<table>
<tr><td rowspan="6">年初</td><td>年初余额</td><td></td><td colspan="4"></td></tr>
<tr><td>广告费</td><td></td><td colspan="4"></td></tr>
<tr><td>支付应交税金</td><td></td><td colspan="4"></td></tr>
<tr><td>长期贷款(本/息)还款</td><td></td><td colspan="4">季初余额</td></tr>
<tr><td>申请长期贷款</td><td></td><td></td><td></td><td></td><td></td></tr>
<tr><td>应收款/厂房贴现(随时)</td><td></td><td>一季度</td><td>二季度</td><td>三季度</td><td>四季度</td></tr>
<tr><td>1</td><td colspan="2">短贷还本付息</td><td></td><td></td><td></td><td></td></tr>
<tr><td>2</td><td colspan="2">申请短贷</td><td></td><td></td><td></td><td></td></tr>
<tr><td>3</td><td colspan="2">原材料更新</td><td></td><td></td><td></td><td></td></tr>
<tr><td>4</td><td colspan="2">购买(租入)厂房</td><td></td><td></td><td></td><td></td></tr>
<tr><td>5</td><td colspan="2">生产线投资</td><td></td><td></td><td></td><td></td></tr>
<tr><td>6</td><td colspan="2">紧急采购原材料</td><td></td><td></td><td></td><td></td></tr>
<tr><td>7</td><td colspan="2">生产加工费</td><td></td><td></td><td></td><td></td></tr>
<tr><td>8</td><td colspan="2">应收账款更新</td><td></td><td></td><td></td><td></td></tr>
<tr><td>9</td><td colspan="2">紧急出售库存</td><td></td><td></td><td></td><td></td></tr>
<tr><td>10</td><td colspan="2">厂房/应收款贴现</td><td></td><td></td><td></td><td></td></tr>
<tr><td>11</td><td colspan="2">紧急采购产品</td><td></td><td></td><td></td><td></td></tr>
<tr><td>12</td><td colspan="2">产品研发费用</td><td></td><td></td><td></td><td></td></tr>
<tr><td>13</td><td colspan="2">支付行政管理费用</td><td></td><td></td><td></td><td></td></tr>
<tr><td colspan="3">季度末余额</td><td></td><td></td><td></td><td></td></tr>
<tr><td rowspan="5">年末</td><td colspan="2">缴纳违约订单罚款(20%)</td><td colspan="4"></td></tr>
<tr><td colspan="2">支付生产线维护费</td><td colspan="4"></td></tr>
<tr><td colspan="2">支付市场开拓费</td><td colspan="4"></td></tr>
<tr><td colspan="2">支付ISO资格认证费</td><td colspan="4"></td></tr>
<tr><td colspan="2">年末余额</td><td colspan="4"></td></tr>
</table>

附表 4-3　　**公司年度报表三——产品销售汇总表**　　第四年　第　公司

产品	P1	P2	P3	P4	合计
数量					0
金额					0
成本					0
毛利					0

附表4-4　**公司年度报表四——综合费用表**

第四年　第　公司

项目	金额
管理费	
广告费	
维修费	
转产费	
厂房租金	
产品研发	
新市场开拓	
ISO认证	
损失	
信息费	
合计	

附表4-5　**公司年度报表五——利润表**

第四年　第　公司

项目	上年实际	本年实际
一、销售收入		
减:直接成本		
二、毛利		
减:综合费用		
三、折旧前利润		
减:折旧		
四、利息前利润		
减:财务费用		
五、税前利润		
减:所得税		
六、年度净利润		

附表4-6　**公司年度报表六——资产负债表**　第四年　第　公司

资产	年初数	年末数	负债和所有者权益	年初数	年末数
流动资产:			负债:		
货币资金			长期负债		
应收账款			短期负债		
在制品			应交所得税金		
产成品					
原材料					
流动资产合计			负债合计		
固定资产:			所有者权益:		
厂房			股东资本		
生产线设备			利润留存		
在建工程			年度净利润		
固定资产合计			所有者权益合计		
资产总计			负债和所有者权益总计		

附表5-1　　**公司年度报表——操作流程明细表**　　第五年　第　公司

				广告信息	本地	区域	国内	亚洲	国际
年初操作	1	投放广告							
	2	支付应交税金		P1					
	3	长期贷款(本/息)还款		P2					
	4	申请长期贷款		P3					
	5	应收账款、厂房贴现(随时)		P4					

		时间	一季度	二季度	三季度	四季度
年中操作	6	短期贷款(本/息)还款				
	7	申请短期贷款				
	8	更新原材料				
	9	产品入库				
	10	下原材料订单				
	11	(购买/租用)厂房				
	12	新建/在建/转产生产线				
	13	紧急采购原材料(随时)				
	14	开始下一批新生产				
	15	应收账款更新				
	16	紧急采购产品(随时)				
	17	按订单交货				
	18	产品研发投资				
	19	出售原材料/产品(随时)				
	20	厂房处理(买转租/租转买)				
	21	厂房贴现(随时)				
	22	应收账款贴现(随时)				
	23	支付行政管理费				
	24	季末数额对账				
	25	缴纳违约订单罚款				
	26	支付生产线维护费				
	27	计提折旧				
	28	市场开拓				
	29	ISO认证				

附表5-2　**公司年度报表二——现金收支明细表**　第五年　第　公司

<table>
<tr><td rowspan="6">年初</td><td>年初余额</td><td></td><td colspan="4" rowspan="3"></td></tr>
<tr><td>广告费</td><td></td></tr>
<tr><td>支付应交税金</td><td></td></tr>
<tr><td>长期贷款(本/息)还款</td><td></td><td colspan="4">季初余额</td></tr>
<tr><td>申请长期贷款</td><td></td><td></td><td></td><td></td><td></td></tr>
<tr><td>应收款/厂房贴现(随时)</td><td></td><td>一季度</td><td>二季度</td><td>三季度</td><td>四季度</td></tr>
<tr><td>1</td><td colspan="2">短贷还本付息</td><td></td><td></td><td></td><td></td></tr>
<tr><td>2</td><td colspan="2">申请短贷</td><td></td><td></td><td></td><td></td></tr>
<tr><td>3</td><td colspan="2">原材料更新</td><td></td><td></td><td></td><td></td></tr>
<tr><td>4</td><td colspan="2">购买(租入)厂房</td><td></td><td></td><td></td><td></td></tr>
<tr><td>5</td><td colspan="2">生产线投资</td><td></td><td></td><td></td><td></td></tr>
<tr><td>6</td><td colspan="2">紧急采购原材料</td><td></td><td></td><td></td><td></td></tr>
<tr><td>7</td><td colspan="2">生产加工费</td><td></td><td></td><td></td><td></td></tr>
<tr><td>8</td><td colspan="2">应收账款更新</td><td></td><td></td><td></td><td></td></tr>
<tr><td>9</td><td colspan="2">紧急出售库存</td><td></td><td></td><td></td><td></td></tr>
<tr><td>10</td><td colspan="2">厂房/应收款贴现</td><td></td><td></td><td></td><td></td></tr>
<tr><td>11</td><td colspan="2">紧急采购产品</td><td></td><td></td><td></td><td></td></tr>
<tr><td>12</td><td colspan="2">产品研发费用</td><td></td><td></td><td></td><td></td></tr>
<tr><td>13</td><td colspan="2">支付行政管理费用</td><td></td><td></td><td></td><td></td></tr>
<tr><td colspan="3">季度末余额</td><td></td><td></td><td></td><td></td></tr>
<tr><td rowspan="5">年末</td><td colspan="2">缴纳违约订单罚款(20%)</td><td colspan="4"></td></tr>
<tr><td colspan="2">支付生产线维护费</td><td colspan="4"></td></tr>
<tr><td colspan="2">支付市场开拓费</td><td colspan="4"></td></tr>
<tr><td colspan="2">支付ISO资格认证费</td><td colspan="4"></td></tr>
<tr><td colspan="2">年末余额</td><td colspan="4"></td></tr>
</table>

附表5-3　**公司年度报表三——产品销售汇总表**　第五年　第　公司

产品	P1	P2	P3	P4	合计
数量					0
金额					0
成本					0
毛利					0

附表5-4 **公司年度报表四——综合费用表**

第五年 第 公司

项目	金额
管理费	
广告费	
维修费	
转产费	
厂房租金	
产品研发	
新市场开拓	
ISO认证	
损失	
信息费	
合计	

附表5-5 **公司年度报表五——利润表**

第五年 第 公司

项目	上年实际	本年实际
一、销售收入		
减:直接成本		
二、毛利		
减:综合费用		
三、折旧前利润		
减:折旧		
四、利息前利润		
减:财务费用		
五、税前利润		
减:所得税		
六、年度净利润		

附表5-6 **公司年度报表六——资产负债表**

第五年 第 公司

资产	年初数	年末数	负债和所有者权益	年初数	年末数
流动资产:			负债:		
货币资金			长期负债		
应收账款			短期负债		
在制品			应交所得税金		
产成品					
原材料					
流动资产合计			负债合计		
固定资产:			所有者权益:		
厂房			股东资本		
生产线设备			利润留存		
在建工程			年度净利润		
固定资产合计			所有者权益合计		
资产总计			负债和所有者权益总计		

附表6-1 **公司年度报表——操作流程明细表** 第六年 第 公司

年初操作	1	投放广告		广告信息	本地	区域	国内	亚洲	国际
	2	支付应交税金		P1					
	3	长期贷款(本/息)还款		P2					
	4	申请长期贷款		P3					
	5	应收账款、厂房贴现(随时)		P4					
年中操作		时间	一季度	二季度		三季度		四季度	
	6	短期贷款(本/息)还款							
	7	申请短期贷款							
	8	更新原材料							
	9	产品入库							
	10	下原材料订单							
	11	(购买/租用)厂房							
	12	新建/在建/转产生产线							
	13	紧急采购原材料(随时)							
	14	开始下一批新生产							
	15	应收账款更新							
	16	紧急采购产品(随时)							
	17	按订单交货							
	18	产品研发投资							
	19	出售原材料/产品(随时)							
	20	厂房处理(买转租/租转买)							
	21	厂房贴现(随时)							
	22	应收账款贴现(随时)							
	23	支付行政管理费							
	24	季末数额对账							
	25	缴纳违约订单罚款							
	26	支付生产线维护费							
	27	计提折旧							
	28	市场开拓							
	29	ISO认证							

附表6-2 **公司年度报表二——现金收支明细表** 第六年 第 公司

	项目		一季度	二季度	三季度	四季度
年初	年初余额					
	广告费					
	支付应交税金					
	长期贷款(本/息)还款					
	申请长期贷款					
	应收款/厂房贴现(随时)					
	季初余额					
1	短贷还本付息					
2	申请短贷					
3	原材料更新					
4	购买(租入)厂房					
5	生产线投资					
6	紧急采购原材料					
7	生产加工费					
8	应收账款更新					
9	紧急出售库存					
10	厂房/应收款贴现					
11	紧急采购产品					
12	产品研发费用					
13	支付行政管理费用					
	季度末余额					
年末	缴纳违约订单罚款(20%)					
	支付生产线维护费					
	支付市场开拓费					
	支付ISO资格认证费					
	年末余额					

附表6-3 **公司年度报表三——产品销售汇总表** 第六年 第 公司

产品	P1	P2	P3	P4	合计
数量					0
金额					0
成本					0
毛利					0

附表6-4 **公司年度报表四——综合费用表**

第六年 第 公司

项目	金额
管理费	
广告费	
维修费	
转产费	
厂房租金	
产品研发	
新市场开拓	
ISO认证	
损失	
信息费	
合计	

附表6-5 **公司年度报表五——利润表**

第六年 第 公司

项目	上年实际	本年实际
一、销售收入		
减:直接成本		
二、毛利		
减:综合费用		
三、折旧前利润		
减:折旧		
四、利息前利润		
减:财务费用		
五、税前利润		
减:所得税		
六、年度净利润		

附表6-6 **公司年度报表六——资产负债表** 第六年 第 公司

资产	年初数	年末数	负债和所有者权益	年初数	年末数
流动资产:			负债:		
货币资金			长期负债		
应收账款			短期负债		
在制品			应交所得税金		
产成品					
原材料					
流动资产合计			负债合计		
固定资产:			所有者权益:		
厂房			股东资本		
生产线设备			利润留存		
在建工程			年度净利润		
固定资产合计			所有者权益合计		
资产总计			负债和所有者权益总计		

主要参考文献

[1] 彭十一. ERP沙盘模拟训练教程 [M]. 北京：北京理工大学出版社，2015.

[2] 陈冰. 企业经营决策沙盘实战教程 [M]. 北京：高等教育出版社，2012.

[3] 马法尧. ERP沙盘模拟训练教程 [M]. 成都：西南财经大学出版社，2009.

[4] 陈明，张健. 沙盘模拟实训教程 [M] .北京：化学工业出版社，2009.

[5] 刘树良. 企业沙盘模拟决策理论与实战 [M]. 北京：电子工业出版社，2008.

[6] 路晓辉. ERP制胜 [M]. 北京：清华大学出版社，2005.

[7] 徐二明. 企业战略管理 [M]. 北京：中国经济出版社，2002.